111 GRÜNDE, DIE OSTSEE ZU LIEBEN

Renate Petra Mehrwald & Jörg Mehrwald

111 GRÜNDE, DIE OSTSEE ZU LIEBEN

Eine Liebeserklärung an die Küste des Bernsteins, Störtebekers und der Strandkörbe

SCHWARZKOPF & SCHWARZKOPF

INHALT

PROLOG

Die Ostsee kann man nicht beschreiben, ohne ins Schwärmen zu geraten. Dieses Buch ist der Versuch, sachlich zu bleiben, obwohl wir begeistert waren und sind von der Ostsee. Beim Zusammenstellen unserer Lieblingsgründe, die Ostsee zu lieben, sollte für jeden Lesegeschmack ein Schmankerl an Land gefischt werden. Wir hoffen auf die Neugierigen, Reisenden, Urlauber und die Bildungshungrigen, denn eine solche Fülle an historisch bedeutenden Orten, einflußreichen Persönlichkeiten und landschaftlich reizvollen Highlights vermuten die meisten Deutschen an ihrem heimischen Binnenmeer keinsfalls. Die Ostsee ist einfach fällig, neu entdeckt zu werden. Übrigens ist die Küste auch fällig, um neu besiedelt zu werden. Denn so attraktiv die Landschaft und das Meer sind, die Tourismusindustrie kann trotz steigender Besucherzahlen nicht darüber hinwegtäuschen, dass die Abwanderung der jungen Bevölkerung anhält. Neue Ideen braucht die Küste. Also nichts wie hin. Und wer nur Urlaub machen will, sieht sich inzwischen auch im ehemaligen Osten perfekt restaurierten und modernen neuen Ferienannlagen sowie einer gut funktionierenden Touristenbetreuung gegenüber. Eine einzelne Stippvisite an die Ostsee kann jedoch nur ein Appetithäppchen sein, denn die Ostseeschönheit zwischen Glücksburg an der dänischen Grenze im Nordwesten und Ahlbeck an der polnischen Grenze im Osten Deutschlands will zunächst einmal in diesem Buch in einem 111-Gänge-Menü entdeckt werden. Wir hoffen, den Leser kurzweilig zu unterhalten und ihm aus dem Meer der Vielfalt Besonderheiten herausgefischt zu haben, welche vielleicht auch für ihn Grund genug sind, das Ostseewellenland zu lieben, an der Ostsee zu urlauben oder am Ende dort eine neue Heimat zu finden.

KAPITEL I

SEEKISTE 1 – DIE SCHÖNSTE BADEWANNE AUF DER NÖRDLICHEN HALBKUGEL IST DIE OSTSEE ...

... UND DIT UND DAT SIND DIE BEIDEN I-TÜPFELCHEN AUF DEN OSTSEE-HIGHLIGHTS

GRUND NR. 1

WEIL DIE OSTSEE DIE SCHÖNSTE BADEWANNE AUF DER NÖRDLICHEN HALBKUGEL IST

Die erste Erinnerung einer »Landratte« an die Ostsee hängt mit deren zuverlässigem Dasein in Ufernähe zusammen. Sie ist im Gegensatz zur Nordsee jederzeit am Uferrand anwesend. Man muss nicht auf das Wasser warten, weil es bei Ebbe abhaut, nein, man hat Wasser, Wellen, Gischt oder eine ruhig dahinplätschernde Wasseroberfläche, die den Urlauber sofort in den angenehmen Zustand einer beruhigenden Zuversichtlichkeit versetzt. Die Ostsee kann man deshalb gar nicht verpassen. Und man atmet sie bereits ein, lange bevor man ihrer ansichtig wird. Das sprichwörtliche Reizklima reizt lange vor der Ankunft die angenehmen Empfindungen so sehr, dass sich die Erwartungshaltung automatisch auf Erholung und Entspannung einstellt. Die gesamte Ostseeregion – ein einziger großer Luft- und Wasserkurort. Die Kurmittel liegen direkt in der Luft bzw. direkt vor der Nase und sind für jeden frei zugänglich. Mehr soziale Gerechtigkeit ist fast nicht herstellbar. Wen wundert es dann noch, dass der Mensch sich die Küstenregion nach allen Regeln der Vermarktungskunst einverleibt hat, um sie vielfältigst und attraktiv zu präsentieren und Besucher mittels der üppig vorhandenen Naturkulisse zu Erkundungsreisen und zum Genießen zu animieren.

Im Folgenden werden 111 Lieblingsgründe, die Ostsee zu lieben, beschrieben. Die zwischen diesen Buchdeckeln zusammengetragenen, ausgewählten 111 Gründe erzählen über Ostseebäder, den Strandkorb, endlose Sandstrände, die versunkene Stadt Vineta, verträumte Ortschaften und Häfen, über FKK-Kultur und über die Vitaminbombe des Nordens – den Sanddorn. Nicht zu kurz kommen außerdem Künstler, Filmstars und Nobelpreisträger, die sich zu allen Zeiten Inspiration an der Ostsee holten. Wichtige Gründe, die Ostsee zu lieben, sind außerdem der berühmt-berüchtigte Pirat Klaus Störtebeker, auf dem Dach lebende Pinguine, Seebären, Bismarckheringe und Kieler Sprotten, Hühnergötter und Donnerkeile, Heimatlieder, der begehrte Aal und der wertvolle Bernstein. Und nicht zuletzt wird kundgetan, dass Brasilien und Kalifornien auch an der Ostseeküste zu finden sind. Jawohl!

GRUND NR. 2

WEIL DIE OSTSEE DAS GRÖSSTE BINNENMEER EUROPAS IST

Hätten Sie gewusst, was ein Brackwassermeer ist? Genau darum handelt es sich bei der Ostsee, sogar um das größte der Welt. Damit ein Meer diesen Namen tragen darf, muss der Salzgehalt des Wassers zwischen 0,1 Prozent und einem Prozent liegen. Im Vergleich dazu haben die Nordsee und das Tote Meer einen Salzgehalt von 3,5 beziehungsweise 29 Prozent. Um sich einen ersten Eindruck von dem gewaltigen Gebiet der Ostsee zu verschaffen, sollte man sich folgende Zahlen und Fakten ansehen: Die Ostsee erstreckt sich über 413.000 Quadratkilometer in Europa und wird auch Baltic Sea genannt. Das größte Binnenmeer Europas grenzt an die Länder Norwegen, Dänemark, Schweden, Finnland, Russland, Estland, Lettland, Litauen, die russische Exklave Kaliningrad, Polen und Deutschland. Es leben rund 85 Millionen Menschen im Einzugsgebiet des Baltischen Meeres. In der Nähe von Flensburg befindet sich der westlichste Punkt der Ostsee, die Flensburger Förde. Den nördlichsten finden wir an der schwedisch-finnischen Grenze am Bottnischen Meerbusen. Den östlichsten Punkt bildet die Stadt Sankt Petersburg und am südlichsten Punkt mündet das Baltische Meer in das Stettiner Haff. Die deutsche Ostseeküste erstreckt sich von Glücksburg (bei Flensburg) im Westen bis Ahlbeck auf Usedom im Osten. Das größte Gebiet nimmt hierbei Mecklenburg-Vorpommern ein.

Viele bekannte europäische Flüsse fließen in die Ostsee: die Oder (Polen, Deutschland), die Weichsel (Polen), die Memel (Litauen, Russland), die Düna (Lettland), die Newa (Russland) und der Torneälven (Schweden). 21.631 Kubikkilometer beträgt das Wasservolumen der Ostsee insgesamt. Die zwei tiefsten Stellen der Ostsee befinden sich in schwedischem Hoheitsgebiet. Das Landsorttief ist mit 459 Metern die tiefste Stelle. Die zweittiefste Stelle beträgt 301 Meter und befindet sich in der Åländer See.

Die Ostsee, das größte Brackwassermeer der Welt, trennt die Skandinavische Halbinsel von den anderen Ländern Europas. Das maritime Biotop ist sehr anfällig für Störungen, da die Regenerierungszeiten länger sind als bei zum Atlantik hin offenen Gewässern wie der Nordsee. Der Binnenmeercharakter erlaubt im Vergleich zu anderen Küsten eine lieblichere und vielfältigere Ausprägung der Küstenvegetation. Das deutsche Ostseeklima wird allgemein als milder und charmanter empfunden als das raue Klima der Nordsee. Alle Touristen sollten einen Schnuppertest machen, denn die Ostseeluft riecht auch anders als die Nordseeluft, was hauptsächlich dem Seegras, Sprockholz und Blasentang zu verdanken ist.

Die Ostsee wird durch ein einzigartiges Bauwerk mit der Nordsee verbunden: den Nord-Ostsee-Kanal. Der unter den künstlichen Wasserstraßen mit seinen knapp 100 Kilometern Länge als die meistbefahrene der Welt gilt. Damit sparen die Schiffe den 900 Kilometer langen Umweg um die Nordspitze Dänemarks.

Übrigens benötigt die Ostsee als Binnengewässer circa 35 Jahre für eine komplette Regenerierung, die Nordsee als offenes Meer schafft das innerhalb von zwei Jahren. Das ist ein gewaltiger Unterschied und ruft geradezu nach Mehr-Schutz!

GRUND NR. 3

WEIL DIT UND DAT DIE BEIDEN I-TÜPFELCHEN AUF DEN HIGHLIGHTS SIND – VON STRANDFOTOGRAFIE BIS FKK

Wasser und Strände der Ostsee erhalten jedes Jahr erstaunlich gute Noten für deren Qualität und Sauberkeitsgrad. Auffallend ist, dass die deutsche Ostseeküste durch die Renaissance der alten Bäderkultur auch architektonisch in den letzten beiden Jahrzehnten noch attraktiver geworden ist. Die Seebrücken von Sellin und anderen Ostseebädern sind Sinnbilder einer vergangenen und wieder erblühten Epoche, die die Ostseebäder berühmt und zu gesellschaftlichen Treffpunkten machten. Historische Attraktionen wie die Bäderbahnen »Molli« zwischen Bad Doberan, Heiligendamm und Kühlungsborn und der »Rasende Roland« auf Rügen sind echte Touristenhighlights der maritimen Bädertouristik, die straff organisiert ist und ein übervolles Programm bietet. Auf ausgedehnten Küstenwanderwegen kann sich der Tourist beispielsweise auf Informationstafeln und neuerdings auch mit tagesaktuellen »Apps« über die Geschichte der Orte und Landschaften informieren, durch die er gerade wandert.

Vollgepackt mit Highlights punktet hier das Ostsee-Strandleben mit interessanten Details, zum Beispiel der Strandfotografie. Im Sellin der 1920er-Jahre machte sich der erste deutsche Strandfotograf Hans Knospe, der noch bis in die 1990er-Jahre hinein aktiv war, einen Namen. Er ist einer der Fotopioniere, die einzigartige Dokumente gesellschaftlichen Lebens schufen und denen wir heute wertvolles Archivmaterial verdanken. Knospe hielt die Lebensfreude und Ausgelassenheit der Touristen und Badegäste an den Stränden fest, fotografierte ihre Ankunft mit den Ausflugsdampfern, bannte die Bäderarchitektur auf Zelluloid, erfand das Gruppenbild mit Eisbär und dokumentierte mit seiner Fotografiekunst alles, was ihm vor die Linse kam, von Badekarren bis Strandkorb, von Badekleidung bis Strandgymnastik – ein Chronist von 70 Jahren Strandleben und der Entwicklung der Bäderorte.

Zur Ostsee-Badekultur gehört bekanntermaßen die hartnäckig sich haltende Freikörperkultur. FKK-Strände in West und Ost sind heute fast normal, wenn auch zumeist deutlich getrennt von den Textilbadestränden. Freizügigkeit in der Bademode oder eben ganz ohne – das hat Tradition. Es kann allerdings mal passieren, dass man sich an einem vermeintlichen Textilbadestrand in die Sonne legt und nach einem Sonnennickerchen plötzlich nur Nackte um einen herum sieht, weil es sich in Wirklichkeit um FKK-Gebiet handelt. Oder umgedreht, was aber schlimmer ist, wenn man selbst FKK macht, ein Sonnennickerchen hält und nach dem Aufwachen sich als einziger Nackter zwischen den neu hinzugekommenen Badetextilienträgern wiederfindet. An den Gemischtbadestränden, die heutzutage auch üblich sind, geht es am unkompliziertesten und tolerantesten zu. Dort lebt jeder ungeniert nach seiner eigenen Fasson – bekleidet oder nackt, halb nackt oder halb bekleidet … Noch vor 100 Jahren war es an öffentlichen Badestränden Pflicht, züchtig bekleidet im Meer zu planschen – das Knie musste bedeckt sein, die nasse Bekleidung durfte nicht am Körper kleben und verräterisch Formen betonen und ein leichter Sonnenhut war auch Usus. Das galt für Erwachsene und Kinder und wurde von der Strandpolizei strengstens kontrolliert. Gerade deshalb waren Nacktbadestrände wie die auf Hiddensee legendär und ein Geheimtipp unter den weniger sittsam baden wollenden Freigeistern, Poeten und Malern. Den ostseevernarrten Hiddensee-Künstlern und der Insel Hiddensee ist ein eigenes Special, das Kapitel V in diesem Buch, gewidmet.

Apropos kontrolliert: In der DDR wurden Andersdenkende ja ständig kontrolliert, überwacht, belauscht. Manch einer kann sich vielleicht noch daran erinnern – danke, lieber Ralf, dass du mich daran erinnert hast, sonst wäre diese ulkige Passage gar nicht geschrieben worden –, dass man am FKK-Strand weitestgehend geschützt war vor Lauschern. Ein Spitzel steht eben nicht gern nackt da, er hat halt etwas zu verbergen. Der bekannteste FKK-Freigeist- und Freisprech-Bereich auf Rügen war die elf Kilometer lange Schaabe zwischen Glowe und Juliusruh. Stasi-Zuträger wagten sich bestenfalls bis in den Dünenbereich vor und waren erkennbar an ihren verhuschten Heimlichtuereien und am Herumlungern in Sandkuhlen hinterm Strandhafer. Man erkannte sie auch an ihren Dederonbeuteln, in denen sie ihre Ferngläser und Notizblöcke mit sich trugen, und natürlich daran, dass sie trotz sommerlicher Temperaturen immer irgendwie viel zu warm gekleidet waren. Grund Nr. 41 bietet auch noch Kurzweiliges zum Thema FKK.

Ein Ostsee-Highlight und ein Dauerbrenner, der nicht unerwähnt bleiben soll, ist seit einem halben Jahrhundert das Sundschwimmen zwischen Altefähr auf Rügen und Stralsund. Das älteste und bekannteste Langstreckenschwimmen Deutschlands, bei dem die Schwimmer eine Distanz von 2315 Metern zurücklegen, findet regelmäßig am ersten Juliwochenende statt. Wer sich für eine Teilnahme anmelden will, muss das immer recht schnell im neuen Jahr tun, denn im Handumdrehen sind die 1000 Starterplätze vergeben. Näheres findet man im Internet unter sundschwimmen.de.

GRUND NR. 4

WEIL DIE OSTSEE EIN LEGALES GANZJAHRES-SUCHTMITTEL IST

Einen ungehinderten Blick in die Ferne und auf den Horizont hat man nur am weiten Meer. Deswegen ist der Einfluss von Meer und Weite inspirierend, erfrischend, aufbauend, heilsam. Das Gefühl körperlicher und geistiger grenzenloser Freiheit stellt sich stets an Orten mit weit in der Ferne liegendem Horizont ein – am Meer oder auf den Berggipfeln unserer Erde. Ein lebenslang bleibender eigentümlicher Magnetismus beherrscht jeden, der einmal die Freiheit des unverstellten Blicks erlebt und mit allen Poren erfühlt hat. Es zieht ihn immer wieder dorthin, das Sehnen der Seele wird zur Sucht – zur Sehn-Sucht. Wind und Wasser schmecken, sich den Stürmen entgegenstemmen, körperlich entkräftet, aber geistig erfrischt abends ins Bett fallen – das sind Ostseeferien. Ob im Ostsee Resort Damp an der Kieler Förde oder am urwüchsigen Nordstrand der Halbinsel Darß – das Meer berührt die Seele, lockt tief versickerte Glücksgefühle wieder ins Bewusstsein und macht die Gedanken frei. Der Kranke wird gestärkt und der Gesunde wird gestählt.

Und dann gibt es auch noch die ganz Harten, die das ganze Jahr über im Meer und in Binnengewässern baden, bei Wind und Wetter, bei Schnee und Eis. Mein alter Schulfreund Georg auf Rügen gehört seit 1971 zu diesen Hartgesottenen. Und an jedem Neujahrstag werden Belegfotos geschossen– mal sitzt er im frisch aufgehackten Eisloch, mal hält er Neptuns Seegras behangenen Dreizink in der einen Hand und in der anderen das Schampusglas. Gelobt sei, was hart macht! Selbstverständlich pflegt auch der weibliche Teil der Schöpfung das Ganzjahres- und Eisbaden. Etliche Eisbaderclubs und Winterschwimmer entlang der Ostseeküste bezeugen die Begeisterung für die eisigen, aber fröhlichen Wasserspiele, die jedoch auch strenge Regeln haben. Auch die Autorin betrieb das Neujahrsbaden über mehrere Jahre hinweg – natürlich gibt es auch davon Belegfotos. Bei ihrem ersten Mal machte sie dabei die Erfahrung, dass es vor allem wichtig ist, die Fußsohlen vor dem eiskalten Boden an Land und in der See zu schützen, damit man nicht herumspringt wie Rumpelstilzchen. Deshalb empfiehlt sie Badeschuhe und zwei Paar dicke Socken. Gutes Einfetten des ganzen Körpers bringt auch Punkte. Echte Eisbader stehen übrigens nicht nur bis zu den Knien im Wasser oder hocken sich mal kurz hin bis in Zwickelhöhe, nein, Untertauchen ist Pflicht. Wenigstens einmal. Und nach dem Bade schnell Klamotten aus und in mollige Sachen schlüpfen, ganz dick einmummeln, Mütze auf und ab zum nächsten Glühweinstand, wer will. Man fühlt sich auf alle Fälle wie gerade neugeboren. Achtung, Wasser-Sucht-Gefahr. Zum Winterbaden gibt es noch einen Gastbeitrag im Kapitel »Liebeserklärungen« unter Grund Nr. 68.

GRUND NR. 5

WEIL DIE ERFINDUNG DES STRANDKORBES EIN TEIL DEUTSCHER KULTURGESCHICHTE WURDE

Der Strandkorb ist ein typisch deutsches Phänomen. Während in anderen Ostseeländern Liegen oder Liegestühle am Strand stehen, ist Deutschland das einzige Land an der Ostsee, in dem das Sitz- und Liegemöbel Strandkorb zur Kulturtradition geworden ist. Ja, er war ein markiger Typ, der Wilhelm Bartelmann, der Erfinder des Ostsee-Strandkorbes. 1882 sollte er eigentlich nur ein Möbelstück fertigen, das vor Wind und Wetter schützen und das Meer im Sitzen erlebbar machen sollte. So jedenfalls ist der Wunsch einer rheumageplagten Frau aus Warnemünde überliefert, der Bartelmann als Inspiration diente. Der Rostocker Korbmacher entwickelte ein bahnbrechendes Konstrukt, das alle ähnlichen Versuche, ein optimales Möbel für den Ostseestrand zu etablieren, in den Schatten stellen sollte. Badehütten aus Holz oder Lehm, die den Namen »Luftschnapper« trugen, waren bereits zum Einsatz gekommen, konnten sich aber ebensowenig durchsetzen wie diverse Korbgeflechte, die es seit dem 16. Jahrhundert gab. Bartelmanns erster Strandkorb erinnerte an einen überdimensionalen Babykorb, den er einfach aufrecht stellte. Die Idee war verblüffend und die meisten werden sich damals unterschwellig an die Geborgenheit ihrer ersten Jahre in so einem Bastkörbchen erinnert gefühlt haben. Was als Einsitzer aus Weide und Rohr, innen bespannt mit einem Markisenstoff, begann, mündete ein Jahr später bereits in einen

Zweisitzer. Es kam das berühmte ab- und aufklappbare Tischchen dazu und der Strandkorb bestand nun aus einem umflochtenen Holzgestell, das stabiler war und auch schärferen Brisen widerstand. Bartelmanns Frau Elisabeth war derart begeistert, dass sie als erste Strandkorbvermieterin die massenhafte Verbreitung der Strandkörbe organisierte. Ihr ist es auch zu verdanken, dass wir heute unsere Strandkörbe so leicht finden können. Denn schon bald gingen diese in Massenproduktion und jeder Strandkorb trug eine Nummer und die Initialen der Eigentümer. Der Strandkorb durchlief dann noch verschiedene Entwicklungsphasen, bekam mal ein Bullauge oder war mit Bauanleitung zusammenlegbar. Erst 1910 baute Johann Falck den Strandkorb in der heute bekannten Weise mit den herausziehbaren Fußablegern.

Als Bartelmann im Juli 1930 starb, sollen an der Ostseeküste etwa 7.500 Körbe existiert haben. Bestanden die Strandkörbe früher aus einem Flechtwerk aus Weide oder chinesischen und thailändischen Hölzern und später in der DDR aus Pressplatten, so bestehen sie heute hauptsächlich aus einem PVC-Flechtmaterial, was die Haltbarkeit so eines wind- und wettertrotzenden Strandmöbels bedeutend verlängert. Heute ist der beliebte Strandkorb auch in individuellen Ausfrtigungen erhältlich bis hin zum Luxusstück mit Marmorteilen oder sehr edlen Stoffen. Die verschiedensten Populationen von Strandkörben tummeln sich mittlerweile nicht nur am Strand, sondern überall im Land, in Gärten und Wintergärten, auf Balkonen, Terrassen und bei Individualisten gar in der guten Stube.

Deutschland ist definitiv die Heimat des Strandkorbes geworden. Auch deshalb wird der Begriff »Strandkorb« nicht in andere Sprachen übersetzt, man kennt ihn auch im Englischen und Französischen nur als »Strandkorb«. 1908 malte Max Liebermann das beliebte Korbgestühl, in den 1930ern lobte Thomas Mann den Strandkorb, als er in einem solchen seine Tetralogie *Joseph und seine Brüder* schrieb und Billy Wilder machte ihn 1959 unsterblich in seiner Komödie *Manche mögen's heiß*. Wobei er sich auch an seine Berliner Zeit erinnert haben mag, während der er des Öfteren auf Hiddensee weilte, wo Strandkörbe zur Strandkultur der Insel gehörten.

GRUND NR. 6

WEIL DER STRANDKORB LIEBSTES FERIENZIEL DES OSTSEEURLAUBERS IST – EINE GENRESKIZZE

Rund um den Strandkorb ist in der Neuzeit ein ganz eigenes Sozialverhalten der Nutzer entstanden. Das Wichtigste an einem Strandkorb ist zunächst mal dessen Ausrichtung. Grundsätzlich steht ein Strandkorb nie richtig, so wie man ihn vorfindet. Er muss dann mit vereinten Kräften erst mal im Sand zur Sonne hin gedreht werden. Dabei kann man schon mal unauffällig die Nachbarn mustern und wenn man Glück hat, genügen sie den eigenen Ansprüchen an einen heiteren Sonnentag. Dann kommt das Gitter weg, das meist mit einem einfachen Vorhängeschloss gesichert ist. Kaum hat sich der Badegast entkleidet und Platz genommen, wird meist der weiblichen Hälfte eines Paares klar, dass die Position des Strandkorbes doch eher suboptimal ist, weil zu viel Wind reinbläst. Nun geht die Prozedur von vorn los und nicht selten schieben Ehepaare den Strandkorb dabei gleichzeitig in entgegengesetzter Richtung hin und her. Zum Ostseestrandkorb – ja, es existiert auch der Nordseestrandkorb, dessen Seitenlehne und äußere Kanten eher gerade sind, während die äußeren Formen des Ostseekorbes eher geschwungen und gefälliger erscheinen – gehören die herausziehbaren Fußliegen und die Ausklappbrettchen rechts und links. Letztere werden gern vom manchmal gelangweilten Nachwuchs für längere Testphasen genutzt, die im ständigen hörbaren Auf- und Abklappen der Brettchen bestehen. Ist das große Badetuch ausgelegt, beginnt die Einölung. Die Sonne brennt bekanntermaßen in einem Strandkorb besonders heiß und da kommt dann des Deutschen liebste Allzweckwaffe am Strand zum Einsatz – das Badetuch. In dem Falle als Schutz gegen zu viel Sonne.

Nonstop-Menüs, Dauerlektüre und Erschöpfungsschlaf stehen im Mittelpunkt eines ausgefüllten Strandkorblebens. Werden die reichhaltig mitgebrachten Nahrungsvorräte ausgewickelt und die Bierflasche mit dem bekannten Zischgeräusch geöffnet, gerät die Kommunikation mit den Nachbarn auch schon mal sehr direkt. »Darauf hätte ich jetzt auch Appetit, prost!« Gesättigt sonnt es sich in jedem Fall höchst angenehm im Strandkorb. Nach Lee ausgerichtet, das ist die dem Wind abgewandte Seite, dient er zugleich als Windschutz. Und richtig gemütlich lässt es sich träumen, wenn man bei kühlem Wetter, eingemummelt in warme Decken, den Blick aufs Meer schweifen lässt. Strandkorbleben an der Ostsee ist Romantik pur.

Noch vor gar nicht allzu langer Zeit war es üblich, eine Beschallung am Strand in der Hochsaison als selbstverständlich zu erachten. Was bei Kolonien von nebeneinander stehenden Strandkörben eine solide Geräuschkulisse ergab. Die sogenannten »Kofferheulen« oder Transistorradios standen stramm auf Empfang ausgerichtet und dudelten nonstop die gesamte Bandbreite der Hitparaden ab – von Blasmusik über Heimatlieder bis zu Hardrock. Dort konnte es auch schon mal zu handfesten Auseinandersetzungen kommen, weil für manche die sogenannte »Hottentotten-Musik« eine absolute Zumutung war. Der Strandtümmler von heute lebt dagegen im Audio-Paradies, denn Kopfhörer und iPod schützen vor solchen Belästigungen und lassen bestenfalls der Möwen Geschrei und des Meeres Rauschen an sein Ohr.

Der unterbeschäftigte Nachwuchs neigt bereits seit Generationen zu ausgiebigem Sand- und Kleckerburgenbau. Und so findet man viele Strandkörbe auch als muschelverzierte Festungsanlagen oder von einfallsreichen Nasssand-Kreationen umgeben vor.

Der zufällige Betrachter wird automatisch über das enorme Gestaltungspotenzial des Familiennachwuchses in Kenntnis gesetzt, gleichzeitig liegt die unausgesprochene Warnung in der Luft: Bloß nicht drauftreten!

Der Bau von Sandburgen und Kleckertürmchen ist Tradition am Ostseestrand und erlangte im Jahr 2011 eine gewisse Adelung mit dem Rekordversuch, einen durchgehenden Sandwall mit Sandburgen und Sandtürmen am elf Kilometer langen Strand der Rügener Schaabe zwischen Glowe und Juliusruh im Guinnessbuch der Rekorde zu verewigen.

GRUND NR. 7

WEIL DIE HISTORISCHE BÄDERARCHITEKTUR SEELE UND LIEBE ATMET

Das mobile Strandmobiliar beschrieben wir soeben, nun wenden wir uns den kostbaren Strandimmobilien zu. Die Ostsee-Bäderarchitektur bietet eine imposante Einmaligkeit insofern, dass verschiedene klassische Baustile frei miteinander kombiniert und mit regionalen Besonderheiten reizvoll verflochten wurden. Ehemalige kleine und unbedeutende Fischerdörfer entlang der gesamten Ostseeküste wurden seit dem 19. Jahrhundert zu modernen Seebädern ausgebaut. Das war ein Riesending, das muss man sich mal vorstellen! Und damit die enorme Bautätigkeit sich amortisierte, musste schon etwas Gehobeneres, etwas ganz Fashionables, her. Als Kur- und Vergnügungsgäste hatte man da insbesondere das Großbürgertum, Adelige, Unternehmer, Prominenz aus der Politik und andere Vermögende und Hochwohlgeborene im Visier, die das Ganze dann auch würden bezahlen können. Und so baute man den Stiftern und Gönnern und allen künftigen Quartiergästen diese wunderschönen, verlockenden Nesterchen mit lauschigen Balkönchen und schnörkeligen Holzveranden, mit mondänen Etablissements, modernsten Salons, Spielcasinos und Theatern. Man kommt nicht umhin, stante pede in Verzückung zu geraten und Säulen und Halbsäulen, Pilaster und Ornamente, Risalite und Türmchen, versprosste Fenster, Balkone, schmucke Holzveranden und schlösschenartige Anmutungen immer wieder zu bestaunen.

Die Flaniermeilen zwischen den neu entstandenen Prachtimmobilien und dem Meer – die Seepromenaden – rundeten die neuartige Küstenbebauung ab und baldigst folgten auch die weit in die Ostsee hineinreichenden Schiffsanleger, womit das unbequeme Ausbooten der Fahrgäste von den Fährschiffen nicht mehr nötig war und sie bequem an Land schreiten konnten.

Hoteliers, Pensionsbetreiber und einheimische Quartiervermieter waren natürlich darauf bedacht, beständig Gäste an die See zu holen. In den Badeprospekten warben die Seebäder sogar damit, den großen Vorzug zu haben, mückenfrei zu sein! Und die Flanierer und Badegäste kamen gern. Erst recht, nachdem später die höchst strengen Badeverordnungen und der sogenannte »Zwickelerlass« gelockert wurden und in der Folge die Badekarren mehr und mehr verschwanden und sogar Familienbadeanstalten entstanden. Das war ein Riesenschritt, gab es doch bis dahin streng voneinander getrennt nur das Herrenbad oder Damenbad.

Seit 1891 fuhren Sonderzüge zwischen Berlin und der Ostsee. Kleine Schmalspur-Bäderbahnen verbanden die Seebäder miteinander und mit dem nächsten größeren Bahnhof auf dem Festland. Nach den Kriegswirren und den Zerstörungen in der ersten Hälfte des 20. Jahrhunderts erlebten die Seebäder einen enormen Aufschwung, in der ehemaligen DDR und ab Mitte der 1990er-Jahre geradezu eine grandiose Renaissance. Die Ostseebäder sind einzigartige Repräsentanten deutscher Bäderkultur und Bäderarchitektur – Schmuckstücke, die den Küstensaum der Ostsee wie Perlen zieren.

GRUND NR. 8

WEIL ES FEINE UNTERSCHIEDE ZWISCHEN PIRATEN UND FREIBEUTERN, VITALIENBRÜDERN UND LIEKEDEELERN GIBT

Nun man gleich zur Piraterie, zu den wüsten Gesellen und den »feinen« Unterschieden, die selbst heute in aktuellen TV-Dokumentationen immer noch nicht korrekt dargestellt werden. Sind Piraten dasselbe wie Freibeuter? Nein. Und Vitalienbrüder hießen die Jungs nur eine gewisse Zeit lang. Und nun Butter bei die Fische, wie es so schön heißt. Um 1400 machten die als »Liekedeeler« (Gleichteiler) bezeichneten »Vitalienbrüder« Nord- und Ostsee unsicher – zumindest für die schwerreichen Kaufleute und »Pfeffersäcke«. Der Ruhm der berüchtigten Piraten und ihrer beiden bekanntesten Protagonisten Gödeke Michel und Klaus (Claas) Störtebeker ist bis heute legendär, wobei durch Legendenbildung ein farbigeres Bild entstanden ist, als durch Quellen belegbar ist. Warum aber heißen diese wilden Burschen einmal Vitalienbrüder und dann mal wieder Liekedeeler? Das kam so: Die dänische Königin Margarethe I. – die damals mächtigste Herrscherin im Norden – strebte ein einheitliches skandinavisches Großreich mit Norwegen und Schweden unter ihrer Führung an. König Albrecht, der zu jener Zeit König von Schweden und Regent in Mecklenburg-Schwerin war, widersetzte sich dem jedoch, wurde in der Schlacht bei Åsle 1389 geschlagen und in Gefangenschaft genommen. Nur die Stadt Stockholm, in der zumeist Deutsche lebten, konnte sich den angreifenden Truppen der dänischen Königin widersetzen, wurde in der Folge jedoch von diesen belagert. Die Hansestädte Rostock und Wismar sowie der mecklenburgische Adel riefen zur Befreiung der Stadt Stockholm und des Königs auf. Nachdem der König auch 1392 noch in dänischer Gefangenschaft saß und Margarethe unerbittlich blieb, verstärkten die Hanseaten in Rostock und Wismar ihren Druck und riefen zur Plünderung Schwedens, Dänemarks und Norwegens auf, insbesondere der betreffenden Handelsschiffe in der Ostsee. Für diesen Zweck stellten sie die damals auf allen Weltmeeren üblichen »Kaperbriefe« für entsprechend ausgerüstete Seeleute (Piraten, Gesetzlose) aus, die gleichsam amtlich legitimierte Freibriefe für Seeräuberei und Plünderungen, für Mord und Totschlag waren. Eigentlich waren diese Freibeuter nichts anderes als das, was man heute unter Söldnern versteht. Kaperbriefe gab es seit dem 12. Jahrhundert auf allen Weltmeeren und sie waren bis ins 19. Jahrhundert hinein legitimierte, abgesegnete Freibriefe für Handelsseekriege »im Auftrag«. Dieses ist der wesentliche Unterschied zur Piraterie ohne Kaperbrief. Die mit Kaperbrief gekaperte Ladung durfte in den »Vertragshäfen« – im Störtebeker-Falle Rostock und Wismar – verkauft oder versteigert werden. Dafür zahlten die Freibeuter einen festgelegten Anteil, das sogenannte Prisengeld, an die jeweilige Hafenstadt.

Die Aufgabe der Freibeuter unter Störtebeker war es, neben dem Kapern der Ladung, vor allem Lebensmittel (Vitalien) in das von Dänemark belagerte Stockholm zu bringen – und so wurden die Kaperbrief-Piraten unter Gödecke Michel und Klaus Störtebeker zu den Vitalienbrüdern. Dieses Geschäft war ein höchst einträgliches, ließ jedoch für längere Zeit auch den Handel in der westlichen Ostsee zusammenbrechen, was weder Margarethe noch der Hanse Vorteile brachte. Auch fanden die Plündereien und Überfälle nicht nur auf See statt, sondern erweiterten sich zu Beutezügen an Land.

Endlich einigten sich die dänische Königin, die Hanse und der Mecklenburger Adel. König Albrecht verzichtete 1395 auf den schwedischen Thron und wurde aus der dänischen Gefangenschaft entlassen. Damit waren auch die Kriegshandlungen beendet und die ausgestellten Kaperbriefe verloren ihre Gültigkeit. Die Vitalienbrüder, die nun keine mehr waren, zogen sich einige Zeit später aus den Gewässern der Ostsee zurück und segelten in die Nordsee, um dort ihre Beutezüge, in Interessengemeinschaft mit friesischen Herrschern, gegen die schwer beladenen Hansekoggen fortzusetzen

– nunmehr allerdings als Piraten ohne Legitimation zum Entern und Kapern feindlicher Schiffe – also vogelfrei.

GRUND NR. 9

WEIL STÖRTEBEKER UND DIE LIEKEDEELER EINE LEBENDIGE LEGENDE SIND

Im Zusammenhang mit Anschuldigungen, in räuberischer Manier Handelskoggen gekapert zu haben, Fahrensleute gemeuchelt und Kaufleute ihrer Waren beraubt zu haben, erscheinen die Namen Gödecke Michel und Klaus Stoertebeker am häufigsten in Klageschriften und Chroniken, zum Beispiel in der *Lübischen Chronik*. Um der Bedrohung des Seehandels ein Ende zu bereiten, wurden im Frühjahr 1401 wendige, ruderfähige Schlachtschiffe, sogenannte Schniggen, auf See geschickt. Mit diesen wollte man die Piraten dingfest zu machen, was bei einem Seegefecht vor Helgoland dann auch gelang. Die Piratencrew um Klaus Störtebeker ließ sich aufgrund eines zugesagten »Kuhhandels« nach kurzem Gefecht gefangen nehmen und wurde auf dem Führungsschlachtschiff der Hanse »Bunte Kuh« nach Hamburg verbracht. Dort verstrich eine gewisse Zeit und man beriet sich letztlich anders, als den Piraten zugesichert war. Möglicherweise erfolgte die Wende in der Geschichte, weil die Piraten ihre Schatzverstecke doch nicht preisgaben. Ein paar Monate später wurde allen der Prozess gemacht. Man enthauptete die Verurteilten, steckte die abgeschlagenen Köpfe auf lange Stangen und stellte sie am Elbufer als Trophäen und zur Abschreckung auf.

Der Legende nach soll Störtebeker mit dem Gericht noch ausgehandelt haben, dass er als Erster geköpft werden solle und diejenigen seiner Gefährten, an denen er ohne Kopf vorbeilaufen würde, begnadigt werden sollten. Und so soll er ohne Kopf an elf seiner Leute vorbeigelaufen sein und lief immer noch aufrecht, als ihm der Scharfrichter, der sein Kopfgeld dahinschwinden sah, einen Block zwischen die Beine warf, sodass der Kopflose zu Fall kam. Ob diese elf begnadigt wurden oder doch gehenkt, ist nicht zweifelsfrei erwiesen. Angeblich sollen doch alle Verurteilten gehenkt worden sein. Auch gibt es neuere Erkenntnisse, die besagen, dass Störtebeker nicht geköpft wurde.

Der Piraterie in Nord- und Ostsee hatte man ein wirkungsvolles Ende gemacht. Erst später soll die Erinnerung an die ruhmreiche Zeit der Gleichteiler-Piraten, der »Liekedeeler«, die die gesamte Beute zu gleichen Teilen gerecht unter allen Crewmitgliedern aufteilten, wieder aufgeflammt sein. Die Legendenbildung machte aus den räuberischen »Schlagetot«-Piraten die »Liekedeeler«. Erzählt wird in diesem Zusammenhang von versteckten, unermesslichen Schätzen in Höhlen und Ufergrotten, die auch heute noch der Entdeckung harren sollen, da ja die ganze Mannschaft mit Mann und Maus hingerichtet wurde und die Delinquenten – bei ihrer Piratenehre – niemals ihre Verstecke preisgegeben haben. Wie viel Wahrheit in diesen Geschichten steckt, ist eigentlich kaum herauszufinden. Auch über die Identität der historischen Persönlichkeit des Klaus Stoertebeker gibt es immer wieder Zweifel.

In vielen Städten entlang der Küste sieht man Störtebeker als einen Helden mit edler Gesinnung, der die Beute gerecht aufteilte. Ihm zum Gedenken wurde in Ralswiek auf Rügen zu DDR-Zeiten im Rahmen der sommerlichen »Rügenfestspiele« eine Störtebeker-Inszenierung aufgeführt. Seit 1993 nennt sich dieses Freilichtspektakel auf der Naturbühne Ralswiek »Störtebeker-Festspiele«. Diese ziehen jährlich Tausende von Schaulustigen auf die Insel Rügen nach Ralswiek – in das derzeit größte Open-Air-Theater Europas.

Der Störtebeker-Mythos konnte aufgrund von Einträgen in Chroniken und amtlichen Dokumenten überdauern und durch das lebendige Fortleben in Liedern und Geschichten nach dem Untergang der Hanse und Generationen später in der DDR. Er wurde zum Beschützer der Armen stilisiert und zum uneigennützigen

Kämpfer gegen Ausbeutung. Vor allem in Mecklenburg-Vorpommern, wo bis zu Beginn des 19. Jahrhunderts Leibeigenschaft und Knechtschaft herrschten, konnten Störtebeker & Co. in den Köpfen der Menschen so lebendig bleiben. Die Sehnsucht nach Freiheit und Wohlleben, nach einem guten Auskommen und einem vernünftigen sozialen Miteinander sind ja auch heute noch die innigsten Wünsche der Menschen. Deswegen haben Störtebeker, Robin Hood, Anonymous und Mr. Fawkes immer Konjunktur – auch heute noch.

GRUND NR. 10

WEIL EINE REGEL DER HANSE »HANDEL IN FRIEDEN« LAUTETE

Wer hätte gedacht, dass das Konzept des Handels in Frieden zum gemeinsamen Nutzen und Vorteil ein wesentliches Prinzip der einst so mächtigen und einflussreichen Hanse war? Dieser Zusammenschluss führte die miteinander Handel treibenden Partner zu Reichtum und Blüte und zerbrach rund 500 Jahre später genau daran, denn die einstigen Handelspartner, die Städte, waren zunehmend erstarkt und setzten die Privilegien der Hanse sukzessive außer Kraft.

In der damaligen Zeit war es üblich, Interessen- und Fahrensgemeinschaften zu bilden, um gemeinsam zum vorgesehenen Handelsziel zu reisen. Eine solche Handels- und Reisegesellschaft wurde als Genossenschaft, Company, Schar oder Hanse bezeichnet. Die Hanse im Ostseeraum nahm ihre Anfänge um 1160 mit den deutschen »Gotlandfahrern«, die in der bedeutenden Handelsmetropole Visby auf der Insel Gotland entscheidende Handelsprivilegien erwerben konnten. Gotland war zu jener Zeit Haupthandelsplatz für Waren aus Russland. Die Gemeinschaft von

Kaufleuten aus Lübeck, Westfalen und vom Niederrhein hatte zudem das Ziel, durch ein gemeinschaftliches Auftreten eine gewisse Stärke zu repräsentieren. Durch kluge Handelspolitik gelang es ihnen, dauerhafte Handelslinien zu etablieren, wobei die Hauptlinie die zwischen Nowgorod – Reval – Visby – Lübeck – Hamburg – Brügge und London war. Bald erreichten sie Ansehen und Einfluss, sodass sich in Kürze der mächtigste Bund im damaligen Heiligen Römischen Reich Deutscher Nation hatte herausbilden können – das Netzwerk »Hanse«. Die Einflussnahme des Hansebundes war in der Folge entscheidend kulturprägend, da der wachsende Wohlstand der Bürger es ermöglichte, Städtebau, Kultur, Forschung, Wissenschaft und Bildung zu fördern. So entstanden die noch heute beeindruckenden Rats- und Patrizierhäuser mit Prunkgiebeln und Schmuckfassaden, nobelster und teuerster Ausstattung, Hafenanlagen mit großen Kontor- und Speicherbauten sowie die in ihrer Mächtigkeit alles überragenden Kirchen in den Hansestädten und Handelsmetropolen. Zu dem, was bis heute aus der Blütezeit der Hanse sichtbar erhalten geblieben ist, gehören auch die architektonisch markanten Altstadtkerne in Lübeck, Wismar und Stralsund, die von baugeschichtlicher Einzigartigkeit sind. Die Altstädte Wismars und Stralsunds wurden 2012 zum Weltkulturerbe erklärt und stehen seitdem unter dem Schutz der UNESCO.

Unter dem Einfluss der Hanse wurde 1419 im mecklenburgischen Rostock eine der ersten deutschen Universitäten gegründet, die für Jahrhunderte als eine der berühmtesten im nordischen Raum galt. Knapp 40 Jahre später erfolgte im vorpommerschen Greifswald 1456 eine weitere Universitätsgründung, die damalige Alma Mater Gryphiswaldensis, die heute Ernst-Moritz-Arndt-Universität heißt.

Wegen zunehmender schwerer Verluste ihrer Handelskoggen durch Seepiraten beschloss der sogenannte wendische Dreierbund Lübeck, Wismar, Rostock 1269 wirksame, gemeinsame Strategien zum Schutz ihrer Handelsschiffe. Zum sogenannten wendischen

Quartier an der Ostsee zählten weiterhin Stralsund, Greifswald, Demmin und Anklam im Eingangsbereich zum Stettiner Haff. Ein Grundsatz der Hanse war zwar der Handel in Frieden und nicht die Kriegsführung, um neue Märkte zu erschließen. Dieses Credo wurde später im Jahr 1283 durch die Beschlüsse zum »Rostocker Landfrieden« nochmals bekräftigt, jedoch hatte die Sicherung der Handelsware natürlich Vorrang. So wurde der Kampf gegen die Seepiraten notwendiges Übel und fand erst um 1400 mit der Festsetzung von Störtebeker und seiner Crew ein Ende.

Mit dem Erstarken der Städte, der Ausprägung völlig neuer Infrastrukturen, dem Bankenwesen und der Kreditwirtschaft begann der schleichende Niedergang der Hanse. Die Hanse verlor zunehmend Privilegien in den Handelsstädten und somit auch Macht und Einfluss.

KAPITEL II

VON FLENSBURG BIS KIEL – DER BEGINN EINER REISE

ÜBER DIE WIEGE EUROPÄISCHER KÖNIGSHÄUSER, EINE WIKINGERSIEDLUNG UND RUM ALS EXPORTSCHLAGER

GRUND NR. 11

WEIL IN GLÜCKSBURG EINES DER SCHÖNSTEN WASSERSCHLÖSSER STEHT

Flensburger Förde. Südufer. Dort liegt Glücksburg, seit 2008 die nördlichste Stadt Deutschlands. Und das dortige, weltberühmte Wasserschloss beherbergt die Geschichte einer Dynastie, aus der u.a. Königin Margarethe von Dänemark und König Harald von Norwegen stammen. Deutschlands größtes Wasserschloss verdankt Mönchen, die im Jahr 1209 ein Zisterzienser-Kloster bauten, seine eigentliche Grundsteinlegung. Teile des Klosterbaus dienten später dem Aufbau des Schlosses. Es sollte eine wechselvolle Geschichte lang bis hin zur Reformation und noch bis 1581 dauern, bis der Besitz an Herzog Johann den Jüngeren von Schleswig-Holstein-Sonderburg fiel. Er gab ein Jahr später den Auftrag zum Bau des Wasserschlosses Glücksburg, das 1587 fertiggestellt war. Auf einem Granitsockel im See entstanden der Grundbau und die weißen Türme, die erst im 19. Jahrhundert eine Schiefereindeckung erhielten, bis dahin trugen sie Zinnenkränze. 1872 gründeten Flensburger und Glücksburger Geschäftsleute eine Ostseebad AG! Daraus entwickelte sich das Seebad und in Sandwig entstand das erste Kurhaus. 1885 erfolgte der Eisenbahnanschluss, schließlich schaute Kaiser Wilhelm II. vorbei. Im Strandhotel wurde opulent gespeist und wie so oft in der Geschichte war das Promi-Dinner der Auftakt für den Beginn eines rasanten Wirtschaftswachstums. Mit dem Erhalt des Stadtrechts 1900 wuchs Glücksburg zu dem Ort, der heute etwa 6500 Einwohner hat. Sandwig und Holnis sind die Badestrände, die man als Wasserfreund besuchen sollte. Das Ostseebad kann darüber hinaus ein Schwimmbad, die Fördeland-Therme, vorweisen, was im Winter von Vorteil ist. Auch Wanderfreunde sind dort richtig, denn 50 Kilometer verzweigte Wanderwege gilt es freudig abzulaufen. Es bietet sich geradezu an, auf der zwei Kilometer langen Kurpromenade den persönlichen Zieleinlauf stattfinden zu lassen. Kurz vor dem Ziel kann man da noch mal richtig aufleben, denn es ist ja die Prachtstraße am Ort.

Wer das Schloss besucht, findet dort jede Menge zum Bestaunen. Flandrische Tapisserien, Goldledertapeten, Gemälde, Porzellan und manch andere Kostbarkeiten aus dem 17. und 18. Jahrhundert. In den Schlosstürmen der barocken Kapelle finden Trauungen statt. Und so muss niemand auf die TV-Hochzeiten in England neidisch sein; wer in diesem Traumschloss heiratet, hat seinen Gästen etwas zu bieten, was wenigstens an Fotomotiven so schnell nicht in den Schatten zu stellen ist. Das Schloss von außen anzuschauen nimmt sowieso die meiste Zeit ein, denn dieser Prachtbau steht da wie ein Märchenschloss im See der Ewigkeit. Im Schlosshof, in den ehemaligen Kavalierswohnungen, leben übrigens zwei echte Prinzessinnen, die für die Stiftung des Schlosses arbeiten. Eine von ihnen, Elisabeth Prinzessin zu Ysenburg und Buedingen, aus dem Haus Schleswig-Holstein, bietet Führungen durch das Schloss an.

GRUND NR. 12

WEIL DER NORD-OSTSEE-KANAL UND DER DÄNISCHE WOHLD AN EUROPAS FERNWANDERWEG NR. 1 LIEGEN

Buchen- und Eichenwälder säumen den Dänischen Wohld. Strand, Steilküste und Meer sind bestimmend auf der Halbinsel zwischen Eckernförder Bucht und Kieler Förde. Es zieht uns zu den Seebädern Strande und Schilksee. Am besten auf dem Europäischen Fernwanderweg E1, der an der Küste von Eckernförde zum begehbaren Bülker Leuchtturm mit seinem besonderen Kachelmuster und weiter bis zum Olympiahafen Schilksee führt. Die Steilküste erreicht auf diesem Weg bis zu 30 Meter Höhe. Wo der Sturm tobt und das Meer brüllt, sind Findlinge in hoher Zahl zu entdecken. Das Ostseebad Schwedeneck kann mit 16 Kilometer Strand aufwarten. Aus dem früheren kleinen Fischerdorf Strande ist mittlerweile ein Seebad geworden. Dort kann man an der Kieler Außenförde fangfrischen Fisch direkt vom Kutter kaufen. Nebenan liegt der Yachthafen mit seinen über 300 Liegeplätzen. Dänisch Nienhof ist das Ziel der Wanderung. Wer ruhige Landschaften und versprengte Höfe, Wasser- und Windmühlen liebt, der sollte einen Abstecher ins Hinterland machen. Dort findet er die Hüttener Berge, die man auch den Harz des Nordens nennt. Dort bekommt man den Eindruck, dass der 106 Meter hohe Scheelsberg, von dem aus man eine wunderbare Sicht bis zur Ostsee hat, tatsächlich ein Berg ist. Obwohl die Hüttener Berge, genau genommen, nur bewaldete Hügel sind. So hat die Natur ein Minigebirge mit tiefen Tälern geschaffen, das durch ausgedehnte Wanderwege erkundet werden kann. Klar, dass man eine solche Landschaft zum Naturpark, und zwar zum nördlichsten Deutschlands, gemacht hat. Der Bistensee und der Wittensee liegen direkt vor der Berglandschaft und wer Lust hat, zieht weiter zum Nord-Ostsee-Kanal.

Fast 100 Kilometer lang ist diese meistbefahrene künstliche Schifffahrtsstraße der Welt. Den besten Ausblick auf den Kanal hat man auf der Brücke auf dem Weg von Kiel nach Schilksee. Interessant ist hierbei natürlich die Schleusenanlage an der Mündung in die Förde. Wer beim Einschleusen der Hochseeschiffe zuschauen möchte, kann das von beiden Seiten des Kanals aus tun. Das Durchschleusen dauert etwa 45 Minuten. Die Holtenauer Schleuse gleicht übrigens die unterschiedlichen Wasserstände von Elbe und Kieler Förde aus. An der Grenze des Schleswigschen Ostseegebietes ist bereits Kiel zu sehen und wir begeben uns auf die Reise entlang an Holsteins Küste. Hochseeschiffe bekommen im engen Kanal etwas Überdimensionales und Unwirkliches und ich konnte mich nicht satt sehen daran. Während es Renate nach einer Weile dann doch etwas langweilig wurde und sie auf der Picknickdecke den Schlaf der Gerechten schlief, verharrte ich noch drei Stunden in meinem Campingsessel. Männer stehen nun mal auf technische Wunderwerke. Auf jeden Fall sollten Familien mit Kindern hierherfahren, denn die Kleinen staunen am meisten über die großen Pötte.

GRUND NR.13

WEIL FLENSBURGS RUHM NICHT AUF DER VERKEHRSSÜNDERDATEI GRÜNDET, SONDERN AUF RUM

Die Stadt zwischen Dänemark und Sylt hat eine interessante Geschichte als Handelsplatz zwischen Ost- und Nordsee. Ein Spaziergang durch die Altstadt an der Innenförde führt den Touristen zu den Kapitänshäusern, den von der Renaissance geprägten Fassaden der Wohnhäuser und in die Kaufmannshöfe. Flensburgs Blütezeit begann 1284 mit der Stadtrechtsverleihung. Damals entstand auch der Nordermarkt, wo man am Neptunbrunnen, dem ältesten der Stadt, gemütlich in der Sonne sitzen kann. Man sollte sinnvollerweise seine Erkundungen an der Hafenspitze beginnen. In der nördlichen Altstadt findet man auch das Wahrzeichen Flensburgs, das Nordertor, und den Rennaissance-Altar von Heinrich Ringerink in der Marienkirche. Man sollte aber auch in der Nikolaikirche am Südermarkt vorbeischauen, die mit ihrem 1497 gegossenen Taufbecken und der größten Renaissance-Orgel Norddeutschlands gleich zwei Prachtstücke präsentieren kann. Beim Rundgang durch die Altstadt stößt man überall auf die dänische Vergangenheit Flensburgs. In den Einkaufsstraßen Holm und Große Straße findet man Schilder mit deutschen und dänischen Namen, Auskünften und Angeboten. Auch dänische Zeitungen gibt es. 20 Prozent der circa 85.000 Einwohner sind Dänen, die auch eigene Schulen und Kultureinrichtungen haben. Sie bilden eine starke dänische Gemeinschaft im Flensburger, aber auch im umliegenden Gebiet. Flensburg gehörte nicht zur Hanse und profitierte vom Niedergang des mächtigen Bundes. Denn zu jener Zeit erlebte die Stadt unter den Dänen ihren zweiten wirtschaftlichen Aufschwung. Die Krone hatte ein Faible für Flensburg und machte die Stadt im 16. Jahrhundert zur bedeutendsten Handelsstadt Dänemarks und Norwegens. Sogar Hamburg konnte damals nicht mit Flensburg mithalten. Auf 5000 Einwohner kamen 200 Schiffe. Erst der Dreißigjährige Krieg (1618–1648) und später die Nordischen Kriege stoppten das Flensburger Wirtschaftswunder. Am Ende der Renaissance besaß Flensburg noch nur wenige Schiffe.

Um 1755 begann eine neue Glanzzeit. Flensburg wurde zur Rum-Stadt. St. Croix, St. Thomas und St. John hießen die drei Inseln, die man heute als Virgin Islands kennt und die auf der Höhe von Jamaika liegen. Auf den Jungferninseln wurde Zuckerrohr gebrannt und der pure Rum nach Flensburg exportiert und verschnitten. Davon kann man sich in der West-Indien-Abteilung, einmalig in Deutschland, im Schifffahrtsmuseum am Museumshafen überzeugen. Sollte noch eine Rum-Verkostung in den beiden Flensburger Rum-Häusern »Johannsen« in der Marienstraße oder »Braasch« in der Rote Straße in Betracht gezogen werden, sei eine solide Fischmahlzeit als Grundlage angeraten – am besten etwas Fettiges wie Aal oder Heilbutt oder ein schöner, fetter Hering. Wir jedenfalls waren von der Sortenvielfalt des hochgeistigen Getränks mit drei Buchstaben schwer beeindruckt, in fortgeschrittener Abendstunde jedoch weniger an weiterer Wissensaufnahme interessiert. Flensburg und Rum – das ist einfach nur schön! Genießen und mal nichts tun! Am nächsten Tag bietet sich eine Entlüftungs- und Fitnesstour an, anlässlich derer man die Natur in der Umgebung der Stadt genießen kann.

Die Flensburger Förde gilt als eines der schönsten Segelreviere Europas und bietet mit der »Solitüde« einen wunderbaren Strand an. Wer es nicht so mit dem Segeltuch hat, der kann in Angeln, so heißt das Umland, Buchten und Eilande entdecken, entweder per Boot oder per Ausflugsdampfer. Die Rundfahrten führen auch zum Schloss Glücksburg, einem der berühmtesten Wasserschlösser Nordeuropas. In der Flensburger Bucht besuchten wir auch noch Schloss Gravenstein, zwischen Sonderburg und deutscher Grenze gelegen. Die Sommerresidenz der dänischen Königsfamilie ist natürlich nicht zugänglich, allerdings hat man den Park für die Öffentlichkeit freigegeben und die Wachablösung, die täglich um zwölf Uhr mittags stattfindet, eignet sich bestens für eine Videoaufahme. Aus dem großen Obst- und Gemüsegarten des Schlosses stammt im Übrigen der berühmte Gravensteiner Tafelapfel. Und Märchenfreunde können den Fantasien des dänischen Dichters Hans-Christian Andersen nachspüren, der dort in neun Tagen *Das kleine Mädchen mit den Schwefelhölzern* geschrieben hat.

GRUND NR. 14

WEIL DIE DOMSTADT SCHLESWIG DIE SCHÖNE FISCHERSIEDLUNG HOLM BEHERBERGT

Die Bischofsstadt an der Schlei wurde im Jahr 804 erstmals urkundlich erwähnt. Vermutlich wurde sie nach der Zerstörung der Wikingersiedlung Haithabu gegründet. Das beschauliche Örtchen lässt sich gemütlich besichtigen. Dort ist alles flach wie eine Flunder. Die Altstadt sticht hervor durch den überall erkennbaren St.-Petri-Dom, dessen Portale und die in Granit gehauenen Löwenskulpturen noch aus romanischer Zeit stammen. Erst 1894 wurde der 112 Meter hohe Turm vollendet. Der Bordelsholmer Altar im Innern der Kirche ist das Prachtstück des Baus. 400 aus ölgetränktem Eichenholz geschnitzte Figuren aus dem Mittelalter schuf Hans Brüggemann von 1514 bis 1521. Der Effekt: Die Figuren im Vordergrund sind deutlich abgesetzt von der Masse im Hintergrund. Albrecht Dürer stand Pate für diese Art der Kunst. Auf jeden Fall sollte man sich für die Gassen und romantischen Straßen im Fischerdorf Holm Zeit nehmen. Besonders Renate nahm wieder jede Kleinigkeit genau unter die Lupe. Da ist jeder Krimskrams von lokaler Bedeutung, die man als Tourist eventuell nach Hause schleppen sollte, um sie einer späteren Aufarbeitung auszusetzen. Männer neigen hier gern zur Ungeduld, aber man findet überall auch eine Gaststätte oder interessante Bauten wie das St.-Johannis-Kloster oder den Lollfuß mit dem Landestheater und dem Amtsgericht. In der Neustadt stehen Schloss Gottorf, der Burgsee und der barocke Fürstengarten auf dem Programm, die wir an anderer Stelle ausführlich behandeln. Das ist ein Extra-Tag. Zehn Kirchen und fünf Klöster können in Schleswig besichtigt werden. Wir haben nicht alle abgeklappert, sondern an einem wunderbaren Sommertag die Atmosphäre der Schlei genossen. Leichte Brise, ein Käffchen und Blick auf ein paar der Schiffe, die aus dem Yachthafen gemütlich ausfahren.

GRUND NR. 15

WEIL IN DER SCHLEI SÜSS- UND SALZWASSERFISCHE SCHWIMMEN UND AN LAND EINE TV-KULISSE UND EINE MEGA-WELLNESS-ANLAGE PUNKTEN

Entlang der Flensburger Förde, der Schlei und der Kieler Förde radelt man an kilometerlangen Stränden, findet eine Steilküste vor, die Wind und Wellen trotzt, und weiß landeinwärts große blühende Ackerflächen hinter sich. Inmitten der drei Halbinseln Angeln, Schwanen und Dänischer Wohld liegt Europas schönstes Segelrevier. Wer jemals die Kieler Woche besucht hat, weiß um die Faszination der Kieler Außenförde. »Förde« geht auf das Wort »Fjorde« zurück und bezeichnet urzeitliche Schmelzwasserrinnen.

Etwas anders liegt die Sache bei Eckernförde, hier ist der Ursprung des Wortes die Furt. Und so erinnert die Landschaft auch ein wenig an die Seen- und Fjordlandschaften Norwegens. Der sandige Boden Schleswigs eignet sich besonders für den Spargelanbau. Wer nach Flensburg an die Schlei kommt, erlebt ein Gewässer, in dem Süßwasserfische mit Salzwasserfischen zusammenleben, dort schwappt das Süßwasser in die Ostsee.

Wer an die Schlei reist, kann sich als Fan der ZDF-Serie *Der Landarzt* die Originaldrehorte ansehen. Mehr als 20 Staffeln wurden seit 1986 gedreht und haben TV-Geschichte geschrieben. Natürlich existiert der Hauptort der Serie, Deekelsen, nicht. Der Ort setzt sich aus verschiedenen Locations in Schleswig zusammen. Zum einen sind das Angeln und Schwansen an der Schlei. Die Stadtaufnahmen wurden hauptsächlich in Kappeln, Flensburg, Eckernförde und Süderbrarup gedreht. Zum anderen findet man in der Gemeinde Boren in Lindauhof das Gut Dänisch Lindau, das als Kulisse für die Landarztpraxis diente. In Wagersrott steht das Haus des Kräuterdoktors Hinnerksen. Ganz witzig ist der Brauch, dass jedes Jahr zu Pfingsten neue Schilder an Bushäuschen angebracht werden, auf denen zu lesen steht: Deekelsen. Tourismus zahlt sich aus.

Weiter auf der Reise entlang der Küste von Kappeln Richtung Osten ist bereits von weitem das Ostsee Resort Damp zu erkennen. Dort findet man auf einer Länge von 3,5 Kilometern den wohl schönsten Sandstrand Schleswig-Holsteins. 400 Liegeplätze umfasst der Yachthafen, der in den Sandstrand gebaut wurde. Der Besucher findet einen kurtaxefreien Ferienpark vor, in dem jährlich etwa 500.000 Übernachtungen verbucht werden. Wer Wellness bevorzugt oder gar eine Heilbehandlung nötig hat, ist in den großen Anlagen mit vielen Angeboten gut aufgehoben. Der Tourist sollte auf jeden Fall auch Gut Damp besuchen, das zwischen Vogelsang-Grünholz und dem Ostseebad an der Hauptstraße nach Hegenholz liegt. Ein Hof mit langer Geschichte, in dem sich lecker speisen lässt.

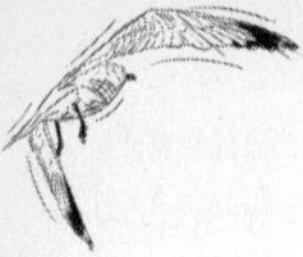

GRUND NR. 16

WEIL DIE WIKINGER IN HAITHABU JEDES JAHR ZUM LEBEN ERWACHEN

Am inneren Ende der Schlei liegt die Wikingersiedlung Haithabu. Dort soll sich um das 9. bis 10. Jahrhundert der Hauptumschlagplatz für den Handel auf der Nord- und Ostsee befunden haben. Auf dem Gelände der alten Domstadt Schleswig wurde die Siedlung entdeckt und bislang nur ein minimaler Teil freigelegt. Schon jetzt ist sie aber die bedeutendste archäologische Fundstelle aus jener Zeit. Der Ort ist am Ostende des Danewerks gelegen. Inzwischen finden sich Scharen neugieriger Touristen ein, um den bis zu neun Meter hohen Wall zu bestaunen, der im Halbkreis die Bucht an der inneren Schlei, Haddebeyer Noor, geschützt hat. Wir empfehlen den Danewerk-Wanderweg, um die sogenannte Chinesische Mauer Schleswigs in Augenschein zu nehmen.

Das Wikinger-Museum enthält alle nur verfügbaren Informationen über Bekleidung, Hausbau, Ernährung, Religion, Verteidigung, Handel, Handwerk und Siedlungsentwicklung der Wikinger, die sich rekonstruieren ließen. Wir waren begeistert von Schiffen, Runensteinen und der ältesten Kirchenglocke Nordeuropas, die aus dem Jahre 948 stammen soll. Fast 200.000 Besucher finden sich zu den Wikingertagen Ende Juli ein, um in Wikingerkampfarenen und in originalgetreu erbauten Dörfern den legendären Nordmännern beim Kämpfen und Feiern zuzuschauen. Viele Rituale und handwerkliche Arbeiten können auch von den Besuchern ausprobiert werden. Holzarbeiten, Brotbacken und Kostümkunde gehören ebenso dazu wie Gaukler und Feuerschlucker oder ein Bogenturnier. Wie man Kettenhemden schmiedet, Trinkhörner schleift, Körbe flicht, Glasperlenketten fädelt, Knochen und Geweihe schnitzt, Gewürze mixt, kunstvoll stickt und einen Bogen spannt – all das kann der Besucher durch Mitmachen erlernen.

Spektakulär ist auch die Greifvogelschau. Für viele am spannendsten ist es, selbst mal mit der Streitaxt zu werfen oder mit dem Wikingerbogen abzuziehen. Die größten Wikingertage Nordeuropas finden auf dem ehemaligen Gelände der Landesgartenschau, der Königswiese, statt. Nun man nix wie hin, auch längere Anfahrtswege lohnen ob der Nordmänner-Gaudi. Die Wikinger haben eine Eigenart, sie wirken alle irgendwie kräftig. Als ich ein Fell angelegt hatte, dachte ich auch: Nun, her mit der Axt! Allerdings haben Frauen die nüchterne Art, einem ganz schnell die Häuptlingsstelle mies zu machen. iPhone-Fotos belegten dann, dass es einen leichten Touch von Woody Allen hat, wenn man schmächtig, untrainiert und ohne Bauch antritt. »Lapprig«, hieß das ernüchternde Wort Renates für meinen Wikingerauftritt. Okay, ich musste einsehen, dass man ohne Bierwampe oder ohne in Muckibuden gestählte Muskeln in den Wikingerfellen dem Klischee des Nordmannes nicht gerecht werden konnte. Und ich entkam nur knapp einem überraschenden Armdrücken mit einem echten Schweden. Für den wäre ich garantiert ein Schwedenhappen gewesen.

GRUND NR. 17

WEIL AUS GOTTORF DER MANN KAM, DER KATHARINA DIE GROSSE HEIRATETE

Gottorf ist ein hochinteressanter Gang durch die Geschichte. Auf einer Insel gelegen, ist Schloss Gottorf heute ein Landesmuseum, in dem der Besucher Kunstwerke aus der Gotik und der Renaissance findet, ebenso eine Barockgalerie und Ausstellungsstücke aus dem Biedermeier und dem Jugendstil. Sie alle stammen aus der langen Ära eines der mächtigsten Zentren europäischer Kultur und Politik, das sich genau dort befand. Im Mittelalter brannte die Burg Gottorf nieder, die bis dahin als Schlüssel und Wacht für Dänemark galt.

1492 begann der Aus- und Aufbau der heute noch zu besichtigenden Anlage. Um 1500 entstand auch die einzige nicht kirchliche Großhalle der damaligen Zeit. Um 1530 dann ein an Renaissance-Elementen orientierter Westflügel mit einer Hofschaufront, die ihresgleichen in Nordeuropa suchte. 1697 wurde der barocke Südflügel gebaut und das Schloss entwickelte sich zu einem Musikzentrum der damaligen Zeit. Unbedingt erwähnt werden müssen noch der Barockgarten und der früheste Terrassengarten Nordeuropas.

Ein Super-Highlight ist das Globushaus – eine Sensation! Drei Meter im Durchmesser misst der begehbare Globus, der auf seiner Außenseite die damals bekannte Welt wiedergibt. Auf einer umlaufenden Sitzbank finden im Innern zwölf Personen Platz. Den filigran gearbeiteten vollständigen Sternenhimmel des 17. Jahrhunderts bestaunt man auf der Innenwölbung. Der Lauf der Gestirne wird über Figuren nachgestellt. Als Besucher wird einem klar, dass man dank eines wissenschaftsverliebten Herzogs und eines genialen Hofmathematikers im damals ersten begehbaren Planetarium der Welt sitzt. Acht Minuten dauert die Rundfahrt im Globus, die nur bis Oktober möglich ist. Renate meinte, wäre sie damals die Herzogin gewesen, so hätte sie jeden Abend in diesem Globus gesessen. Worauf mir nur einfiel, dass ich froh bin, es nicht erlebt zu haben. Denn zweifelsohne waren schon damals auch Horoskope und Astrologie wesentlicher Bestandteil weiblicher Kommunikation, mit denen Männern suggeriert werden sollte, bestimmte Dinge zu bestimmten Zeiten lieber nicht zu tun – zum Beispiel bei rückläufigem Merkur. Genau das mögen Männer aber eigentlich überhaupt nicht, obwohl …

Es wechselten die Herrscher, es wechselten die Baustile, aber die Anlage blieb eine besondere. Bemerkenswert daran ist, dass bis 1818 aus dem Haus Holstein-Gottorp die Könige von Schweden kamen und dass die Mutter der russischen Zarin Katharina II. Johanna Elisabeth von Schleswig-Holstein Gottorf war und diese war obendrein eine Großtante des Zaren Peter III. Durch die Heirat von Katharina und Peter begann 1762 eine Zeit, in der die Zaren der Dynastie Romanow-Holstein-Gottorf bis 1917 gestellt wurden.

Etwa fünf Millionen Besucher pro Jahr sehen aber nicht nur Prunkstücke der ehemals Herrschenden, sondern auch Moorleichen und das älteste hochseetüchtige Ruderboot Europas. Für das Schloss sollte man sich einen kompletten Tag reservieren. Zumal sich auch die Parkanlage wunderbar für einen Entspannungsspaziergang anbietet. Zur Anlage gehören übrigens fünf weitere Museen und das Zentrum für Baltische und Skandinavische Archäologie.

GRUND NR. 18

WEIL IN CISMAR DIE GRÖSSTE MUSCHEL- UND SCHNECKENSAMMLUNG ZU BESTAUNEN IST UND EIN KLOSTER VOLLER FRÖHLICHER MÖNCHE DORT GESCHICHTE MACHTE

Cismar ist das Künstlerdorf Holsteins. Rund um das Benediktinerkloster leben heute Schriftsteller, Maler, Bildhauer und Kunstschaffende, die mit Ausstellungen, Lesungen und Theateraufführungen den Ort prägen. Dieses kulturelle Zentrum hat eine bemerkenswerte Vorgeschichte. Urheber der langen kulturellen Tradition waren Mönche aus Lübeck, die sich dort neben ihren religiösen Exerzitien auch den durchaus weltlichen Gelüsten mit flotten Nonnen hingaben. Das Gotteshaus kam ins Gerede und so sollten die Mönche ins Kloster Cismar umsiedeln. Abgelegen und wenig attraktiv. Zunächst weigerten sich die Mönche, aber dann griff der Erzbischof durch. Die strafumgesiedelten Mönche wurden kreativ und in der Folge entwickelte sich in Cismar ein bedeutendes Kultur- und Wirtschaftszentrum. Die einst als fröhliche Mönche bekannten Gottesmänner machten mit den Wallfahrern so gute Geschäfte, dass sie Unsummen in die Bibliothek, den Landzukauf und die Bewirtschaftung stecken konnten. In ihrem Brunnen sammelte sich angeblich heilendes Wasser, eine Blutreliquie tat ihr Übriges für die Attraktivität unter den Gläubigen. Aber auch das Kloster blieb nicht vom Gang alles Irdischen verschont und irgendwann wurde es aufgelöst. Die Bibliothek ging dabei nach Kopenhagen und bildete fortan den Grundbestand der Staatsbibliothek. Bei der Auflösung 1561 verlor das Kloster fast all seine Schätze. Trotzdem lohnt sich der Besuch im Kloster, das heute von der evangelischen Kirche betrieben wird. Der um 1310 entstandene geschnitzte Reliquienschreinaltar ist der älteste Schreinaltar der Kulturgeschichte und zählt zu den großen Werken der gotischen Kunst an der Ostseeküste.

Nächster Ausflugsort in Cismar ist das »Haus der Natur«. Das Naturmuseum zeigt einheimische und exotische Ausstellungsstücke wie Mineralien, Versteinerungen, präparierte Vögel und Säugetiere, Insekten, Krebstiere und Korallen. Das Spezialgebiet des Museums sind Schnecken und Muscheln. Die Sammlung von Schnecken- und Muschelschalen ist besonders reich an ungewöhnlichen Stücken. Ein El Dorado für Muschelfreaks, denn die 4000 ausgestellten Arten stellen Deutschlands größte Muschel-Ausstellung dar. Dort kann man die große Vielfalt dieses zweitgrößten Tierreiches mit Schalen in der Größe eines Sandkorns oder mit einem Meter Länge in allen möglichen Farben und allen erdenklichen Formen studieren. Einige Schnecken und Muscheln sind echte Raritäten und einzigartig in Europa.

In Ostholstein lohnt es sich aber auch noch, den Seebädern Pelzerhaken und Rettin mit dem sechs Kilometer langen Sandstrand einen Besuch abzustatten. Und für die lieben Kinder ist auch megamäßig gesorgt. Der größte Ferien- und Freizeitpark Schleswig-Holsteins befindet sich in Sierksdorf und ist der einzige Themenpark, der direkt bis zur Ostsee reicht. Der Hansapark an der Lübecker Bucht erstreckt sich über 460.000 Quadratmeter und bietet bei jedem Wetter Bespaßung ohne Ende für die gesamte Familie. Ein Themen- und Naturpark, der einzigartig ist.

GRUND NR. 19

WEIL KIEL NICHT NUR SEEMANNSHERZEN TRÄUMEN LÄSST

In Kiel lässt es sich wunderbar flanieren. Wir haben uns gefragt, welche Strecke denn am besten für das Buch wäre? Ehrlich gesagt, habe ich aus einem ganz trivialen Grund diesen Rundweg ausgewählt – er führt zur historischen Freilichtbühne Krusenkoppel. Und dort habe ich mal Blueslegende Luther Allison gehört. An die stimmungsvolle Atmosphäre erinnere ich mich gern. Renate war damals nicht dabei, deswegen wären für sie wohl eher die alten eindrucksvollen Bäume entscheidend gewesen. Beim Entdecken der Geschichten um die Sehenswürdigkeiten sind wir beide darauf gekommen, dass man ohnehin nur einen Bruchteil mitnehmen kann, allein der folgende Weg hätte mit der Kruse-Geschichte bereits einen kompletten Filmplot hergegeben.

Der schönste und bekannteste Rundweg in Schleswig-Holsteins Landeshauptstadt Kiel ist der knapp sechs Kilometer lange Weg Kiellinie–Düsternbrook. Beginnen wir im Hafen. Dort ist der wichtigste Wirtschaftszweig der Stadt zu finden, der Schiffsbau. Dieser hat Tradition seit dem Jahr 1871. Damals blühte Kiel als Stadt auf, als der Reichskriegshafen entstand. Von dort aus begann auch der Sturz der deutschen Monarchie im November 1918. Ein beeindruckendes Denkmal im Ratsdienergarten am Kleinen Kiel erinnert daran.

Wer den langen Bogen am Ufer entlangflaniert, erreicht das Maritim Hotel »Bellevue« mit seiner wunderschönen Aussichtsterrasse. Von dort aus geht es in das Düsternbrooker Gehölz. Dort schlängelt sich der Weg auf zum Teil steilen Pfaden an der Königsbuche und der Bodenplatte, die an den ehemaligen Standort des Marientempels erinnert, vorbei und führt in die Krusenkoppel. Dieses Gelände, das 57.000 Quadratmeter groß ist und eine legendäre Freilichtbühne beherbergt, hat eine kuriose Geschichte. Als Bauer Heinrich Wilhelm Kruse im Jahre 1886 der Stadt Kiel wegen eines Familienstreites die Krusenkoppel schenkte, wurde sie noch landwirtschaftlich genutzt. Der Bauer wurde später geistesschwach. Sein Bruder entführte ihn kurzerhand und annullierte das Testament. Trotzdem blieb am Ende die Übertragung gültig. 1900 als Park angelegt, bietet die historische Grünanlage heute herrliche Ausblicke auf die Kieler Förde und beeindruckende Naturdenkmale, darunter die Zwölf Apostel – ein circa 200 Jahre alter Baumkreis aus zwölf Linden. Entlang der Freilichtbühne, in der 2200 Gäste Platz finden, geht es oberhalb der Kiellinie in den idyllischen Alten Botanischen Garten. Botanische Gärten gibt es in Kiel bereits seit 1668. Der eben erwähnte wurde mehrmals verlegt und bekam 1884 seinen heutigen Platz. Eine üppige, auf den ersten Blick wie natürlich erscheinende krautige Vegetation sowie ein alter und artenreicher Baumbestand machen den Alten Botanischen Garten zu einem beliebten Ausflugsort für Garten- und Naturliebhaber und für Seele-Schaukler. Es ist zwar ein kleiner, aber ökologisch höchst vielgestaltiger und wertvoller Lebensraum für Pflanzen und Tiere. Ein Aussichtsturm mit einer Aussichtskuppel aus schmiedeeisernem Geflecht macht die Gartenidylle perfekt und ermöglicht einen herrlichen Ausblick auf die Kieler Förde. An der Kunsthalle vorbei geht es zurück zur Kiellinie, wo man weiter in Richtung Tirpitzer Marinestützpunkt und Nord-Ostsee-Kanal laufen kann.

Von den Ufern der Förde aus kann man ruhigen Blickes die Fährschiffe aus Norwegen und Schweden vorbeiziehen sehen oder am Ostseeterminal die Kreuzfahrtschiffe beobachten. Die täglich pendelnden Fähren zwischen Oslo und Kiel liegen oberhalb der Hörnbrücke, am Endbereich der Kieler Förde, an. Es ist ein imposantes Bild, wenn die Schiffe mit ihren gewaltigen Ausmaßen nur einen Steinwurf entfernt nahezu lautlos in die Förde ein- und wieder auslaufen.

Immer wieder gern besuche ich Kiels prächtigste Straße. Zwischen 1904 und 1914 wurde das Gebiet um den Blücherplatz mit der Esmarchstraße, die den Wasserturm und die frühere Sternwarte verbindet, angelegt. So ist es fast wie ein Besuch in der Vergangenheit, wenn man die alten großbürgerlichen Häuser mit ihren exakt bepflanzten Vorgärten anschaut. Zweifelsohne ein altmodischer Boulevard, der sich in der Esmarchstraße mit einem Mittelstreifen in üppigem Grün und dem alten Kopfsteinpflaster präsentiert. Man hält förmlich Ausschau nach alten Pferdekutschen und klappernden, flinken Pferdehufen. Bereits seit 1908 findet auf dem Blücherplatz übrigens der Wochenmarkt statt. Dort mit Zylinder und Frack zum Sonntagsspaziergang aufzubrechen, das kann man sich fast schon vorstellen. Aber es ist lange her und einen Frack möchte ich an der Ostsee nun wirklich nicht tragen. Die Kleckerei einer einzigen Möwe würde ausreichen, um einem die Sonntagslaune so richtig zu vermiesen.

GRUND NR. 20

WEIL ZUM KIELER HAFENFLAIR AUCH SEEROBBEN UND PETERMÄNNCHEN GEHÖREN

Vor dem Institut für Meeresforschung kann man sich an einem Freigehege bei den putzmunteren Seerobben vergnügen, die alle einen Namen tragen. Im Aquarium informieren auf einem Rundgang durch das Institut 32 Schaubecken über die Fauna der Ozeane und über jede Menge Fische wie das große Petermännchen, den kleingefleckten Katzenhai oder die dickhörnige Seerose. Am Düsterbrookerweg 21 vergeht die Zeit wie im Flug. Und im Sommer bietet sich die nahe gelegene Seebadeanstalt Düsternbrook an, um noch schnell ein erfrischendes Bad zu nehmen. Vom Steg springen, abtauchen, rumplanschen und wohlfühlen. Und wenn man Lust hat, kann man noch die lange Geschichte des Bades nachlesen. Wer noch etwas klassisches Hafenflair tanken möchte, kann das am Tiessenkai tun, wo das Ambiente mit den am Pier liegenden alten Frachtenseglern, dem ehemaligen Packhaus – heute ein Café –, den alten Kontorhäusern und dem Holtenauer alles hergibt, was man von einem nostalgischen Ausflug verlangen kann. Vom Bahnhofskai aus erreicht man mit den Förderschiffen, von denen man einen einzigartigen Blick auf die Stadtkulisse hat, schnell das östliche Fördeufer. Wer dieses Erlebnis zu einer längeren Dampferfahrt ausdehnen möchte, kann sich eine frische Brise um die Nase wehen lassen und vom Bahnhof bis nach Laboe und Schilksee fahren oder eine Hafenrundfahrt ab Bahnhofsbrücke buchen.

Zu empfehlen ist auch ein Blick vom Rathausturm. Aus einer Höhe von 67 Metern kann man über ganz Kiel schauen und die prachtvollen Schiffe beobachten. Der Weg zur Kunsthalle lohnt sich auch auf jeden Fall. Das 1909 eingeweihte Gebäude ist imposant und heute nicht nur Ausstellungshaus und in die internationale Kunstszene eingebunden, sondern auch Begegnungstätte für Künstler. Malkurse für Kinder gehören ebenso zum Angebot wie Konzerte und Lesungen.

Last but not least – nicht nur in Kiel, sondern entlang der ganzen Küste können wir die kompetenten, auskunftsfreudigen Teams der Touristik-Büros, der Insel-Informationen, der Tourist-Service-Center und wie sie alle heißen, allerwärmstens empfehlen. Von detaillierten Einzelauskünften bis zur Wohlfühl-Rundumversorgung geben sie ihr gesamtes Wissen preis! Es gibt Informationsmaterial in allen heute möglichen Erscheinungsformen. Von Apps über Broschüren, CDs, Karten, Internetseiten und Prospekten bis zu Zeitungskopien – alles, was man als Tourist zum gezielten Erleben und Durchkommen braucht. Danke …

KAPITEL III

VON KALIFORNIEN AN DER OSTSEE ÜBER DIE INSEL DER LEUCHTTÜRME UND CAMPER BIS ZUR LEGENDÄREN »PASSAT«

HERAUSGEFISCHTES ÜBER DAS HOLSTENTOR, DIE »LIEBESBRÜCKE«, DEN »AMAZONAS DES NORDENS«, DIE »FESTON-ALLEE« UND DIE »WISMARER MUMME«

GRUND NR. 21

WEIL DIE PROBSTEI UND LABOE HOTSPOTS SIND

»Probstei« wird eine flache Landschaft zwischen Laboe und Bendfeld genannt. Ihr Name geht auf den Probst, eigentlich Propst zurück, der das Kloster leitete. Der bekannteste von ihnen war Friedrich, der als Klostervorsteher 1226 dem Benediktinerkloster Preetz vorstand, später gründete er das Dorf Schönberg. Ihm oblagen die Besiedlung und Urbarmachung der Liegenschaften entlang des Küstenbereichs. Feine weiße Sandstrände, sanfte Hügel und ein reger Tourismus zeichnen die Probstei heute an diesem Küstenstrich, dem »Schönberger Strand«, aus. Doch gleich zum jährlichen Highlight der Region und zur Kornkönigin. Die Probstei ist eine bäuerlich geprägte Landschaft mit unzähligen Nehrungshaken, weitläufigen Feldern und Wäldern. Kein Wunder also, dass im Juli und August die Korntage gefeiert werden. Mühlenführungen, Pferdekutschfahrten, Imkervorführungen, die Präsentation bäuerlicher Arbeitstechniken wie das Strohdreschen und natürlich die Krönung der Kornkönigin gehören zum Programm. Von Laboe bis Probsteierhagen - die gesamte Probstei ist während des Hochsommers in die Korntage involviert und so tummeln sich dort jede Menge Touristen.

In Laboe hat man einen Ausnahmeausblick vom bekannten Marine-Ehrenmal, dessen wuchtige, hoch aufschießende Turm-Architektur einem unvergessen bleibt. Zwei Aufzüge bringen die Touristen zur Aussichtsplattform. Der Blick schweift über die geschwungene Küste der Kieler Förde bis zur dänischen Südsee. Oder über die Felder und Seen der Probstei hinein ins Land bis zur Holsteinischen Schweiz. Wer alternativ ein Konditionstraining machen möchte, kann die 341 Stufen hinauf zur Aussichtsplattform zu Fuß gehen. Ich bin vor Jahren in Laboe das erste und einzige Mal in ein U-Boot gestiegen, bevor ich dann auf das Ehrenmal gedüst bin. Das legendäre U-Boot U 995, das im Zweiten Weltkrieg Feindfahrten absolvierte, interessiert jährlich etwa 350.000 Besucher. Faszinierend und erschreckend sind die Enge des U-Bootes und ehrlich gesagt, war ich froh, auch wieder heil und ohne Panikattacken herausgekommen zu sein. Renate hatte sich unterdessen ein Würstchen geholt. Sie weigerte sich beharrlich, das Boot zu betreten. »In die Blechbüchse passe ich doch nur, wenn ich mein Würstchen längs durchtrage.« Man konnte eine runde Münze in einem Automaten zu einer ovalen Münze umpressen lassen, worauf sich dann eine Laboe-Kennung zeigte. Aber so genau weiß ich das auch nicht mehr. Schauen Sie sich einfach selbst mal dort um.

Ein paar Hundert Meter vom Ehrenmal entfernt erstreckt sich der breite Sandstrand ostwärts in Richtung Kalifornien – jahah, richtig gelesen! Über eine Länge von insgesamt etwa 20 Kilometer wandert man am Meer entlang, kommt an den Stränden von Stein, Wendtorf, Heidkate, Kalifornien, Brasilien, Schönberger Strand und Stakendorfer Strand vorbei. Für mich war der Strand von jeher im Hochsommer und bei einer angenehmen Windstärke ein kleines Wunder touristischen Lebens. Dort findet man immer ein ruhiges Plätzchen, wenn man es sucht. Wer an diesem langen Strandabschnitt aufmerksam ein paar Schritte ins Hinterland auf sich nimmt, kann tolle kleinere Winddünen und treibsandähnliche Verwehungen entdecken. Und der Sand ist ganz fein und glitzert im Sonnenlicht …

Fangfrischer Fisch direkt vom Kutter ist auch dort die regionale Spezialität und wird in allen Lokalen neben der standardmäßigen gutbürgerlichen Küche – gerne mit Bratkartoffeln – angeboten. Für den Freund alter Eisenbahnen lohnt sich in den Sommermonaten auch die Fahrt mit der Museumseisenbahn. Sie fährt zwischen Schönberger Strand und Schönberg, wo man noch auf einen Sprung bei der 260 Meter langen Seebrücke vorbeischauen kann.

GRUND NR. 22

WEIL BRASILIEN UND KALIFORNIEN AN DER OSTSEE LIEGEN

Kalifornien benannten die Fischer einst einen Strandabschnitt, nachdem sie eine Schiffsplanke mit dieser Aufschrift an ihrem Strand gefunden hatten. Bald hieß der ganze Ort so, erfährt man aus den Überlieferungen. Kalifornien und Brasilien gehören zum Ostseebad Schönberg. Das Land ist flach, die Salzwiesen sind weit und das Meer liegt von Sonnenaufgang bis Sonnenuntergang vor einem. Badeidylle, Besinnungsidylle wegen der unendlichen Weite und Skater- und Fahrradfahreridylle. Auf der Düne und teilweise auch hinter der Düne entlang führt ein ausgebauter Weg, der sich mit Skates bestens von West nach Ost und umgekehrt befahren lässt. Dann gelangt man auch nach Brasilien, den Badeort östlich von Kalifornien.

Einst kam ich nach Kalifornien und kehrte dort in das »Hotel Kalifornien« ein. Der Hit *Hotel California* der Eagles befand sich noch im Airplay der Rundfunkstationen und das Hotel war so deutsch, wie es nur sein konnte. Gemütlich und familiär. Und im Hof fuhr eine Modelleisenbahn. Aber gleich vor dem Hotel lag ein richtig breiter Strand, der mit seinen im Meer vorgelagerten Sandbänken nun wirklich wie Kalifornien aussah. Das Wasser war türkisfarben wie im Nachbarort Brasilien, wo ich zusehen konnte, wie sich bei Sturm kleine Sanddünen aufbauten und wo ich die erste Banane ritt. Jawoll, mit Beschallung! Auf dem Boot, das die Banane zog, war ein Lautsprecher montiert, aus dem deutlich hörbar Reggae dröhnte.

Die Sonnenauf- und -untergänge konnten wir von unserem Hotelbett aus durch ein riesiges Panoramafenster verfolgen, das über die ganze Dachgiebelseite verlief. Man musste frühmorgens nur rechtzeitig die Augen aufmachen, den Kopf leicht anheben und »Oh mein Gott!« ausrufen. Die ganze Pracht. Ungestört. So schön, so einmalig! Romantisch, ein bisschen kitschig, aber unvergleichlich!

Surfer und Drachenflieger sorgen übrigens für kostenloses Entertainment – selbst für einfache Badegäste wie uns. In Brasilien finden sich ideale Bedingungen, Surfschule inklusive. Der Schönberger Strand punktet auch mit einer Seebrücke und idyllischen Fischerhütten, an denen man den fangfrischen Fisch bei Sommerfeeling verputzt. Diesen Küstenbereich zwischen Laboe und Hohwacht empfehlen wir besonders Badegästen, Surfern, leidenschaftlichen Langstrecken-Skatern und Spaziergängern.

GRUND NR. 23

WEIL AM HOHWACHTER STRAND DIE GEBÄUDE NICHT HÖHER SEIN DÜRFEN ALS DIE BÄUME

Strahlend weiß ist der Sandstrand in Hohwacht. Und Wald, wohin das Auge blickt, an der Steilküste. Lang gestreckte Strandlagunen, Hügellandschaften mit Buchenwäldern und Binnenseen, die sich in einem Bogen östlich des Kossautals präsentieren. Schnorchel und Taucherbrille sind dort Pflicht für echte Entdecker. Um einen Blick auf das Ostseeheilbad werfen zu können, sollte man die »Hohwachter Flunder« am Strand aufsuchen. Es ist die einzige Veranstaltungsplattform, die über dem Meer liegt. Klar, dass die Flunder Namenspate war. Hohwacht war einst ein Fischerdorf. Nach dem Zweiten Weltkrieg mauserte es sich zum Badeort. Künstler zogen sich dorthin zurück, da der Ort eine besondere romantische Atmosphäre ausstrahlt. Garant dafür ist die jahrhundertealte Tradition der Gemeinde als Reedehafen. Das Wasser ist am Ufer so niedrig, dass die Schiffe entfernt von der Küste ankern müssen. Der Gipfel der Romantik: Kein Haus darf höher gebaut werden, als die Bäume dort hoch sind. Das Ergebnis ist irgendwie harmonisch. Erwähnt seien noch der Große Binnensee, der hinter der Küste sich weit ins Land zieht, und der Yachthafen in Lippe. Für Naturfreunde bietet sich der Sehlendorfer Binnensee zum Wandern an. Brutplätze und seltene Vögel wie die Zwergseeschwalbe und der Singschwan lassen sich dort beobachten. Der Wanderweg beginnt am Parkplatz neben der Kurverwaltung. Für den Badespaß eilen wir wieder ans Ufer der Ostsee. Familien mit Kindern sei der flache, sanft abfallende Sandstrand am Sehlendorfer Strand empfohlen. Sollten Sie FKK-, Vogel- und Hundeliebhaber gleichzeitig sein, finden Sie ihr Paradies ultimativ am kurtaxfreien Strand von Behrensdorf direkt neben dem Naturschutzgebiet »Kleiner Binnensee«. In Hohwacht und am Sehlendorfer Strand kann der Fitnessfreak Segel-, Surf- und Tauchkurse machen und sich mit geliehenen Booten, Surfbrettern, Tauchausrüstungen und Katamaranen die Zeit vertreiben. Dort lassen sich auch die begehrten Segel-, Surf- oder Bootsscheine absolvieren. Wer mit eigenem Boot anreisen möchte, sollte die Liegeplätze Hohwacht, Behrensdorf und Hohenfelde anfahren. In der Hohwachter Bucht kann man auch die Kleinen rundum bespaßen – mit Bastelnachmittagen, Strandwanderungen, Bernsteinschleifen, Fossilienwerkstatt, Kino, Puppentheater bis hin zur Piratenwoche.

Hier noch ein Tipp für Wanderfreunde: Zwischen Lütjenburg und Hohwachter Bucht gibt es Wanderwege, die durch traumhafte Landschaften führen. Alle Wege sind gleichzeitig Lauf- und Walkingstrecken. Wandern ist inzwischen eine professionelle Angelegenheit. Man sollte sich deshalb gut überlegen, ob man die knapp vier Kilometer lange Strecke »Im Nienthal« für Neulinge oder die fast sechs Kilometer lange Tour »Rund um den Eetzwald«für anspruchsvollere Läufer wählt. Für Profis gibt es noch die elf Kilometer langen Routen »Zum Hessenstein« und »Streetzer Berge«. Die »Flunderroute« sei jedem empfohlen, sie bietet einen guten Querschnitt durch die landschaftlichen Reize der Gegend. Hierzu finden sich direkt vor Ort die jeweiligen Hinweise. Angelfreunde fühlen sich in der Hohwachter Bucht auch zu Hause. Das ganze Jahr ist Angelsaison. Von Oktober bis März wird beim Brandungsangeln an der Ostsee auf Dorsch geangelt. Von April bis September sind es eher Scholle und Steinbutt, die dort an Land gezogen werden. Es sei noch erwähnt, dass in der Umgebung mehr als ein Dutzend Campingplätze existieren, die teilweise direkt am Wasser liegen.

GRUND NR. 24

WEIL FEHMARN DIE INSEL DER LEUCHTTÜRME, DER SURFER UND DER CAMPER IST

Mit dem Besuch auf Fehmarn befinden wir uns auf der zweitgrößten Insel Deutschlands nach Rügen. Herrliche Badestrände, ideale Windverhältnisse für Surfer und Segler, ein Campingparadies – das ist Fehmarn. Die Rapsblüte im Mai lässt die Felder leuchtend gelb strahlen. Mildes Klima, dort scheint die Sonne achtzig Stunden länger im Jahr als auf dem Festland und unter den zahlreichen Badestränden der Insel ist der Südstrand der breiteste. Fehmarn ist mit mehr als einem Dutzend Campingplätzen zum Paradies für Camper und Wohnwagenliebhaber geworden. Burg ist die Hauptstadt der Insel.

Viel wird von ihr gesprochen, doch kaum jemand weiß, was die Vogelfluglinie wirklich ist. Traditionell meint man damit die seit den 1960er-Jahren ausgebaute direkte Verkehrsverbindung zwischen den Großräumen Kopenhagen und Hamburg. Der Name leitet sich von der parallel laufenden Flugroute der Kraniche und anderer Wasservögel zwischen Mitteleuropa und Skandinavien ab. Die 19 Kilometer lange Fährverbindung zwischen Dänemark und Puttgarden an der Nordspitze Fehmarns ist also nicht die Vogelfluglinie. Gemeint ist die Straßen-, See- und Landverbindung als Ganzes. Der Wasserweg rund um Fehmarn ist auf jeden Fall wichtig, das beweisen immerhin die fünf Leuchttürme auf der Insel. Fehmarn ist auch international gut besucht. So kann man in den Geschäften auch englisch sprechend einkaufen. Ein Test, den wir gemacht haben, verlief ähnlich den Durchsagen in den ICEs der Deutschen Bahn. Man freut sich, so nette Informationen zu bekommen, die von allerlei Ungereimtheiten begleitet werden. Kommunikation wird durch Missverständnisse erst unterhaltsam. Es sei denn, es handelt sich um eine Beziehungsstreitigkeit, da ist es dann anstrengender Alltag. Ja, das gehört in dieses Buch, denn wir machen Urlaub und nicht wenige Ehepaare vertreiben sich die kurze Zeit zwischen den Besichtigungen mit kontroversen Wortgefechten. Auf Fehmarn lohnt sich der Weg zum Strand, schon weil der Wind heftig weht und man so manches Wort in den Wind sprechen kann. Danach sollte man sich ein Surfbrett schnappen und ein paar Stunden die Harmonie zwischen sich und den Elementen suchen. Wem danach Kultur in den Sinn kommt, findet auf der Insel einige Anlaufpunkte.

Da lohnt sich ein Ausflug nach Burg in die Bahnhofstraße 47. Ernst Ludwig Kirchner, einer der bedeutendsten Expressionisten, malte in vier Jahren ein Zehntel seines Gesamtwerks auf Fehmarn. Man hat ihm mit einer Dokumentation ein Denkmal gesetzt. Seine 120 Ölbilder hängen heute überall in der Welt in Museen. Heimatmuseum, Kirche und Rathaus bilden neben dem Marktplatz die Anziehungspunkte in Burg. Puttgarden, Petersdorf, Dänschendorf, Landkirchen, Sulsdorf und Püttsee – sie alle präsentieren sich als erholsame kleine ländliche Idyllen. Auf Fehmarn heißt übrigens der Einheimische Fehmaraner. Das möchte er so. Alle anderen Wortschöpfungen weist er von sich. Mit dem Fahrrad schafft man es an einem Tag auf dem Deich um die ganze Insel. Fehmarn bietet schöne Strände, auch steinige wie in Püttsee, einsame Flecken und einen heimeligen, kleinen Hafen in Orth. Und wer etwas Besonderes erleben will, der besuche das Meereszentrum Fehmarn. Auf 3000 Quadratmeter Fläche erfährt man dort alles über das Leben der Haie, auch über die 400 Millionen Jahre alten Urhaie. Wobei meine liebe Frau Renate bei dieser Art Zahlenangaben immer skeptisch bleibt. »Woher will man denn so was so genau wissen?« Beeindruckend sind der große Weiße Hai und der Tiefseehai aus Grönland mit über vier Metern Länge, die als lebensechte Präparate locken. Live erlebt man Sandtigerhaie, Ammenhaie, Schwarzspitzenriffhaie und einen Zitronenhai. Sie tummeln sich im drei Millionen Liter Wasser fassenden Ozeanaquarium. 35 Einzelaquarien und ein Unterwassertunnel zeigen echte lebende Korallengärten mit unzähligen bunten Fischschwärmen. Clownfische, Seepferdchen und giftige Rotfeuerfische, Muränen, Steinfische, Seeigel, Napoleonfische, Igel- und Kugelfische zeugen von der Artenvielfalt in exotisch anmutenden Unterwasserwelten.

GRUND NR. 25

WEIL DIE SKURRILEN CHARCHULLA-BRÜDER DAS SURFEN AUF FEHMARN POPULÄR MACHTEN

Manfred und Jürgen Charchulla zählen zu den Ausnahmetypen, die es nur einmal gibt. Bärtig wie alte Seeräuber und schlagfertig blödelnd leben sie seit den 1970er-Jahren den Traum von der großen Welle. Die 1939 geborenen Zwillinge waren bereits mit 15 Jahren in der Welt unterwegs, entdeckten das Surfen und brachten es mit nach Deutschland auf ihre Heimatinsel. Sie schrieben einen Ratgeber, eröffneten ihre eigene Surfschule auf Fehmarn und bewohnten lange Zeit einen umgebauten Krankenwagen als Stranddomizil. Inzwischen sind aus den armen Schluckern, die anfangs misstrauisch beäugt wurden, prominente Originale geworden, die sich auf der Insel Fehmarn großer Hochachtung erfreuen. Denn den Charchulla-Brüdern ist es zu verdanken, dass Fehmarn zu einer Surfer-Hochburg und zu einem beliebten Ziel der Kite-Surfer geworden ist. Ihre Surfschule steht im Binnengwässer Burgs, dort ist das Wasser knietief, also Stehrevier, und ideal zum Lernen. Die Bretter werden an einer Boje befestigt und dann kommen von Land per Megafon die Hinweise. Wer sich so richtig abgemüht hat, findet abends in der Karibikbar Entspannung und Frohsinn, da drehen dann auch die Brüder, beide bereits über 70, noch mal richtig mit ihrer Steelband auf. Karibische Stimmung und die besten Cocktails der Insel. Alles sehr humorvoll, familiär und gemütlich mit den beiden sympathischen, urigen Typen. Da über die Jahrzehnte so allerhand zusammengekommen war, hatten die Charchullas einen Verein gegründet und ein Surfmuseum eröffnet. Dort war bis 2011 eine stattliche Zahl an Ausstellungsstücken zu bewundern und auch die technische Weiterentwicklung der Surfutensilien zu bestaunen. Der Ursurfer hatte ja tatsächlich nur ein Brett, mit dem er nach heutigen Maßstäben eigentlich gar nicht Wellen reiten hätte können. Derzeit wird nach einem neuen Standort für das Museum gesucht. Aber die Charchullas liebten schon immer das Abenteuer, ob mit Surftandem über das Skagerrak surfen oder mit sechs anderen Surfern auf einem 16 Meter langen Brett quer über den Fehmarnbelt nach Dänemark – den beiden gehen die Ideen wohl nie aus … Sie sind die wohl coolste Rentnergang der Ostsee!

GRUND NR. 26

WEIL LÜBECK MIT DEN BUDDENBROOKS UND DER LIEBESBRÜCKE PUNKTEN KANN

Zwischen Trave und Kanaltrave liegt die Altstadtinsel mit dem Dom und seinen sieben Türmen, mit der Pfarrkirche und natürlich dem berühmten Holstentor, dem Wahrzeichen Lübecks. Weltweit sind derzeit ungefähr 1000 Bauwerke von universeller Bedeutung von der UNESCO als denkmalgeschützt bewertet worden. Die historische Altstadt Lübecks gehört seit 1987 dazu, ebenso wie die Altstädte von Wismar und Stralsund seit 2002. Um sich in Lübeck einen schönen Überblick zu verschaffen, sollte man zur Petrikirche auf die Aussichtsplattform eilen. Von dort aus hat man den schönsten Blick auf die Altstadtinsel. Lübeck gilt als Tor zum Norden, wartet aber auch mit zwei Spezialitäten auf. Zum einen mit dem Lübecker Marzipan, das jedes Leckermäulchen kennen dürfte und das wir im Kapitel IX extra würdigen. Zum anderen mit den Buddenbrooks, die die meisten kennen sollten. Die Familie von Nobelpreisträger Thomas Mann war in Lübeck zu Hause. In der Mengstraße findet man das Haus seiner Großeltern, das zu den bekanntesten Häusern der Weltliteratur wurde und in dem einstmals Thomas und Heinrich Mann aufwuchsen, bevor es dann zum Handlungsort des Buches *Die Buddenbrooks* wurde. »Die Fassade erzählt eigentlich auf einen Blick alles, was man gefühlt über die Atmosphäre des in 30 Sprachen übersetzten Romans nach der Lektüre weiß«, sagte ich bei der ersten Inaugenscheinnahme. Worauf meine Frau bemerkte: »Und die Fassade ist so bleich wie Armin Müller-Stahls Gesichtsfarbe als Thomas Mann in der TV-Produktion.« In Lübeck ist alles etwas kolossaler. Die Türme der Marienkirche sind 108 Meter hoch. Sie ist die erste hochgotische Kirche, die als Backsteinbau errichtet wurde, und beherbergt als Mittelschiff mit 40 Metern das wohl höchste Backsteingewölbe der Welt! Neben den Bürgerhäusern und einem der schönsten Rathäuser Deutschlands finden wir dort auch die Kirche der Seefahrer, so nennt man die Jakobikirche. Für das leibliche Wohl sorgte seit 1292 die »Schiffergesellschaft« im Haus der Schifffahrt gleich nebenan, das man liebevoll die »klassischste Kneipe der Welt« nennt. Das Holstentor mit seinen runden Türmen werden die meisten auch kennen, es ist Wahrzeichen und Stadttor zugleich. Einst wachten 30 Kanonen am Stadteingang über die Unabhängigkeit der Hansestadt, die niemandes Untertan war. Davon kündet auch das Kürzel SPQL. Es ist am Durchfahrtsbogen des Tores zu entdecken. »Senatus populusque Lubecensis« bedeutet

»Rat und Volk Lübecks« oder wie der Volksmund heute witzelt: »Schlechtes Pflaster quält Lübeck« (SPQL). Ja, auch das Kopfsteinpflaster ist Weltkulturerbe, liebe Leute. In Lübecks Umgebung findet der Tourist eine urige Landschaft und den Fluss Wakenitz, der auch »Amazonas des Nordens« genannt wird. Feuchtwälder, Sanddornbüsche und Salzwiesen wechseln sich rund um Lübeck ab. Und die Zugvögel bevorzugen den Dassower See, entsprechend ist der Flugverkehr. Da bietet sich für die Lübecker geradezu das Wortspiel: »Fliegen Sie Lufthanse!« an …

Und noch ein Tipp speziell für Liebespaare. In der Straße an der Untertrave in der Nähe des Holstentorplatzes findet man eine kleine Fußgängerbrücke, die in Lübeck als »Liebesbrücke« bekannt geworden ist. Irgendwann begannen die ersten Liebespaare, zum Beweis ihrer Liebe Vorhängeschlösser an der Brücke zu befestigen. Daraus wurde ein Kult und anfängliche Bestrebungen, dieses Treiben zu unterbinden, mussten schnell der Kraft der Liebe weichen.

GRUND NR. 27

WEIL OTTO EINST IN TRAVEMÜNDE ALLES AUF DIE 14 SETZTE UND DIE »PASSAT« EIN WASCHECHTER KAP-HOORNIER IST

Das Seebad Travemünde kennen viele Deutsche aus dem legendären Sketch des Ostfriesen Otto Walkes. Dort setzte er – geführt von einer geheimnisvollen Stimme – alles auf die 14. Und verlor. Und ich wollte natürlich auch einmal das legendäre Spielcasino unter die Lupe nehmen. Also Krawatte umgebunden und zielsicher die Hallen des Columbia-Hotels angepeilt. Doch Schock – das weltberühmte Casino gibt es dort seit Kurzem nicht mehr! Die Betreiber sind nach Lübeck umgezogen. Allerdings hätte ich dort in den ehemals »heiligen Hallen« nun gleich an einer Tagung für Versicherungsvertreter teilnehmen können. Aber das war nicht mein Ding.

Travemünde, Lübecks schönster Vorort, verbreitet jetzt sein Flair eben ohne die Glücksritter. Also Schlips und Kragen wieder eingepackt und den geplanten Casino-Einsatz von zehn Euro beim Lotto verpulvert, denn Spiellaune ist gefährlich, die muss man ausagieren. Die Kugel beim Roulette oder das Zocken beim Pokern verlangen natürlich mehr Geschick als Kreuzchen machen, aber dafür muss man sich beim Lotto nicht extra herausputzen. Nach Lübeck fahren wollte ich nicht, ich peilte den nächsten Lottoladen an.

Man wird es nun vielleicht nicht glauben wollen, ich landete einen Treffer! Mein Besuch in Travemünde hat sich glücksspielmäßig also doch gelohnt, auch wenn mein eigentliches Ziel, das berühmte Spielcasino, dort gar nicht mehr existierte. Lottotreffer sind ja meistens kleinerer Natur und so musste ich nicht lange überlegen, ob ich dieses Buch nun weiter schreibe oder nicht. Es war definitiv nicht genug, um die Entdeckungsreise Ostsee und das Manuskript sofort zu beenden. Wäre auch schade gewesen, denn wir waren in Travemünde nun an einem gediegenen Plätzchen angekommen, an dem Renate einen feinen, weißen Sonnenschirm mit Lochstickerei aufspannte. Die Dame von heute weiß elegant mit so einem Utensil umzugehen, ebenso wie die Dame von einst. In Zeiten, als die vornehme Blässe noch Pflicht für gewisse gesellschaftliche Ränge war, gehörte so ein Sonnenschirmchen ja zur Grundausstattung während des Flanierens unter sonnigem Himmel. Im Seebad Travemünde ist alles in gewisser Weise irgendwie mondän – das Sehen-und-Gesehenwerden spielt auch vor den Toren der Hansestadt Lübeck die allererste Geige.

1801 gegründet, als drittes Seebad nach Heiligendamm und Norderney, avancierte Travemünde unter Kaiser Wilhelm zum Event-Ort. Dort fand die Travemünder Woche statt und der Strand war einzigartig breit und feinsandig. Ab 1824 gab es eine Dampferverbindung nach Kopenhagen und 1825 rollte bereits die erste Roulettekugel im Spielcasino. Und dann kamen die Russen. 1828 lief der erste Liniendampfer aus Petersburg ein. Seitdem brummte der Laden und Russisch Roulette wurde für einige der Glücksritter zu deren ultimativ letztem Glücksspiel.

Ein Spaziergang lohnt sich direkt am Meer von Niendorf nach Travemünde am Brodtener Ufer, einer Steilküste, die unter Naturschutz steht. Entlang des Ostseeküstenradwegs ist es am schönsten in der Lübecker Bucht, behaupten wir mal. Wir starten am Leuchtturm am Hotel Maritim. Er soll der höchste Leuchtturm Europas sein, unter dem man auch noch einen Kaffee schlürfen kann. Eigentlich stand erst der alte Leuchtturm dort, dann wurde das Hotel davor gebaut und weil das höher war als der Leuchtturm, verlagerte man kurzerhand das Leuchtfeuer auf das Hoteldach. Entlang der Strandpromenade geht es zum Buchenwäldchen am Brodtener Steilufer. Das Ufer unterteilt sich in zwei Abschnitte – in das sogenannte passive Ufer, an dem sich Malven, Zwergholunder und andere Pflanzen zu einer üppigen Vegetation ausgewachsen haben, und das aktive Ufer, an dem die Uferabbrüche normaler Alltag sind. Dort gibt es auch kaum Vegetation, sie schafft es einfach nicht, sich anzusiedeln. Das alles lässt sich auch vom Ufer aus betrachten, wenn man die Steiltreppe hinabsteigt. Eine der größten Uferschwalbenkolonien mit etwa zwei- bis dreitausend Brutröhren lässt sich dort entdecken. Wer in Niendorf angekommen ist, wird an den Heimatdichter Hermann Löhns erinnert. 1911 war er dort zu Gast. Am Hemmelsdorfer See findet man den bereits 1958 eingerichteten »Löhns Blick«, der nicht nur romantisch ist, sondern auch noch auf 20 Meter Höhe liegt. Auf dem Weg von Travemünde zum Brodtener Steilufer liegt das Café »Hermannshöhe«, ein großes, neu erbautes Familienrestaurant. Von dort aus hat man einen wunderbaren Blick über die Lübecker Bucht.

Als Travemündes Wahrzeichen gilt der legendäre Kap-Hoorn-Segler, die Viermast-Stahlbark »Passat«, die seit 1960 im Segelschiffhafen an der Travemündung liegt. Sie ist heute Museumsschiff, Jugendherberge und Touristen-Brennpunkt. Seit 1978 steht sie sogar unter Denkmalschutz. Der 1911 bei Blohm & Voss in

Hamburg für die Reederei F. Laeisz gebaute sogenannte Flying-P-Liner war einer der letzten großen Kap-Hoorn-Segler, ein sogenannter »Kap-Hoornier«, der das gefürchtete Kap insgesamt sogar 39 Mal unbeschadet umsegelte! Schon die einmalige Umseglung ohne Motorunterstützung gilt auch heute noch als höchste Kunst. Die »Passat« war als Frachtensegler eingesetzt und diente in den 1950er-Jahren zudem auch als Frachten-Segelschulschiff. Voll beladen und mit vom Sturm voll geblähten 34 Segeln segelte die »Passat« mit einer Höchstgeschwindigkeit von 17,4 Knoten (circa 32 Stundenkilometer). Auch einen Orkan »abzureiten« schreckte sie nicht. Schaut man sich die beengten Platzverhältnisse für die 35 Mann Besatzung auf so einem Kahn an, schiebt sich einem ein Kloß in den Hals und man bekommt in etwa den Eindruck, dass alles an Bord ein einziger Überlebenskampf war und nur höchst diszipliniert ablaufen konnte. Von Abenteuer und Freiheit, die in Shantys ja viel besungen werden, wird wohl im harten Seemannsalltag nicht viel übrig geblieben sein. Mit der »Passat« endete 1957 die deutsche Frachten fahrende Segelschifffahrt, nachdem das Schwesterschiff »Pamir« in einem Sturm untergegangen war, woran Reste des Rettungsbootes Nr. 2 in der Lübecker Jakobikirche erinnern. Auf dem Schiff erfährt man alles über so einen imponierenden Frachtensegler. Und ich habe mir die gesamte Geschichte der letzten Großsegler »Passat«, »Pamir« und »Omega« reingezogen. Hochinteressant, spannend und voller Dramatik ist die Geschichte der Frachtensegler unter deutscher Flagge. Die Mannschaftsquartiere mit Kojen und Waschräumen sind übrigens unter Deck der »Passat« auch zu besichtigen.

Na und wer nun schon mal da ist, der bleibt vielleicht auch und sieht abends durch die Bullaugen hindurch Travemünde im Lichterglanz. Dort kann man Romantik tanken und nicht wenige treiben es so weit, dass sie dort sogar heiraten wollen. Auf der »Passat« können sie das schiffsromantisch mit Segler-Atmosphäre standesamtlich tun.

GRUND NR. 28

WEIL MAN IM KLÜTZER WINKEL JEDE ECKE BESICHTIGEN KANN UND ES DIE LINDEN-FESTONALLEE AUF SCHLOSS BOTHMER GIBT

Die Stadt Klütz fungierte als Namensgeber für eine lauschige, reizvolle Landschaft, die aus Alleebäumen, Feldern und Wiesen besteht. Genau in der Mitte zwischen Lübeck und Wismar gelegen, ist Klütz – angeblich das Vorbild für Uwe Johnsons fiktiven Ort Jerichow im Roman *Jahrestage* – der Ausgangsort für Fahrradtouren an die Steilküste. Dort sollte man auch die Marienkirche mit dem 56 Meter hohen Turm besuchen. Wer dann Boltenhagen besichtigt hat, sollte sich auf den engen Straßen von Arpshagen nach Goldbeck und Kühlenstein an den Kopfweiden erfreuen. Und der Speckturm ist ein Besichtigungs-Muss. In Rankendorf steht der im 19. Jahrhundert errichtete Speckturm, in dem damals die Dorfbewohner Würste, Schinken und Speck zum Räuchern aufgehängt hatten.

Eines der schönsten Naturschutzgebiete der Küste Mecklenburgs findet man Richtung Westen. Der Blick über die Lübecker Bucht bis nach Schleswig-Holstein ist einzigartig. Wer Vögel beobachten möchte, findet dort Möwen, Enten und Seeadler. Übrigens fährt man dort auf dem alten Kolonnenweg der ehemaligen DDR-Grenztruppen und die Steilküste ist manchmal bis zu 40 Meter hoch. Von dort aus überwachten die Grenztruppen Land und See, um Flüchtende davon abzuhalten, gen Westen zu ziehen. Um Eindringlinge brauchten sich die Grenzsoldaten nicht zu kümmern, ein Fluchtbedarf von West nach Ost war quasi nicht vorhanden. So weit der Hinweis für die jüngere Generation. Heute präsentiert sich der Kolonnenweg als gut asphaltierter Rad- und Wanderweg. Natürlich waren diese Landstriche durch ihre Abgeschiedenheit ideale Rückzugsgebiete für Tiere und Pflanzen. Beeindruckend ist für jeden Naturfreund die Landspitze Hohe Wieschendorfer Huk auf dem Weg nach Wismar. Zwei Kilometer ragt sie in die Ostsee hinein. Man sollte den kleinen Weg, beginnend am Campingplatz an der Wohlenberger Wiek, benutzen, der oberhalb des Strandes um die Landspitze herum führt. An einigen Aussichtspunkten lässt es sich schön verweilen. Dabei drängt der orangefarbene Sanddorn ins Blickfeld, der dort überall reift.

Schlösser und Gutshäuser existieren »en masse« im Klützer Winkel. Schloss Bothmer, Anfang des 18. Jahrhunderts gebaut, gilt als größte barocke Schlossanlage Mecklenburg-Vorpommerns. Im Gedächtnis bleibt auf Schloss Bothmer auf jeden Fall die knapp 300 Meter lange und neun Meter breite barocke Festonallee aus ehemals 72, heute noch 69 beschnittenen alten Linden. Sie gilt als ein besonderes Denkmal Garten und Landschaft gestaltender Kunstfertigkeit. Mit ständigen Schnitt- und Pflegemaßnahmen gelang es, eine einzigartige gartenkünstlerische Lindenallee-Skulptur aus den knorrig-grazilen Bäumen zu schaffen, die im Kronenbereich girlandenartig miteinander verbunden zu sein scheinen. Regelmäßige Erziehungsschnitte und Rückschnitte, auch bereits an den jungen Linden vor fast 300 Jahren, beeinflussen gezielt die kandelaberartige Wuchsform der Bäume. Diese Lindenallee ist nicht nur eine Bienenweide, sondern eine unvergesslich bleibende Augenweide – wirkliche Gartenarchitektur! Jedes Mal, wenn wir solche Erkundungen dokumentiert hatten, fragten wir uns, warum die Ostsee eigentlich nicht viel bekannter ist für ihre Vielfalt an historischen und landschaftlichen Attraktionen. Es bleibt bei so vielen interessanten Fakten manchmal wenig Platz für emotionale Ausbrüche und Befindlichkeiten. Was uns beiden nicht gerade entgegenkommt, andererseits wollen wir unsere Leser auch einladen, selbst eine spannende Entdeckungsreise zu beginnen.

GRUND NR. 29

WEIL DIE SCHÖNE INSEL POEL AUCH EINEN TIMMENDORFER STRAND HAT

Die wegen ihrer weiten, weißen Sandstrände beliebte Insel Poel liegt nördlich der Hansestadt Wismar in der geschützten Wismarer Bucht. Sie belegt in der Liste der größten deutschen Inseln zwar nur Platz sieben, aber alle zwei Jahre wird dort immerhin eine Rapskönigin gewählt – auch wenn diese nur für die Touristen regiert. Poel ist wahrhaft eine Kurortinsel und wer Ruhe und lange Wanderungen schätzt, ist dort richtig. Die gelben Rapsfelder, das Blau der See und das Grün der Landschaft versprechen ein Vollbad für die Sinne. Der massive Rückbau der Landwirtschaft nach der Wende hin zu einer ökologisch orientierten Bewirtschaftung zeigt tolle Ergebnisse. Dort wird die arg strapazierte Metapher von den blühenden Landschaften wirklich zum Leben erweckt. So hat eine der fruchtbarsten Inseln der Ostsee einen gesunden, stabilen Kern, wenn man bedenkt, dass jeden Winter etwa ein halber Meter Land im Meer verschwindet.

Wer von Wismar her auf dem Wasserwege anreist, macht automatisch am Sport- und Fischereihafen Kirchdorf fest. Kirchdorf ist auch der Hauptort der Insel. Natürlich kann man auch über den Breitlingdamm mit dem Auto anreisen. In Kirchdorf sollte man den alten Schlosswall, oder was davon noch erhalten ist, aufsuchen. Einst wollten dort die Herzöge eine Flottenbasis bauen, übrig sind noch Teile des fünfstrahligen Sterns aus dem 17. Jahrhundert. Von dort aus lässt sich die Gegend nach schönen Motiven absuchen.

Zur Insel Poel kann ich eine kuriose Nachwende-Geschichte beisteuern, denn auch dort gibt es einen Timmendorfer Strand, genau wie bei Travemünde. Es ist der In-Strand auf dem Eiland – leicht zu erkennen an dem Leuchtturm. Nach der Grenzöffnung verabredete ich mich mit einer Bekannten am Timmendorfer Strand. Da ich aus dem Osten stammte und sie aus dem Westen, wussten wir beide nichts vom jeweiligen anderen Timmendorfer Strand. Ich wusste nicht, dass es einen Timmendorfer Strand bei Travemünde gibt, und sie wusste nichts vom gleichnamigen Strand auf Poel. Und so verpassten wir uns um mehrere Seemeilen.

Poel vorgelagert ist die Vogelschutzinsel Langenwerder, ein Paradies für Seevögel. Nun, der Rotschenkel ist eine der 250 Vogelarten, die sich dort beobachten lassen. Das aufregende Leben der Piepmätze und Flattermänner kann während der regelmäßigen Führungen oder anhand von ausreichend vorhandenen Informationen und Broschüren studiert werden. Die Orte Niendorf, Kirchdorf, Gollwitz, Weitendorf und Timmendorf mit ihren reetgedeckten, anheimelnden Häusern sorgen für einen ruhigen Ostseeurlaub mit allerschönsten Stränden, wobei Gollwitz von Juni bis September mit der Fahrradfähre noch etwas Abenteuerliches bietet. Nach dem Ankern schultert man sein Fahrrad und watet durchs Wasser an Land. Wer es schafft, darf dabei auch mal klingeln …

Auf die Liste der Sehenswürdigkeiten gehören neben den schon erwähnten auch die aus dem 13. Jahrhundert stammende Kirche in Kirchdorf sowie das dortige Heimatmuseum, der Schaugarten in Malchow und natürlich die beiden Leuchttürme der Insel in Gollwitz und Timmendorf. Poel ist definitiv eine kleine Lieblingsinsel. Wer einmal dort war, fährt immer wieder dorthin und lässt sich gerne von dem heiter stimmenden Inselcharme begeistern.

GRUND NR. 30

WEIL ZUR HANSESTADT WISMAR DER ALTE SCHWEDE UND RUDOLF KARSTADT GEHÖREN

Dass Wismar Hansestadt ist und wegen seiner einzigartig erhaltenen historischen Altstadtanlage seit 2012 zum UNESCO-Weltkulturerbe zählt, ist ja weltbekannt. Für uns spannend war es, das älteste Haus Wismars, die Gaststätte »Alter Schwede« zu entdecken. Das um 1380 entstandene Gebäude war einst Sitz des schwedischen Stadtkommandanten. Man sollte seinen Ausflug in den August legen, da findet in Wismar das Schwedenfest statt. Auch Wismar gehörte ja lange Zeit zur schwedischen Krone. Im Zuge politischer Machtkämpfe und territorialer Neuordnungen wurde die Hafenstadt einmal für 100 Jahre an das Herzogtum Mecklenburg-Schwerin verpfändet. Die gesamte Küstenregion kam später zu Preußen. Die Spuren der schwedischen Vergangenheit finden sich überall an der deutschen Ostseeküste, so auch in Wismar. Doch bevor man die Spurensuche vertieft, sollte man sich mit einem »Original Schwedenhappen« stärken. Der besteht aus einer Komposition von Rollmops, Zwiebel-Dillmatjes, Shrimps, Vollkornbaguette und Butter. Im 1878 eröffneten Restaurant »Alter Schwede« kann jeder diesen Happen verzehren und dazu Geschichte inhalieren.

Wer aus dem »Alten Schweden« ins Freie tritt, läuft ein paar Meter und steht vor Wismars Wahrzeichen, der zwölfeckigen Wasserkunst. Von 1580 bis 1602 nach den Plänen des Utrechter Baumeisters Philipp Brandin im Stil der holländischen Renaissance erbaut, diente das Gebäude bis 1897 der Trinkwasserversorgung der Stadt. Und man erfährt tatsächlich etwas Interessantes über die Versorgung mit Trinkwasser in vergangenen Zeiten. Dazu lese man die Spruchbänder in lateinischer und deutscher Sprache.

Was man wohl kaum vermutet, in dieser Stadt steht das Geburtshaus der Kaufhauskette Karstadt. In der Krämerstraße/Ecke Lübsche Straße findet man den viergeschossigen Jugendstilbau der Karstadt AG. Dort gründete Rudolf Karstadt 1881 mit einem einzigen Angestellten seines Vertrauens sein späteres Imperium. Er führte auch die damals noch unübliche Geschäftspolitik der Barzahlung ein. Und was heute Krämerstraße heißt, war natürlich auch früher schon eine Geschäftsstraße mit vielen wunderschönen Giebelhäusern.

Ein echter Hingucker ist auch das Schabbellhaus, das 1569 bis 1571 ebenfalls vom Baumeister Philipp Brandin gebaut wurde.

Auftraggeber war der Bierbrauer, Kaufmann und spätere Bürgermeister Wismars Hinrich Schabbell, der es als Brau- und Wohnhaus nutzte. Er gab den Auftrag, ein prächtiges Bürgerhaus zu errichten, das »der Stadt zur Zierde und dem lebenden Geschlecht zur Ehre« dienen sollte. Das Schabbellhaus ist eines der frühesten Renaissancegebäude im Ostseegebiet, für das – wie in den Niederlanden üblich – Backstein mit schmückenden Sandsteinelementen verwendet wurde.

Als architektonisches Highlight ist die Kirche St. Georgen in Wismar unbedingt erwähnenswert, stellt sie doch einen beachtlichen gotischen Sakralbau dar. Um 1295 gebaut, wird das monumentale Gotteshaus heute auch als Kulturkirche genutzt. Auf jeden Fall lohnt sich ein Besuch in dem spitzenmäßig restaurierten, eigenwilligen Backsteingotikbau, der zu den wichtigsten Wiederaufbauwerken nach der Wende zählte und 40 Millionen Euro gekostet haben soll.

Übrigens war Wismar in früheren Zeiten für sein Bier berühmt und die einst 180 Brauereien erscheinen für die kleine Hansestadt als geradezu spektakulär. Heute braut eine große Brauerei die sogenannte »Wismarer Mumme«. Das 1995 generalüberholte Wismarer Brauhaus am Lohberg modifizierte ein altes Rezept von 1452 und braut das starke dunkle Bier. Der Spezialsud ging einst von dort in alle Welt. Das fast schon likörartige dunkle Bier kam damals auch gut bei den Damen an. Durch den hohen Alkoholgehalt blieb das Bier auch auf hoher See, wo die Fässer nicht gekühlt werden konnten, unbeschadet.

KAPITEL IV

VON DER AIDA IN ROSTOCK BIS ZUM MISSISSIPPI-RADDAMPFER IN ZINGST

DER BESONDERE CHARME EINER REGION FÜR KREUZFAHRER, KÜNSTLER UND ROMANTIKER

GRUND NR. 31

WEIL ROSTOCK UND WARNEMÜNDE XXL-ER SIND UND ST. NIKOLAI UND ST. MARIEN HABEN

Die Hansestädte begeistern allgemein durch ihre Stadtbild prägenden, weithin sichtbaren, hoch aufragenden dunkelrot-weißen Backsteinkirchen, ihre mit Prunkgiebeln geschmückten Bürgerhäuser, ihrer imposanten historischen Rathausarchitektur und ihren weitläufigen Handelskontoren und Hafenanlagen – besonders heute, wo alles frisch restauriert ist. In Rostock war das lange Zeit nicht der Fall und auch dort herrschte damals wie überall in der DDR der Farbton Schmutziges Grau vor. Wer heute durch die Altstadt der größten Stadt Mecklenburg-Vorpommerns flaniert, erfreut sich an strahlenden Farben und einer liebevoll restaurierter Altstadtarchitektur, die unter UNESCO-Kulturerbeschutz steht. 2018 feiert Rostock sein 800-jähriges Stadtjubiläum. Neben den Spuren ehemaligen Hanse-Reichtums finden sich immer wieder auch Hinweise darauf, dass Rostock stets um den Platz der einflussreichsten Stadt nach Lübeck kämpfte. Aber das ist lange her. Heute ist Rostock längst Wirtschafts- und Kultur-Metropole an der Küste Mecklenburgs, mit Nordeuropas ältester Universität, die 1419 gegründet wurde, mit XXL-Werft in Warnemünde, mit XXL-Mole, Yachthafenresidenz, Überseehafen, Flughafen in Rostock-Laage und supertollsten Ausflugs- und Freizeitmöglichkeiten. Und nicht zu vergessen, der hauseigene XXL-Badestrand in Warnemünde, der mit seinen 150 Metern Sonnenlümmelei-Breite die Nummer eins an der deutschen Ostseeküste ist. Auf XXL-Events und Freizeit-Locations kann man auch verweisen – auf die Hanse Sail (siehe Extra-Liebeserklärung), Veranstaltungen auf dem ehemaligen Gelände des IGA-Parks in Lütten Klein, den Klettergarten Hohe Düne Markgrafenheide und den Golfplatz in Warnemünde.

Die die Stadt hoch überragenden Kirchtürme von St. Nikolai und St. Marien können auch so manche XXLs aufweisen. Neben der Tatsache, dass die Marienkirche sieben Türme hat, ist als Besonderheit anzumerken, dass dort die weltberühmte Astronomische Uhr ihr Zuhause hat – elf Meter hoch und mit zum Teil original erhaltenem mittelalterlichen Uhrwerk. Die älteste Uhr ihrer Art weltweit und sekundengenau wie eine Atomuhr. Sie muss jeden Tag von Hand aufgezogen werden und das darf auch nie vergessen werden, weil sonst das Uhrwerk von heut auf morgen das Zeitliche segnen würde – so jedenfalls wurde uns glaubhaft versichert. Über all die Jahrhunderte hat man es geschafft, die Uhr vor jeglicher Form von Zerstörung zu schützen. Seien es Unwetter oder Brände, Kriegshandlungen oder Sabotagemaßnahmen. Gruseliges erzählt man sich in Rostock über die Erbauer und deren Auftraggeber. Den Erzählungen nach pflegten Letztere einen grausamen Brauch. Den Erbauern dieses astronomischen Uhrwerks wurden nach getaner Arbeit die Finger abgeschnitten, damit sie nie wieder etwas Gleiches bauen konnten.

Ob man in der Nikolaikirche die Zahl Sieben entdecken kann, haben wir noch nicht herausgefunden, aber wir bleiben dran. Sieben Türme hat sie schon mal nicht. Auch ist sie nicht mehr als übliche Kirche in Betrieb, sondern als Veranstaltungsort für Kleintheater und Benefizveranstaltungen. Sie ist sogar Wohn- und Arbeitsort. Geweiht wurde die Kirche, deren Baubeginn um 1230 war, dem Heiligen Nikolaus, dem Schutzpatron der Seefahrer und Fischer. Eine sehr wechselvolle Geschichte und eine sich lang hinziehende Bauzeit nahmen ihren Lauf. 1703 stürzte der 132 Meter hohe Turm während eines Winterorkans ein. Während der Bombardements im Zweiten Weltkrieg wurde die Kirche schwer beschädigt, auch die 1758 geweihte Orgel und die Kanzel wurden vernichtet. Nach der Wende kam die heutige Orgel als Spende aus dem bayrischen Rummelsburg. Sie wurde dort 1971 gebaut und erfuhr in der Rostocker Nikolaikirche 2002 ihre Weihe. Ungewöhnlich ist, dass in den Dachetagen des Hallendaches der Nikolaikirche drei Wohnetagen mit 13 Wohnungen und fünf Gästezimmern untergebracht sind, mit lauschig anmutenden Loggien und Grünpflanzenbewuchs. Was sagt man denn dazu? Weit gucken kann man von da oben bestimmt gut und das Glockenschlagen zu besonderen Anlässen wird die dortigen Bewohner stets gleichmäßig einschwingen und sie im guten Einklang miteinander halten. So was ergibt Sinn – regelmäßig »einen Gong zu kriegen«. Daher kommt wohl auch der allgemein bekannte, gut gemeinte Anstubser »Du brauchst wohl mal wieder 'nen Gong?«, um wieder in die Ordnung zu kommen …

GRUND NR. 32

WEIL ROSTOCK DIE GLÜCKSZAHL SIEBEN HAT UND DAS ORIGINAL KOLA-REZEPT

Die Glückszahl der Hansestadt ist übrigens die Sieben. In der Stadtchronik von 1596 des Rostockers Peter Lindenberg wird die Zahl Sieben als Rostocker Zahl wie folgt beschrieben. Wir geben den Text hier im Original wieder:

> Söben Doern to Sint Marien Kark,
> söben Straten bi den groten Mark,
> söben Doren so dar gaen to Lande,
> söben Kopmannsbrüggen bi dem Strande,
> söben Toern so up dat rathus stan,
> söben Klocken so dakliken slan,
> söben Linneböm up den Rosengoern:
> Dat syn de Rostocker Kennewohrn.

Was soviel heißt wie:
Sieben Türme der St. Marien Kirche,
sieben Straßen bei dem großen Markt,
sieben Tore, die in das Land führen,
sieben Kaufmannsbrücken bei dem Strand,
sieben Türme, die auf dem Rathaus stehen,
sieben Glocken, die zugleich schlagen,
sieben Lindenbäume im Rosengarten:
Das sind die Rostocker Wahrzeichen.

Ob mal hier und da etwas erst »passig gemacht« wird – egal, in Rostock wird immer alles so gezählt und bei Neuheiten so arrangiert, dass am Ende die Sieben dabei herauskommt, bestätigte man uns mit einem Augenzwinkern. Wir finden das äußerst weise, weiß man doch, dass es auch eine sogenannte Unglückszahl gibt. Bei einem Käffchen sinnierten wir im Rostocker Hafen über die für die Stadt so bedeutsame Sieben. Also mir fiel als Erstes das verflixte siebte Jahr ein, zum einen ein Filmtitel, aber auch ein Hinweis auf das Jahr, in dem statistisch belegt die meisten Ehen Schiffbruch erleiden. Weiter der Siebenschläfer und sieben auf einen Streich. »Und dann noch die sieben Tugenden und die sieben Laster«, sprudelte ich los, während Renate uns an die sieben fetten und sieben dürren Jahre erinnerte. Und die Gruppe Karat fiel uns auch noch ein, *Über sieben Brücken musst du geh'n.* Sindbad ging auf sieben Reisen, Max und Moritz vollführten sieben Streiche und mit Siebenmeilenstiefeln würden wir auch mal gern die Ostsee ablaufen. »Und sieben Zwerge warten hinter sieben Bergen auf Schneewittchen!«, erinnerte ich mich. »Die würdest du vielleicht im Siebengebirge vermuten«, scherzte meine Frau. Ich hielt die sieben Weltwunder dagegen. Und so blödelten wir weiter unter der Sonne Rostocks bis hin zu den sieben Tagen, an denen die Welt erschaffen wurde. Die Bedienung holte uns in die Realität zurück: »Ihr Käsekuchen, bitte sehr. Sie sind doch Tisch sieben?«

Die östliche Altstadt Rostocks wird immer mehr zum Geheimtipp. Liebevoll restauriert findet man dort sehenswerte Häuserfronten, wobei sich ein genauer Blick auf die Fenstereinfassungen und Gesimse lohnt, die mitunter filigrane Kunstwerke sind. An der Grenze zur Altstadt lohnt sich ein Ausflug in die alte Likörfabrik Krahnstöver, die jetzt als moderne Café-Bar und Restaurant zum Verweilen einlädt. Dort kann man Leckereien auch draußen auf der Terrasse in den beiden Strandkörben verzehren – wenn man Glück hat und sie sind gerade nicht belegt. Ansonsten eben auf einem der übrigen 80 Plätze. Bei Krahnstöver beruft man sich im Übrigen voller Stolz darauf, lange vor der amerikanischen Coca-Cola das Original-Kola-Brause-Rezept entwickelt zu haben. Bekanntestes Produkt aus Krahnstövers Likörfabrik ist wohl der »Kola-Nuss-Liqueur«.

GRUND NR. 33

WEIL ROSTOCKER BIERE NAHRUNGS- UND LÖSCHMITTEL WAREN UND DER KLOSTERGARTEN ZUM HEILIGEN KREUZ VERZAUBERN KANN

Um sich dem lebhaften Innenstadttrubel kurzerhand zu entziehen, schlägt man den Weg durch eine Pforte in der restaurierten Stadtmauer ein und gelangt in den Garten des Klosters zum Heiligen Kreuz. Plötzliche Ruhe, herrliche Bepflanzungen, Naturidylle pur. Gemütliches Café-Plätzchen suchen, Solarplexus entspannen, den Blick schweifen lassen und einen Kaffee genießen. Dort können Literaturfreunde übrigens das Walter-Kempowski-Archiv besuchen und Theaterfreunde das Sommertheater Compagnie de Comédie im Klostergarten erleben. Im Heiligen-Kreuz-Kloster wurde einst die dänische Königin Margarethe aufgepäppelt, als sie auf einer Pilgerreise nach Rom in einen schweren Sturm gekommen war. Sie nahm sich einen Splitter vom Kreuz Jesu zur Erinnerung mit in ihre Heimat. Wer ein anderes Ambiente bevorzugt, kehrt vielleicht in der Hafenkneipe »Zur Kogge« ein oder in eine der vielen anderen Lokalitäten, die im alten Hafen neu entstanden sind. Ein verdientes Päuschen bei einem gepflegten Bierchen – Herz, was willst du mehr in einem Moment wie diesem?

Ab Mitte des 13. Jahrhunderts waren Rostocker Biere das einzige wichtige Exportgut der Hansestadt. Es diente damals nicht nur dem Genusse und als Nahrung, sondern auch als Löschmittel. Es hatte allerdings in den vergangenen Zeiten keinen nennenswerten Alkoholgehalt. Die Brauereien verschifften damals ihren Exportschlager Bier hauptsächlich zu den baltischen Nachbarn.

GRUND NR. 34

WEIL WARNEMÜNDE DEN BREITESTEN STRAND HAT UND AIDAS HEIMAT IST

1323, ehe die Preise wieder anzogen, kaufte sich Rostock mit visionärem Weitblick das Fischerdorf Warnemünde. Denn wer die Macht über die Warnowmündung hatte, der besaß das Sagen. Aus dem Fischerdorf wurde ein Badeort, später ein Seebad. Acht Kilometer lang und etwa 150 Meter breit ist der feinkörnige Sandstrand, der als der breiteste der mecklenburgisch-vorpommerschen Ostseeküste gilt. So stellt man sich als Badegast seinen Strand vor. Sand, wohin das Auge schaut. Sand, Sand, Sand. Oder Richtung Horizont nur Meer, Meer, Meer … Und wem das noch nicht reicht, der setzt mit der Warnowfähre über nach Hohe Düne und Markgrafenheide – da geht es dann weiter. Ungebremst …

Alles spielt sich in Warnemünde rund um den Alten Strom ab. Restaurierte Fischerhäuser, Cafés und Geschäfte. Alles, was mit

»sch« beginnt, ist dort ganz groß in Mode: Schoppen, Schlendern, Schlemmen, Schippern, Scharwenzeln, Schnacken, Schmusen, Schunkeln und Schampus. Der alte Fährhafen und der Bahnhof liegen auf der Mittelmole und das Vogteigebäude, der Sitz der Stadtverwaltung in Warnemünde, findet sich an der drehbaren Bahnhofsbrücke. Überall fallen Fischkutter, Fährschiffe und Yachten ins Auge. Warnemünde und Rostock sind die bedeutendsten Häfen für die Fährverbindungen nach Finnland, Skandinavien und ins Baltikum. Zweieinhalb Millionen Passagiere werden jährlich im Fährhafen registriert. Empfehlenswert sind auf alle Fälle Tagesausflüge mit der Fähre nach Dänemark vom Überseehafen aus.

Die zwei Toppadressen sind die Reedereien Scandlines und Aida-Cruises. Letztere hat ihren Sitz in Rostock und unterhält derzeit zehn Schiffe. Wenn man Glück hat, legt in Warnemünde am Cruise Center gerade eines der ganz großen Kreuzfahrtschiffe an. Da schaut man schon mal 40 Meter in die Höhe …

Wer in Warnemünde ist, findet sich beinahe vollautomatisch am Teepott und Leuchtturm ein und flaniert die Strandpromenade entlang Richtung Hotel Neptun – am besten auch mal in der Abenddämmerung, zum »Sonnenuntergang gucken«. Ich selbst war Ende der 70er-Jahre auch mal im Hotel Neptun »Westen schnuppern«, so sagte man damals im Osten ob des Weststandards im Neptun. Auch galten dort besondere Regeln für DDR-Bürger. Für ein Bier und einen Hering mit Bratkartoffeln reichte mein bescheidenes Salär gerade noch. Und wen treffe ich da am Nachbartisch? Den legendären Gitarristen der damaligen In-Band »Electra«, Peter Sandkaulen. Er lebte freimütig nach eigenen Maßstäben, zwei braun gebrannte, sparsam bekleidete Groupies, eine Flasche Whisky und Westzigaretten. Es war ein etwas bizarrer, aber fröhlicher Abend.

Als am Horizont die Sonne das Meer berührte, um sogleich darin zu versinken, rief in dieser andachtsvollen Stille eine sächsisch sprechende Dame zu dem neben ihr stehenden Mann ganz laut und dabei aufgeregt mit dem Finger aufs Meer zeigend: »Glei ditscht se nei, mei Gudsder!« Ich zuckte ob dieser krassen Simplifizierung eines göttlichen Momentes schmerzlich zusammen und bestellte mir einen doppelten Seelentröster. Die beiden Groupies hielt jetzt nichts mehr in ihren Ledersesselchen, sie tanzten nun auf dem Bartresen …

Übrigens, mit den jährlich fast 200 »Anläufen« von rund etwa 40 Kreuzfahrtschiffen ist Rostock-Warnemünde der bedeutendste deutsche Kreuzfahrthafen. Zur Verabschiedung der Kreuzfahrtschiffe und ihrer Passagiere werden regelmäßig am Passagierkai in Warnemünde die Rostock-Port-Partys gefeiert, zu denen sich Einheimische, Touristen und Seefahrer einfinden. Bei Live-Musik und Höhenfeuerwerk laufen die Kreuzfahrtriesen dann mit Pauken und Trompeten aus.

And last but not least – hier noch die ausdrücklichen Hinweise unseres Insidertipp-Gebers Michael aus Rostock. Er machte uns darauf aufmerksam, dass Liebhaber von frischem Fisch sonntags früh beim Einlaufen und Anlegen der Fischkutter zugucken und den fangfrischen, noch zappelnden Fisch gleich am Kutter kaufen können. Alternativ kann man natürlich auch ein frisch zubereitetes Fischbrötchen verputzen – das zappelt nicht … Keinesfalls sollen wir vergessen, die Wander- und Radfahrmöglichkeiten entlang der Steilküste zur Hotel- und Ausflugsgaststätte Wilhelmshöh zu erwähnen. Vom dort entlangführenden Ostseewanderweg aus kann man, wenn man Ruhe und Natur liebt, frühmorgens oder spätabends herrliche Sonnenauf- und -untergänge genießen – danke, Michael! Machen wir, holen wir nach!

GRUND NR. 35

WEIL IN MÖNCHHAGEN EIN BAUM-METHUSALEM STEHT UND IN TORFBRÜCKE DER GESPENSTERWALD PUNKTET

6000 Quadratmeter Wald locken jährlich Wanderer und Radfahrer in die Rostocker Heide. Dort führen der Ostseeküstenradweg und der Europäische Fernwanderweg E9 durch die Moor- und Heidelandschaft. Graal-Müritz und Dierhagen sind die östlichen Begrenzungen dieser unter Naturschutz stehenden reizvollen Landschaft. So steht am Rande der Heide, in dem kleinen Ort Mönchhagen, ein besonders markantes Naturdenkmal, eine mehrere Jahrhunderte alte Eibe. Die Altersangaben in der Literatur reichen von 500 bis 1000 Jahre und darüber hinaus. Der Baum-Methusalem ist etwa zwölf Meter hoch und misst im Stammumfang circa vier Meter. Kräftige Eisenbänder halten den alten Stamm und Teilbereiche in den oberen Verzweigungen unterstützend zusammen.

Den nächsten Höhepunkt erradelten wir uns auf der Radwanderung nach Graal-Müritz. Rhododendron-Liebhaber sollten sich unbedingt im Mai oder Juni die Zeit nehmen, um die mehr als 200 Stauden in ihrer ganzen Pracht zu genießen. Die Blüte ist ein einziger Augenschmaus.

Beinahe vergessen – der Gespensterwald westlich des Örtchens Torfbrücke. Nun turnen dort nicht etwa Einheimische mit Bettlaken über dem Kopf herum, um den Touristen was zu bieten oder sie zu verschrecken, was man ja schelmisch vermuten könnte. Nein, nein, die Wahrheit ist, der Seewind und Mutter Natur taten ihr Werk und die Bäume des Waldes verkrümmten und verkrüppelten auf Dauer, sodass die Gegend tatsächlich einen gespenstischen Eindruck macht.

GRUND NR. 36

WEIL DIE KÜNSTLERKOLONIE IN AHRENSHOOP EINE INTERNATIONAL BEKANNTE ADRESSE IST

Fischland ist der südliche Bereich des westlichen Küstenstreifens der Halbinsel Fischland-Darß-Zingst. Dort findet man ein paar der schönsten Orte der Halbinsel: die Ostseebäder Ahrenshoop und Wustrow. Das ursprüngliche Fischerdorf Ahrenshoop avancierte vor mehr als 100 Jahren zum Künstlerrefugium und hat sich heute längst einen Namen als international bekannte Künstlerkolonie gemacht. Außergewöhnliche Lichtspiele über dem Meer und in der Landschaft ziehen bis heute Maler an, die dort Motive und Inspiration für ihre Werke finden. Sie sind die Nachfolger von Paul Müller-Kaempff, der dort 1909 den Bau des »Kunstkaten« anregte, Fritz Grebe, Elisabeth von Eicken, Carl Rathjen und anderen. Diese zählten zu den Begründern der Malschule und somit zu den Gründern der Künstlerkolonie. Ab 1911 zog es die »Neue Künstlervereinigung München« – sie wohnte zwar in Prerow, pilgerte aber nach Ahrenshoop – dorthin. Hans Brass gründete dort 1922/29 seinen Gemischtwarenladen »Bunte Stube«, wurde sogar Bürgermeister und der Rostocker Kunstmaler Rudolf Schmidt-Dethloff verlegte 1948 sein Atelier nach Ahrenshoop. Bildhauer, Schriftsteller und andere Künstler folgten ihnen. Der Mischladen »Bunte Stube« und der blaue »Kunstkaten« sind auch heute das Herz der Künstlerkolonie Ahrenshoop. Weitere Künstler-Hotspots sind das Künstlerhaus Lukas und das Dornenhaus. Überall im Ort trifft man auf stimmungsvolle, mal schwelgerische und mal leicht hingehauchte Malerei, die in den großartigen Lichtstimmungen Ahrenshoops entstanden ist. Heute gehört Ahrenshoop zur Vereinigung der europäischen Künstlerkolonien EuroArt. Wesentliche Strömungen von Impressionismus bis Expressionismus wurden von Ahrenshoop aus befördert. Heute wird überwiegend Kunsthandwerk im Ort betrieben und das sprichwörtlich an jeder Ecke. Bildhauereien und Töpfereien, Triviales oder Anspruchsvolles, Preiswertes neben richtig Teurem. Und wer in der Umgebung spazieren geht, sollte wissen, dass die Schweden im 17. Jahrhundert die Eichen und Buchen dieser Gegend bereits als besonders wertvoll empfanden. Ahrenshoop liegt genau auf der Grenze zwischen Mecklenburg und Vorpommern und der Grenzweg im Ort markiert diesen Grenzstatus.

Die jüngste Kirche auf dem Darß, die 1951 eingeweihte Ahrenshooper Schifferkirche sollte man unbedingt gesehen haben. Sie wurde in Form eines kieloben liegenden Schiffes gebaut, ist ein modern anmutender Holzbau mit Rohrdach und Glasfront. Auch die Innenausstattung ist aus Holz. Alle Baumaterialien kamen aus der Region. Gottesdienste und Kulturveranstaltungen finden dort statt. Die Kirche ist umgeben von alten Bäumen und Sträuchern und romantisch in die Landschaft eingebettet. Sie passt »wie gewachsen« dorthin. Wirklich sehenswert und gemütlich.

Ein Abstecher zum kleinen lauschigen Hafen Althagen lohnt sich auch auf jeden Fall. Er diente lange Zeit als Verbindung zwischen Ribnitz-Damgarten und Ahrenshoop. Mit einem der Fahrgastschiffe kann man sich heute diesen Teil des »Nationalparks Vorpommersche Boddenlandschaft« am besten erschließen.

GRUND NR. 37

WEIL PREROW UND BORN GANZ BESONDERE KIRCHEN HABEN UND IM DARSSER URWALD ALLES BEIM ALTEN IST

Der Darßer Wald genießt hohe Wertschätzung bei allen Naturfreunden, da dort die forstwirtschaftliche Nutzung verboten ist. Er wächst ohne Eingriffe ganz natürlich vor sich hin – ein Urwald. Hervorzuheben ist hierbei das Rotwild, das in den 1930er-Jahren aus Ostpreußens Wäldern dorthin verschifft wurde. Der Bestand wurde gepflegt und hält sich bis heute in kräftigen Populationen auf beachtlichem Niveau. Zur Brunftzeit gibt es jährlich schon lange vorher ausgebuchte organisierte Fahrten zum eindrucksvollen Spektakel der röhrenden Vielfach-Ender.

Informationen über Land und Leute kann man sich auf der Boddenseite in Wieck im Nationalparkzentrum Darßer Arche anschauen. Dort findet im Herbst auch das Darßer Naturfilmfestival statt. Dorfkern von Wieck ist mit den reetgedeckten Krüppelwalmdächern der Fischerhäuser eine Augenweide. Prerow ist bekannt für seinen feinen Sandstrand und die 395 Meter lange Seebrücke. Das Ostseebad kann auf die Umweltauszeichnung Blaue Flagge verweisen und lockt die Touristen mit dem Leuchtturm Darßer Ort, von dem man einen fantastischen Rundblick über die Ostsee und den Darßer Urwald hat. Der urwüchsige, 13 Kilometer lange Darßer Weststrand ist übrigens nur per pedes oder per Pedale zu erreichen. Auch dort stehen reichlich Veranstaltungen auf dem Programm. Neben dem Kulturkaten »Kiek In« und der Freilichtbühne empfehlen wir die Seebrückenfeste, das Tonnenabschlagen, das Töpferfest, das Hafenfest und das Darßer Drachenbootrennen.

In Prerow steht eines der ältesten Baudenkmale der Region, die Seemannskirche, in der man sich auch taufen oder trauen lassen kann. Sie ist wohl eine der Hauptsehenswürdigkeiten am Prerow-Strom, der bis 1874 Darß und Zingst voneinander trennte, sodass der Zingst eine Insel war. In der barocken Seemannskirche, die in den 1720er-Jahren errichtet und geweiht wurde, sollte man sich die Zeit nehmen, auch die Modellschiffe anzusehen, die nicht selten von aus Seenot geretteten Seeleuten gebaut und gestiftet wurden. Auf dem Friedhof der Seemannskirche sind die teils sehr alten Grabsteine und Grabkreuze sehenswert. Dort kann man längst vergangenen Zeiten nachsinnen.

Es bleibt nun noch, auf den kleinen Ort Born auf der Boddenseite hinzuweisen, der ebenfalls eine besondere Kirche hat – die Fischerkirche. Das ebenfalls aus Holz gebaute und mit Rohr gedeckte

Gotteshaus wurde 1935 eingeweiht. Das Tonnengewölbe aus Holz im Inneren vermittelt eine warme, gemütliche Atmosphäre. Neben den Gottesdiensten finden kleinere Veranstaltungen statt, zum Beispiel Lesungen, musikalische Aufführungen und Ausstellungen. Auch dieses Kirchlein passt sich perfekt in die urwüchsige Landschaft auf der Boddenseite ein.

Bekannt geworden ist Born auch durch seine Maskenbälle, die für die Seefahrer vor 150 Jahren eine willkommene Abwechslung im langweiligen Winter waren. Sind die Kostüme fertig, findet der Tanz statt. Auffordern dürfen nur Maskierte, gesprochen wird nicht und eine Jury entscheidet, wer preisgekrönt wird. Schließlich kommt es zur Demaskierung und es wird getanzt bis in die Puppen. Im Januar und Februar finden die Borner Maskenbälle statt und sie sind tatsächlich ein toller Stimmungsaufheller für die dunkle und kalte Jahreszeit.

GRUND NR. 38

WEIL DER MISSISSIPPIDAMPFER UND KURT KLAMANN ZINGSTER ORIGINALE SIND

An Schiffen und interessanten Fahrten mangelt es an der Ostsee nie, aber mit einem original Mississippi-Schaufelraddampfer die Boddenlandschaft zu erkunden, ist schon etwas Besonderes. Die Reederei Poschke hat ihren Sitz im Seeheilbad Zingst und bietet solche Ausflüge ab Prerow und Zingst an. Der Mississippi-Dampfer »Baltic Star« tuckert gemächlich den Zingster Strom entlang, vorbei an den Vogelschutzinseln Kirr und Oie. Nach der Sundischen Wiese geht es in den Barther Bodden, kurz vor dem Hafen Barth – es sind schon Kloster, Stadttor und Kirche zu sehen – macht die »Baltic Star« eine Kehrtwendung und fährt zurück. Fachkundige Kommentare begleiten den Ausflug, der Kapitän persönlich gibt sich die Ehre. Wir haben den Ausflug auf dem anderen Mississippi-Dampfer, »MS River Star«, genossen. Das Flair dieser Schiffe versetzt einen in die Welt von Huckleberry Finn. Von Prerow aus den Prerower Strom entlang, in den Bodstedter Bodden und zurück. Die sieben Kilometer lange Fahrt durch die von Wiesen umsäumte, schmale Fahrrinne garantiert auch, dass man seltener Beobachtungen teilhaftig wird. Ob es nun die beiden Kegelrobben sind, die sich scheinbar gelangweilt umschauen, während sie sich auf den schilfbewachsenen Böden wälzen oder die auf den Baumwipfeln majestätisch dasitzenden und streng blickenden Seeadler – so nahe sieht man diese Tiere selten in der Natur. Sie haben sich längst an den Dampfer und die Menschen gewöhnt und hegen keine Fluchtgedanken. Unser Tipp: Unbedingt den Salon und die große Treppe mit Messingbeschlag anschauen und zum Achterdeck ans Schaufelrad gehen! Nein, die Schaufeln reichen nicht aus, erfahren wir noch vom Käpt'n, aber sie sind echt und funktionieren, allerdings unterstützt von einem Propellerantrieb. Frischer Fisch, an Bord geräuchert – den muss man probieren. Der Clou sind die dicken Schornsteine auf beiden Schiffen – es sind Räucheröfen! Während der Hauptsaison qualmen die Schornsteine kräftig, aber nicht wegen der Maschinen, sondern weil der Räucherfisch dort auf seine Kunden wartet. Klar, dass auf solch einem Unikum auch Betriebsausflüge stattfinden, Familienfeiern und Hochzeiten keine Seltenheit sind. Für Touristen wie uns war der Spaßfaktor besonders hoch. Beide Schiffe haben Kombüsen, in denen frisch gekocht wird. Der Tipp vom Käpt'n: Rauchaal-Matjes. Natürlich fährt die »River-Star« auch zur Hanse Sail nach Rostock.

Ein anderes prominentes Zingster Original ist der Zeichner und Maler Kurt Klamann. Er bildete mit schärfstem Pinselstrich die Nackten und Schönen der Ostsee ab. Kurt Klamann sorgte dafür, dass auch die DDR eine eigene Aktmalerei vorweisen konnte. Die Inspiration dazu fand er ja sozusagen vor seiner Haustür, wo man sich nackt im weißen Sande sonnte. Die Pfeife im Mundwinkel, mit viel Witz ausgestattet und von heiterem Gemüte – so beschrieben viele Kurt Klamann. Doch ehe er das Aquarell-Genie des legendären Satireblattes *Eulenspiegel* wurde, lernte er beizeiten das harte Leben kennen. 1907 geboren, ging er schon mit 14 Jahren nach Hamburg und wurde Schiffsjunge. Es folgten sieben Jahre Seefahrt, in denen er bereits zeichnete, bevor er 1928 an die Berliner Kunstakademie ging. Danach arbeitete er für Verlage und Zeitungen. 1943 wurde er zur Marine eingezogen. Die Heimkehr ins Ostseebad Zingst erfolgte nach Krieg und Kriegsgefangenschaft 1948. Dort baute er den Ort wieder mit auf, war kurzzeitig Bürgermeister und arbeitete bis zu seinem Tod 1984 an seinen Zeichnungen. Kurt Klamann wurde bekannt durch seine erotischen Zeichnungen. Nur wenige Striche und scheinbar hingehauchte Farben reichten aus, um die schönsten Fantasien entstehen zu lassen. Er veröffentlichte seine Autobiografie *Auf wilder Fahrt* und mit der Erfindung des Seemanns Hein Piepenbrand wurde er auch zum Comic-Zeichner. Seine Serie *Knopp und Bob* erschien in der DDR-Illustrierten *NBI*. Neben Kinderbuchillustrationen, u.a. für *Unser Schiff kommt von Kukkeia*, arbeitete Klamann an Landschaftsbildern, Porträts und Stillleben. Im Heimatmuseum Zingst kann man eine Reihe seiner Werke anschauen. Auch im »Dornenhaus« gibt es Klamann zu sehen, in jenem Haus, in dem heute Ausstellungen stattfinden und Helene Weigel und Bert Brecht einst arbeiteten. Der Zingsterin Martha Müller-Grählert, Verfasserin des *Ostseewellenliedes*, haben wir in Kapitel Nr. VII eine extra Liebeserklärung gewidmet.

Zum Seeheilbad Zingst selbst wollen wir natürlich auch noch etwas schreiben. Unsere Tipps sind die Seebrücke, der wunderbare Strand, der Museumshof mit eigener Bäckerei, das Experimentarium, wo jeder selbst einmal Wissenschaft ausprobieren kann, schließlich noch die Foto-Ausstellungen – denn Zingst ist eine kleine Hochburg der Fotografie – und das moderne Max-Hünten-Haus, das durch eine an das Bauhaus erinnernde Architektur besticht. Für die Nachsaison: Anfang September treffen sich die

Shanty-Chöre in Zingst und lassen ihre Stimmen zum Meeresrauschen erklingen. Schließlich sei allen Radwanderern die Vielzahl der möglichen Touren empfohlen, sei es auf dem Deich entlang oder quer durch die Landschaft. Bei der Radelei waren wir etwas zurückhaltender, denn so eine Mississippi-Dampfer-Tour auf dem Bodden punktet doch ganz gewaltig. Sie hat einfach das gewisse Etwas, weckt ein ganz besonderes Feeling …

GRUND NR. 39

WEIL DER MYTHOS VINETA AUCH HEUTE NOCH FÜR SPANNUNG SORGT

Einer Legende nach soll die einst unermesslich reiche Stadt Vineta wegen der Verschwendungs- und Prunksucht ihrer Bürger nach zunehmendem Verfall von Moral, Sitte und Anstand bei einem schweren Sturmhochwasser komplett vom Meer verschlungen worden sein – ähnlich wie der sagenhafte Kontinent Atlantis. »Mädchen spannen auf goldenen Spindeln, die Glocken waren aus purem Silber und alle so reich, dass die ›Mütter ihren Kindern mit Semmeln den Hintern wischten‹. So soll die Stadt schließlich auch an ›Gottlosigkeit, Wohlleben und Hochmut‹ zugrunde gegangen sein. Noch heute, heißt es, kann man abends bei Windstille silberhelles Läuten hören und tief unten im Wasser sogar die Gassen und Giebel der vor tausend Jahren versunkenen Wunderstadt sehen.« (Claudia Wend: *Wissenschaft ohne Grenzen*, Nr. 4, 2002, S. 14)

Dieser Sage nach erschien Vineta drei Monate, drei Wochen und drei Tage vor ihrem Untergang als Lichtspiegelung über dem Meer. Den Rat der Weisen, die Stadt wegen eines zu erwartenden großen Unglücks schleunigst zu verlassen, schlug man in den Wind. Durch Hochmut verblendet, wurden auch weitere Zeichen ignoriert. So auch die wenige Tage vor dem Unglück aus dem Meer aufsteigende

Seejungfrau, die mit warnender Stimme dreimal hintereinander gerufen haben soll: »Vineta, Vineta, du reiche Stadt, Vineta soll untergehn, weil sie viel Böses getan hat.« So ging Vineta mit all ihrem Pomp und Prunk, mit Mann und Maus, mit Häusern, Kirchen, Schiffen und Häfen einfach unter.

Der klangvolle Name Vineta soll sich von den Venedern, den späteren Wenden, ableiten. Möglicher Ursprung könnten aber auch die damaligen Venetier sein, die Bewohner der Seefahrer- und Handelsmetropole Venedig. Dies liegt nahe, da Vineta doch auch zuweilen »Venedig des Nordens« genannt wurde.

Fest steht den Überlieferungen nach, dass es die als unermesslich reich beschriebene Handelsmetropole Vineta im südlichen Ostseeraum tatsächlich gegeben haben soll. Nicht fest steht jedoch zum einen der wirkliche Grund ihres Unterganges und zum anderen, wo genau sie gelegen haben soll. Mögliche Gründe für den Untergang Vinetas könnten eine verheerende Sturmflut oder die Zerstörung durch die Dänen um circa 1184 gewesen sein. »Ein König der Dänen soll diesen höchst wohlhabenden Platz mit einer sehr großen Flotte angegriffen und völlig zerstört haben. Die Überreste sind noch jetzt vorhanden«, so beschreibt der Chronist Helmold von Bosau den Untergang von Vineta.

Zur genauen Lage gibt es ganz unterschiedliche Hypothesen, Erkenntnisse und Beweisführungen. Als mögliche Stellen werden diskutiert: der Ort Wolin auf der Insel Wolin (östlich von Usedom), der ehemals ein kleines wohlhabendes Fürstentum gewesen sein soll; die »Vineta-Bank«, eine Untiefe unweit der Usedomer Küstenlinie zwischen Koserow und Zinnowitz; das »Alte Tief« zwischen der kleinen Insel Ruden und der Nordspitze Usedoms. Und jüngst, seit 1997, werden die Reste des versunkenen Vineta im Barther Bodden vermutet. Der kleine Ort Barth nordöstlich von Ribnitz-Damgarten nennt sich deshalb seit 1999 »Vinetastadt Barth« und veranstaltet seit dem Jahr 2000 auf der Barther Boddenbühne die »Vineta-Festtage«. Dort machte man also gleich Vermarktungs-

Nägel mit Köpfen und fackelte nicht lange, sondern etablierte einen neuen Publikumsmagneten. Im Barther »Vineta-Museum« kann man sich über Stadtgeschichtliches und selbstverständlich auch über den Mythos Vineta informieren.

Der Vollständigkeit halber soll an dieser Stelle noch erwähnt werden, dass Vineta in alten Quellen auch Jumne, Iumne oder Uimne hieß. Vermutet wird auch, dass es sich nicht nur um eine einzelne Stadt handele, sondern um die gesamte Region zwischen dem Fluss Barthe und dem Strelasund. In alten Chroniken wird die Stadt/Region Vineta/Jumne als noch prunkvoller und größer als das berühmte Konstantinopol beschrieben. Sie soll die reichste und schönste Handelsstadt im damaligen Europa gewesen sein. Mit eindrucksvollen Hafenanlagen und Schutzwällen, kunstvoll errichteten Häusern und reich verzierten Fassaden, mit Lagern und Speichern voller kostbarer Waren, die ebenso wie die Bewohner Vinetas, aus aller Herren Länder kamen. »In Gastfreundschaft und Höflichkeit gegen Fremde hatten sie ihresgleichen nicht«, schrieb 1076 der Chronist Adam von Bremen. Nach 1170 findet Vineta fast ein halbes Jahrtausend lang keinerlei Erwähnung mehr in Chroniken und Annalen, was höchst mysteriös erscheint und den Mythos entstehen ließ.

»Vineta-Festspiele« finden übrigens auch auf der Insel Usedom, in Zinnowitz, statt. Und vom Koserower Hochufer aus ist bei günstigen Bedingungen gut die nahe liegende »Vineta-Bank«, auch »Vineta-Riff« genannt, in der Ostsee zu sehen. Und wenn der Wind noch günstig steht, meint man das Tönen der Kirchenglocken am Meeresgrund zu hören, die uns vor Maßlosigkeit, Eigennutz und Dekadenz warnen.

GRUND NR. 40

WEIL DONNERKEILE SO GEHEIMNISVOLL SIND

Die länglichen Donnerkeile zählen neben Bernsteinen zu den beliebtesten und interessantesten Sammelobjekten an den Ostseestränden. Sie gehören mit zu den am häufigsten vorkommenden Fossilien, die an der Küste als Beifunde in der Kreide und auch in Kiesabbaugruben im Landesinnern gefunden werden. Doch was sind Donnerkeile eigentlich? Paläontologen können in der Fossilienforschung stets nur den Weg der vergleichenden Morphologie gehen. Auch heute noch können wesentliche Aussagen nur spekulativ-hypothetisch erfolgen. Nach gültiger Lehrmeinung wird davon ausgegangen, dass die sogenannten Donnerkeile Belemniten sind und Reste (Rostren) einer ausgestorbenen Tintenfischart, also organischen Ursprungs.

Häufige Erwähnung finden die Belemniten in der Mythologie. »Belemnites« bedeutet »das Geschleuderte«, »der Blitz«. Die Bezeichnung »Donnerkeil« verweist also im mythologischen Zusammenhang auf Geschosse (Keile) des Donnergottes Donar, auch Thor genannt, die dieser zur Erde schleudert und damit Blitze erzeugt. Der Mythologie nach würden die Donnerkeile dabei sieben Klafter tief in den Boden einschlagen. Jedes Jahr stiegen sie einen Klafter wieder empor, um nach sieben Jahren die Erdoberfläche zu erreichen. Dort würden sie als mit der Kraft Donars aufgeladene Kraft- und Zaubersteine Unheil abwehren können. Donnerkeile im Haus oder auf dem Dach sollen beispielsweise vor Blitzschlag schützen.

Es gibt aber auch noch andere als Belemniten bezeichnete Donnerkeile – die sogenannten Sand- und Fels-Fulgurite (lat.: fulgur – Blitz). Die der Sage nach von Donar geschleuderten Blitze schlugen auf der Erde als Donars »Keile« ein und schmolzen dabei Gestein, Fels oder Sand. Zurück blieben sogenannte Fels- oder Sand-Fulgurite anorganischen Ursprungs, in der Fachwelt als Blitz-Sinter oder

Blitz-Röhren bekannt. Die natürliche Entstehung durch Blitzeinschlag im Sand stimmt bei diesen ebenfalls Belemniten genannten Sand-Fulguriten ziemlich mit der mythologischen Deutung überein.

Ergänzend möchten wir an dieser Stelle noch auf andere Fundstückchen hinweisen, die der Spaziergänger an der Ostsee finden kann. Neben dem begehrten Bernstein sind es versteinerte Seeigel, Hühnergötter, Feuersteine und Klappersteine. Hühnergötter werden im Übrigen diejenigen Feuersteine genannt, die ein oder mehrere durchgehende Löcher haben, durch die sich gut Leder- oder Schleifenbändchen ziehen lassen, um sie als Ostseeschmuck am Hals zu tragen. Hühnergötter kommen in verschiedenen Größen und Formen vor. Klappersteine sind kugelige Feuersteine mit einem Durchmesser von circa drei bis vier Zentimern, die in der Regel mehrere Löcher haben und beim Schütteln klappern. Unser Tipp für ein besonderes Schmuckstück, das Weibchen wie Männchen gleichermaßen ziert: Die konisch zulaufenden Belemniten eignen sich gut als schmückende Anhänger. Hierzu wird ein schönes und eventuell poliertes Endstück an der Bruchstelle in Silber gefasst und als Anhänger um den Hals getragen. Dieses Kraft-Amulett – der vom Donnergott Donar geschleuderte Pfeil oder Blitz – soll der Überlieferung nach im Träger eine gewisse Stärke hervorrufen. Er stärkt dessen Selbstbewusstsein und Gerechtigkeitssinn …

Wer nicht selbst basteln möchte, findet auf dem Zingster Museumshof, in der Bernsteinwerkstatt »Strandgut«, die allerbreiteste Auswahl von allem, was man am Strand so finden kann und was sich schleifen und bearbeiten lässt (museumshof-zingst.de). Von Bernstein über Seeglas und Seeigel bis hin zu allen möglichen Steinen, Hühnergöttern, Donnerkeilen und Fossilien ist alles dabei – eine bunte Auswahl von Gebrauchsgegenständen und Schmuck aus den Geschenken des Meeres. Und wer möchte, kann selbst aktiv werden und sich einen Bernstein zu einem schönen Anhänger aufbereiten.

KAPITEL V

HIDDENSEE – DAT SÖTE LÄNNEKEN – EIN INSEL-SPECIAL

SEIT 130 JAHREN LIEBLINGSINSEL DER KÜNSTLER, GEISTESSCHAFFENDEN UND NATURLIEBHABER UND REFUGIUM SELTENER VÖGEL

GRUND NR. 41

WEIL KUNST UND FKK VON DEN BERLINERN AUF DIE INSEL HIDDENSEE GEBRACHT WURDEN

Die Berliner schätzen »dat söte Länneken« seit inzwischen mehr als 100 Jahren und fanden sich als Freigeister und Querdenker auf Hiddensee ein, um die Berliner Tradition der Salongespräche auch dort zu pflegen – initiiert u.a. durch den Berliner Künstler Oskar Kruse, der 1904 mit der Fertigstellung seines Domizils »Lietzenburg« mit Gästezimmern, Salon und Weinkeller in Kloster einen attraktiven Rahmen dafür schuf. Zeitgemäße, komfortable Hotels entstanden auf der Insel erst Jahre später, die Hotels »Hitthim«, »Dornbusch« und »Wieseneck«. Wissenschaftler wie zum Beispiel Einstein bereisten die Insel und trafen sich dort zum Debattieren und natürlich um sich zu erholen und ausgelassen zu sein. Hiddensee hat neben den landschaftlichen Besonderheiten auch eine einzigartige kulturell-künstlerische Tradition auf der Insel zu bewahren – die der Geistesschaffenden, der Freidenker und der Künstler. Die seit nunmehr mehr als 100 Jahren anhaltende kulturelle Tradition konnte sich auf Dauer nur entwickeln, weil die alteingesessenen Hiddenseer Familien sie seit Generationen mittragen und stützen – unter erschwerten, teils extremsten Insel-Bedingungen. Und einfach waren die extravaganten Inselgäste sicher auch nicht. Aber der Gast ist König und gewisse Vorteile hatten alle davon.

Das Inselleben war für die Dauerbewohner eines der härtesten überhaupt, dafür musste man wahrlich geboren sein. Gab es doch damals weder Zentralheizung noch elektrisches Licht, befestigte Wege oder anderen Komfort auf dem kleinen Eiland. In Grieben, dem am nördlichsten gelegenen Örtchen, gehen die Uhren der Insel am langsamsten, es ist die kleinste und wahrscheinlich auch älteste Ansiedlung in der Nähe zum ehemaligen Zisterzienserkloster mit nur wenigen Häusern und nur einer Pension mit Restaurant namens »Zum Enddorn«. Dort bietet man heute aber alles, was das Urlauberherz begehrt, vom Solarium bis zu Wanderungen mit Frühschoppen. Nebenan gibt es noch die urige »Bilderkneipe«, an deren Wänden Bilder von auf Hiddensee gewesenen Malern hängen. Grieben hat auch keinen Hafen wie die anderen Orte und das Leben dort ist beschaulich und wesentlich ruhiger als in den touristisch dominierten anderen Inselorten. In Grieben stehen die beiden ältesten auf der Insel erhalten gebliebenen Rohrdachkaten von 1769 und 1771. Sie wurden sogar von der großen Sturmflut 1872 verschont, die fast alle Katen von der flachen Insel fegte, dafür aber Bernstein und den berühmten Hiddenseer Goldschmuck an Land spülte. Ja, so kann's kommen – Gott nimmt und Gott gibt. Der nur kurze Zeit auf einer recht urwüchsigen Insel verweilende Inselgast sah das vor 100 Jahren natürlich alles ganz anders – vielleicht als Abenteuer oder Mutprobe. Aufregend und inspirierend war so ein Aufenthalt ganz sicher und zudem gut für die Gesundheit.

Künstler sind Freigeister und schätzen natürlich auch die Freizügigkeit – das Einssein mit der Natur und das Freisein von Konventionen. Und natürlich auch das Freisein von lästigen Bekleidungsstücken. Auf Hiddensee badeten die in der Mehrzahl aus Berlin angereisten Paradiesvögel bereits um 1900 nackt. Es wurde der Freikörperkultur gefrönt, obwohl diese eigentlich bei Strafe verboten war – im übrigen Lande, wo es eine strenge Kleider- und Badeordnung gab. Hiddensee galt bei den »Eingeweihten« schon früh als Hochburg der Nacktbader. Die Insulaner, von denen manche nie in der Ostsee baden, betrachteten das wilde, enthemmte Treiben distanziert und hatten recht bald den passenden Namen für die Badegegend an der Steilküste, sie nannten den FKK-Bereich »Affenfelsen«.

Wie auf jeder Insel gehen auch auf dem söten Länneken die Uhren anders und jede Insel hat ihre eigenen Gesetze. So ist das auch heute. Überall auf der Welt. Und der Bürgermeister ist der Käpt'n. Denn so ein platt im Meer liegendes Inselchen, das den Naturgewalten eigentlich völlig ausgeliefert ist, ist vom Wesen her gut mit einem Schiff im offenen Meer vergleichbar. Doch Inselgäste, Badegäste, Kurgäste, Künstler und Poeten sehen der Sache gefasst ins Auge und unterwerfen sich für eine kurze Zeit freiwillig den Insel-Gesetzen. Der Pastor gibt sein Bestes und hält Sturmgebete für alles, was da kreucht und fleucht, und die Wirte halten reichlich vor, was die Nerven beruhigt.

Die Freikörperkultur nahm ihre Anfänge übrigens nicht an den Badestränden der Ostsee, sondern in Berlin. Dort wurde 1905 die »Deutsche Luftbade-Gesellschaft« ins Leben gerufen, der erste Nacktbadeverein. Und versteckt in den Schrebergärten von Neukölln gab es den ersten Nacktsportplatz. Das Kulturgut FKK (Freikörperkultur) brachten also die Berliner auf die Insel Hiddensee und sukzessive auch an andere Strände der mecklenburgisch-vorpommerschen Ostseeküste. Meist an abgelegene Stellen, an denen man sicher sein konnte, unter sich zu sein. Heute zeigt sich die Situation wesentlich entspannter. Die FKK-Tradition war auch in der DDR von Bestand und hat heute nach wie vor viele Anhänger – mehr jedoch im Osten als im Westen Deutschlands. Im ersten Kapitel dieses Buches findet man unter Grund Nr. 3 ein paar Schmunzeleien zum Thema FKK.

GRUND NR. 42

WEIL EINE FAHRRADSCHUSSFAHRT VOM LEUCHTTURM NACH KLOSTER ADRENALIN PUR IST

Inselorientierungsmäßig vielleicht gleich mal so viel: Der hügelige Ort Kloster im Norden gilt als kulturelles Zentrum der Insel, das inzwischen dicht bebaute Vitte in der flachen Inselmitte ist Insel-Hauptstadt und Neuendorf-Plogshagen im Süden steht als ganzes Dorf unter Denkmalschutz. Plogshagen im Süden ist, neben Grieben im Norden, das ja schon kurz beschrieben wurde, der älteste Ansiedlungsteil auf Hiddensee und entstand ebenfalls zur Zeit der Klostergründung um 1230. Plogshagen besteht aus einer Handvoll Häusern an der Seeseite. Das mehr zum Bodden hin gelegene Neuendorf, das »Neue Dorf«, entstand erst viel später, um 1700. Das ist wichtig. Die Neuendorf-Plogshagener nennen sich »de Süder«, pflegen einen eigenen Zungenschlag und lassen sich nicht in die Karten gucken. Wir haben gehört, dass es Süder geben soll, die keine Veranlassung sehen, sich je nach Kloster oder gar Grieben zu begeben, die ja ungefähr sieben bis acht oder neun Kilometer weit weg liegen. Das heißt, sie waren noch nie in den nördlich gelegenen Orten der Insel. Nun, irgendwann aber kommen alle mal nach Kloster – denn Gottes Wege führen am Ende alle auf den dortigen, einzigen, Inselfriedhof.

In Kloster läuft oder fährt man auf teils unbefestigten Wegen, auf denen die meisten der Künstler schon entlanggepilgert sind, die dort Urlaub vom Alltag gemacht haben. Viele von ihnen zählen zu den kulturprägenden Persönlichkeiten des 20. Jahrhunderts. Und wer in Kloster an den Strand eilt, steht am Hauptstrandzugang erst einmal vor großen Felsbrocken, die zwischen Strand und Meer liegen. Man kommt nur durch eine Lücke ins kühle Nass. Die starke Brandung würde die Insel abtragen oder durchbrechen lassen, was an den schmalsten Stellen der Insel auch schon vorgekommen ist, auch dort, an dieser Stelle. Da war der Ort Kloster eine Insel. Küstenschutz geht vor Schönheit, so lautet dort ein Überlebensgebot und das ist absolutes Pflichtprogramm. Schon ein paar Schritte nach links und man hat ungehinderten Zugang zum Meer, kilometerweit. Und wendet man sich nach rechts, sieht man nach einem weitläufigen Küstenschwung die sogenannte Hucke am Horizont. Die Steilküste formt dort die berühmte Ecke, die man Hucke nennt. Kloster ist der In-Strand, wo einst auch der Dramatiker Gerhart Hauptmann sein Bad nahm. Schaut man vom Strand aus auf die Insel, sieht man mehrere Aussichtspunkte. Zu ihnen gelangt man zu Fuß auf dem Dornbusch entlang der Küste. Dort bin ich gern unterwegs, genieße den Ausblick aufs Meer und lausche dem Rauschen des Mischwaldes. Dieser Rundweg ist abwechslungsreich und wunderschön. Bänke für das Sonnenbad stehen an markanten Punkten mit freier Aussicht. Dann geht es wieder durch den Wald und auch auf der Nordseite finden sich immer wieder lauschige Plätzchen, umgeben von blühenden Wildrosen. Am Ende des Weges kommt man zum Inselblick, der den schönsten Rundblick auf die gesamte Insel bietet, über die Ostsee und den Bodden, nach Rügen rüber. Es lohnt sich, eine 180-Grad-Perspektive in der Kamera bereit zu haben. Und weiter geht es bergauf zum großen Leuchtturm mit der wohl besten Inselübersicht.

So, und jetzt mal Adrenalin pur, mit dem Fahrrad direkt den Dornbusch heruntergebrettert auf der holprigen Straße, die Bremse halb gezogen und immer abflugbereit, etwa zehn Minuten Schussfahrt – vorbei an den hügeligen Pferdekoppeln, drei Häusern, einem Gehöft, dann an der Kreuzung geradeaus zum Hafen. Vorbei am Hotel Hitthim, dem 1910 gebauten, ersten Hotel in Kloster, weiter entweder mit Rast am Räucherkutter im Hafen oder gleich rechts abbiegen Richtung Hotel Dornbusch. Von dort aus entweder die neue Straße geradeaus zum Strand mit Blick auf die linkerhand liegenden Salzwiesen oder nach rechts auf den Kirchweg. Man kommt an der Bernsteinwerkstatt Engels & Corrigan vorbei und dem schräg gegenüberliegenden Hotel und Restaurant Haus Hiddensee. An der Inselbuchhandlung bremst man ab, weil deren unwirklich erscheinende, fantasievoll gestaltete Einbettung in eine Gartenlandschaft mit Schiff dazu einlädt, länger hinzugucken. So legt man gleich ein Stöber-Intermezzo ein, denn Andreas Arendt pflegt vor seiner Buchhandlung Büchertische und Ständer im Freien aufzustellen, die die Touristen zum Stöbern einladen. Verkaufstechnisch betrachtet, ist das eine geschickte Maßnahme, denn im unweit gelegenen Hauptmann-Haus warten schon die nächsten Büchertische mit einer breiten Auswahl intellektueller und regionalbezogener Literatur. Da bietet Arendt doch kurzerhand das ganze Programm, auch das Triviale. Er kennt seine Urlauber, der hochgewachsene Leipziger mit dem sonoren Timbre und der verlängerten Stirn. Mitte der 1980er-Jahre bewarb er sich als Buchhändler beim staatlichen Buchhandel der DDR, landete auf Hiddensee und sagte einer gesicherten Existenz nach Studium und Wissenschaft ade. Er kennt Hiddensee seit seiner Kindheit als eine ganz besondere Insel und als idyllischen Ferienort. Aber auch die kargen Zeiten und vor allem die eigenen Inselregeln sind ihm vertraut. Insellage heißt für ihn als Buchhändler, dass Wunschbestellungen für Feriengäste kaum berücksichtigt werden können, vor allem deshalb nicht, weil die Buchverschickung vom Festland auf die Insel zu lange dauert. Also muss man eine breite Auswahl vorrätig haben, die alles einschließt, was der Urlauber wünschen könnte. Und der Urlauber auf Hiddensee ist ganz gut berechenbar. Er sucht in der Regel das, was Andreas Arendt sowieso ausliegen hat. Arendt und seine Frau sind das ganze Jahr auf der Insel. Im Winter, wenn nichts los ist, ist die Buchhandlung geschlossen, aber man kann bei ihm klingeln, wenn man ein Buch, Ansichtskarten oder ein Inselsouvenir kaufen möchte. Die Arendts betreiben ihre Inselbuchhandlung mit Leib und Seele. Nach eigenem Bekunden wollen sie so lange in ihrem »Bilder – Bücher – Buntes«-Laden zugange sein, bis sie das Zeitliche segnen. Mehr Liebe zum Job und zur Insel geht einfach nicht …

Und weiter geht es, von der Inselbuchhandlung am Hauptmann-Haus vorbei hinunter zum Strand. Vorbei auch an den Kutschen, die regelmäßig passieren und die man mit dem Fahrrad gerne überholt. Denn der Drahtesel ist auf Hiddensee das schnellste Gefährt. Und er hinterlässt auch keine Äppel wie die Kutschpferdchen.

GRUND NR. 43

WEIL KEIN INSELORT SO VIELE KÜNSTLERGESCHICHTEN ZU ERZÄHLEN HAT WIE KLOSTER AUF HIDDENSEE

Anfang der 1980er-Jahre fuhr ich das erste Mal nach Hiddensee. Die Insel war *der* Geheimtipp an der DDR-Ostsee. In der regiden DDR vermutete man dort ein kleines Stück Freiheit, da sich schließlich bereits große Künstler auf der Insel aufgehalten hatten und immer wieder Quartier nahmen. Natürlich war alles pure Illusion. Ganz so frei war es nicht, da das ganze schmale Inselhandtuch voll unter Kontrolle aller nur möglichen Kontrolleure und des Grenzschutzes stand. Luftmatratzen und große Wasserbälle durften zum Beispiel nur an Land benutzt werden und nicht im Wasser. Aber schon damals spürte man, auf Hiddensee weht der Wind doch irgendwie anders. Es fuhren keine Autos, die Natur ließ man weitestgehend unberührt, die Anreise war abenteuerlich und im Sommer herrschte ein wahrhaft südländisches Klima. Genau dieses besondere Klima zog seit Ende des 19. Jahrhunderts Künstler, Aussteiger und Freigeister nach Hiddensee – dat söte Länneken. Begonnen hat alles mit Alexander von Ettenburg, den man heute als den Erfinder des gezielten Ostsee-Marketings bezeichnen könnte. Er verfasste die ersten Reiseführer für Rügen und Hiddensee, damals nur wenige Seiten umfassend. Voller Begeisterung zog er in Deutschland umher und pries die Vorzüge der beiden Ostseeinseln. Ettenburg selbst reimte schwärmerische Lyrik und führte ein genügsames Leben als Aussteiger, Wirt, Ferienunterkunftvermieter, Künstler und am Ende als verarmter Einsiedler. Im Norden der Insel kaufte er im Ort Grieben ein Fischerhäuschen mit Strohdach und eröffnete eine Schankwirtschaft. Er brachte Grieben auf diese Weise Badegäste. Seinen Schwärmereien war es zu verdanken, dass sich tatsächlich immer mehr Menschen für die unberührte Insel interessierten. So kamen erst Investoren, die die ganze Insel kaufen wollten, dann die Kruses aus Berlin. 1921 begab sich Gerhart Hauptmann auf die Insel und richtete 1930 in Kloster das Haus Seedorn als seine Sommerresidenz ein. Thomas Mann und Familie besuchten ihn 1924 in der Pension »Haus am Meer«, fühlten sich aber von Hauptmann vernachlässigt und reisten wieder ab, nicht ohne Hiddensee zu würdigen.

Die Künstler zog es in Scharen auf die Insel, nachdem in Kloster die Jugendstilvilla Lietzenburg durch den Berliner Unternehmer Kruse gebaut worden war. Die Lietzenburg wird seit Jahren aufwendig restauriert und ist im Ort Kloster ortsbildprägend und, auf einer Anhöhe stehend, nicht zu übersehen. Auf der Lietzenburg verkehrten einst Maler, Schriftsteller, Wissenschaftler und Schauspieler und etablierten dort einen Inselableger der Berliner Salongespräche. Es gab einen stets gefüllten Weinkeller, mehrere Gästezimmer und die Ostsee war in vier Minuten zu erreichen.

Bleibt man auf dem Kirchweg in Kloster, kommt man unweigerlich am Hauptmann-Haus vorbei. Dieses steht zur Besichtigung und für Veranstaltungen offen. Arbeitszimmer, Bibliothek und der Hauptmann'sche Weinkeller vermitteln einen guten Einblick in dessen Inselleben. Hauptmanns Weinkonsum ist legendär. Auf Inseln wird traditionell gerne mal einer über den Durst getrunken, auch auf Hiddensee. In Kloster existierten auch vor 100 Jahren schon mehrere damals zeitgemäß moderne Quartiere, in denen Künstler und Stars sich gerne aufhielten. Das beginnt wenige Schritte vom Hafen im Hotel Hitthim, wo sich Otto Sander ins Gästebuch eintrug, setzt sich fort im Hotel Dornbusch, wo einst u.a. Billy Wilder, Franz Wachsmann, Friedrich Hollaender, Gustav Knuth, George Grosz, Sigmund Freud, Gustav Gründgens und Carl Zuckmayer und die junge Inge Meysel nächtigten. Ein paar Ecken weiter, in der Pension Wieseneck, in der einst Willy Jaeckel, Paul Tillich und Otto Gebühr logierten, lässt sich auf der Terrasse mit Blick auf die Salzwiesen der Insel und die dort weidenden Inselpferdchen erahnen, wie die Sommerbrise zu allen Zeiten die Gäste umschmeichelte. Dort kehrte einst auch die weltberühmte Sopransängerin Lotte Lehmann ein. Der Heimatforscher Kurt Dittmann trug die Eintragungen der Gästebücher der wesentlichen Pensionen und Hotels auf Hiddensee zusammen und fand etwa 600 prominente Namen, die sich auf Hiddensee eingefunden hatten.

Auf dem Inselfriedhof in Kloster fanden zum Beispiel Gerhart Hauptmann, die Tänzerin Gret Palucca und der Intendant Walter Felsenstein ihre letzte Ruhe. Inmitten der Grabstätten steht die kleine weiße Inselkirche, die einen freiwilligen Pflichtbesuch wert ist. 1332 als kleine Kapelle in der Nähe des ehemaligen Zisterzienserklosters erbaut, erhielt sie ihr heutiges Aussehen erst 1781. Hiddensees Inselkirche überrascht im Innern durch freundliche Farben, Weiß und Blau. Der absolute Clou dieser Kirche – und das macht sie einmalig, ja gibt ihr sogar einen Hauch von Florenz – ist der Rosenhimmel. 1922 malte der Künstler Nikolaus Niemeier das, was ihn am blauen Himmel über Hiddensee und den überall blühenden Heckenrosen inspirierte, dort an die Kirchendecke. Die vielen roten Rosen an der blauen, gewölbten Decke der Inselkirche malte er ohne Schablone aus freier Hand – ein Meisterwerk. Das Honorar konnte die Kirche wohl nicht zahlen, aber wie wir erfuhren, erließ man ihm dafür zeit seines Lebens auf Hiddensee die Entrichtung der Kirchensteuer. Gewissermaßen eine indirekte Honorarzahlung auf Raten – auch das hilft einem Künstler ja weiter, wie ich aus eigener Erfahrung nur bestätigen kann. In der Inselkirche kann man sich unterm Rosenhimmel trauen oder taufen lassen. Vor dem Altar schwebt bäuchlings ein Taufengel an der Decke, getauft wird traditionell nach alter Sitte mit frischem Ostseewasser.

Das Ausflugslokal »Klausner« ist die höchstgelegene Lokalität auf Hiddensee und man erreicht sie nach einer circa 30-minütigen Wanderung den Dornbusch hinauf. Immer Richtung Leuchtturm hoch und dann links halten. Das Gelände hatte einst schon Alexander von Ettenburg gepachtet und Holzhütten für Sommerfrischler aufgestellt und vermietet. Am »Klausner« findet sich eine bemerkenswerte Freilandkomposition aus dort frei herumstehenden künstlerischen Arbeiten des Bildhauers Jo Harbort. Außerdem gibt es dort das Ausflugslokal Klausner inklusive eines Freiluftrestaurants, vereinzelt stehende kleine Ferienhütten, eine kleine Wohnanlage und Erinnerungen an die DDR-Zeit und ihre Holzbungalowbauten, die so ostseetypisch waren. Auch dort finden sich die Spuren Prominenter. Von hier oben hat man einen ungehinderten Blick auf das Meer und bei klarer Sicht bis zur dänischen Insel Møn. Nun kann man entweder über die sogenannte Klausnertreppe hinunter zum Strand steigen oder man geht Richtung Leuchtturm, den man in wenigen Minuten zu Fuß erreicht. Nimmt man den Hochuferweg zurück Richtung Hucke, kommt man auf einem schönen Rundweg zum Strandzugang in Kloster und kann sich dort im Heimatmuseum über die Geschichte der Insel auch über Künstler informieren, zum Beispiel über die Inselfotografin Ilse Ebel oder über Asta Nielsen, Ringelnatz und Fallada. Aus neuerer Zeit bleibt zu erwähnen, dass Nobelpreisträger Günther Grass sogar familiäre Bindungen auf Hiddensee hat und Christoph Hein ein wahrhaftiger Fan der Insel ist.

GRUND NR. 44

WEIL MAN IN VITTE SURFEN UND SEGELN LERNEN KANN UND AUCH HOCHZEIT FEIERN

Zugegeben, es ist die kleinste Bude in Vitte, hat aber dafür für alle Wassersportler eine gut Lage. Direkt hinter dem Rathaus und den Unterkünften für die Rettungsschwimmer steht der in einem urigen Bretterbau untergebrachte moderne Shop von »Surf & Segel Hiddensee«. Er gehört zur einzigen Segelschule der Insel, mit der man Catamarane, Surfbretter, Kajaks, Jollen und Paddle-Bretter auf die Ostsee bringen kann. Manche machen dort sogar im Sommer ihren Bootsführerschein. Es ist ganz easy. Man sitzt 50 Meter vom Meer entfernt und lernt auf großen Tafeln seine Lektionen. Nach der Theorie geht es aufs Wasser. Stets gute Windverhältnisse lassen den Schüler bei Flaute gut einsteigen und bei Sturm gehen die Lehrer auch selbst auf die Bretter. Da gibt es ein paar Loops vom Feinsten. Wer mit Kind anreist, ist dort richtig. Die Kiddies bekommen extra Kurse. Windsurfen und Stand-up-Paddling sind die Favoriten und die geile Ausrüstung kann man natürlich im Shop ergänzen. Selbstverständlich kostet das alles, aber die Betreiber sind lockere Jungs, die auch Kunden mit dem kleineren Geldbeutel fair beraten.

In Vitte findet man 20 Meter weiter die alte Bäckerei. Ein Abstecher zu den Torten und Kuchen, die dort jeden Tag neu kreiert werden und die man auch im Vorgarten genießen kann, lohnt sich. Direkt gegenüber liegt das Rathaus inklusive Standesamt. Nicht wenige Hochzeiten finden dort statt, weil es einfach hip ist, auf dem söten Länneken Hiddensee zu heiraten. Im Rathaus sitzen noch echte Macher, wie Alfred Langemeyer, Hafen- und Kurdirektor und Segelspezialist, der gelegentlich auch den ehrenamtlich agierenden Bürgermeister in dessen Büro trifft. Zu meiner Zeit als Zeltkino-Manager war der Insel-Kapitän Thomas Gens – Macher, Hochseefischer und Käpt'n auf seinem Räucherkutter im Hafen Kloster. Auf dem lang gestreckten Inselchen bewegen noch echte Macher alles, denn der Amtsschimmel wiehert bekanntlich viel und laut, äppelt viel hinter sich und ist von Natur aus zäh. Da wird also nicht lange gefackelt, sonst läuft es nicht. Natürlich sitzen im Rathaus auch die beiden Inselsheriffs, die sich um die Sicherheit der Insel mit der – Achtung! – niedrigsten Kriminalitätsrate kümmern.

Von dort aus in Richtung Hafen laufend, kann man im Henni-Lehmann-Haus vorbeischauen, wo die ganze Saison ein volles Kulturprogramm geboten wird. Gegenüber am Achterdiek steht das Zeltkino – ein absoluter Hotspot und Dauerbrenner der lütten Insel. Rechterhand erreicht man den Hafen. Dort liegen auch noch die echten Fischerboote am Kai. Tagsüber lässt es sich gut Souvenirs shoppen oder in den Freiluftgaststätten das Ein- und Auslaufen der Fährschiffe beobachten.

Ach ja, die Fahrräder, fast vergessen. In Vitte gibt es mehrere Fahrradverleiher. Und da ist alles an Marken dabei, was der Freund der gepflegten Pedale benötigt. Ansonsten findet man überall im Ort Vitte von Süderende bis Norderende interessante Häuser, die Historie vermitteln, aber in der Hauptsache das Flair des Ortes ausmachen. Bleibt noch zu erwähnen, dass an der Edeka-Kasse ein Inseloriginal sitzt – der stets gut gelaunte junge Fotograf Robert Ott. Seine fantastischen Fotografien und Schnappschüsse von Landschaft und Menschen sind in Form von Hiddensee-Kalendern und Postkarten zu betrachten und natürlich auch auf seiner Internetseite auf robertotthiddensee.de zu finden. Auf zwei kleine gemütliche Terrassen sei noch verwiesen. Im »Sommerpalast« sitzt man bei exzellentem Cappuccino und anderen Café-Spezialitäten und selbst gemachtem Eis direkt an der Straße, auf der die Pferdekutschen vorbeizuckeln, und wenn man Glück hat, landet gegenüber ein Hubschrauber auf dem kleinen Landeplatz. Ein Stück weiter serviert Wirt René im Café »Norderende« frischen Kuchen. Von dort aus schaut man auf den Seglerhafen von Vitte und man fängt an zu träumen und bestellt noch eine weitere Portion Schlagsahne für die Seele.

GRUND NR. 45

WEIL IN VITTE ASTA NIELSEN, RINGELNATZ UND DIE MALWEIBER IHR ZWEITES ZUHAUSE HATTEN

Im Nachbarort Vitte findet der Kulturinteressierte Adressen wie das »Karusel« – richtig mit einem »s« und einem »l«. Das Haus gehörte dem ersten großen internationalen weiblichen Filmstar,

Asta Nielsen. Der Architekt Max Taut erbaute dieses Sommerhaus, dessen äußere Form, die einem Karussell ähnelt, heute noch auf den ersten Blick Aufmerksamkeit erregt und die dem Haus seinen Namen gab. Man kann sich gut vorstellen, dass es dort ziemlich lebhaft zugegangen sein muss, als Heinrich George mit einem Stuhl während einer Diskussion zusammengebrochen ist oder Ringelnatz sein Lieblingslied *La Paloma* lauthals trällerte, während die anderen Gäste dazu tanzten. Im zweiten Stockwerk findet man noch die Originalmöblierung. Die Nielsen lebte dort von 1927 bis 1936. Ein paar Meter weiter in Richtung Seglerhafen steht ein weiteres Max-Taut-Haus, das restauriert wurde und einen Eindruck davon vermittelt, wie außergewöhnlich Tauts Baustil war.

Der Ort Vitte steht natürlich auch für die sogenannten Malweiber. Die »Blaue Scheune« ist ein blaues Haus, das man vom Hafen aus in wenigen Minuten erreicht. Dort versammelten sich einst Frauen, die 1919 generell nicht zum Kunststudium zugelassen waren. Sie gründeten den Hiddenseer Künstlerinnenbund und malten die Natur unter freiem Himmel. Henni Lehmann gründete den Bund, der bis 1933 eine starke Anziehungskraft auf die Frauenbewegung in der Kunst hatte. In der Blauen Scheune stellten die Künstlerinnen ihre Werke aus. Zu ihrer Geschichte findet man reichlich Material in der Literatur oder bei den Inselführungen auf Hiddensee. Die Blaue Scheune ist ein reetbedachtes Haus und irgendwie gewinnt man den Eindruck, das alles könnte mitten aus einem Märchenfilm entsprungen sein. Gleich gegenüber befindet sich die alte Bäckerei, wo man hausgemachte Torten schlemmen und im Vorgarten bei leichtem Sommerwind auch seinen Kaffee genießen kann. Das sogenannte »Hexenhaus« befindet sich in Vitte Süderende Richtung Neuendorf. Der Pädagoge Adolf Reichwein hatte einst dieses Haus, das zu den ältesten erhaltenen in Vitte zählt, erstanden. Wenn man vor dem kleinen Hexenhaus steht, wünscht man sich – nein, nicht Hänsel oder Gretel zu sein, sondern in diesem anheimelnd erscheinenden Häuschen selbst einmal die

Seele baumeln zu lassen. 1974 wurde das Haus auf einer DDR-Briefmarke abgebildet. Und wer die interessante Geschichte des Hauses erfahren möchte, kann sich am Tag des Denkmals von der agilen Sabine Reichwein alles persönlich erzählen lassen.

GRUND NR. 46

WEIL IN NEUENDORF DAS FISCHEREIMUSEUM UND DAS ZUHAUSE DES LEGENDÄREN LÜTT MATTEN STEHEN

Mit dem Fahrrad oder dem Inselbus kommt man vom Inselnorden gut in den Inselsüden nach Neuendorf. Von Vitte aus, also von der Inselmitte, ist es etwas näher und man radelt durch die Heide, die mit ihren vereinzelt stehenden, in die Landschaft geduckten, reetbedachten Häuschen eine ganz besondere Insel-Landschaft bilden, die jeden Maler in freudige Veitstänze treiben dürfte. Dort wimmelt es von einmaligen Lichtstimmungen, Vegetation in allen Farbnuancen und kleinen Öko-Oasen, aber auch kleinen Tümpeln – da muss man gut aufpassen und auf den Wegen bleiben. Im August, so weiß der Kenner, ist die Heide ein violett und gelb blühender riesengroßer weicher Inselteppich.

In Neuendorf angekommen, gibt es gleich drei Attraktionen am Ortseingang. Linkerhand die Häuser aus dem Kinderfilmklassiker *Lütt Matten und die weiße Muschel* und rechterhand den großen Spielplatz mit den Holzfiguren von Jo Harbort und ein paar Meter weiter das Fischereimuseum. Dieses bietet Reusen, Netze und Boote im Außenbereich sowie Handwerkliches und Geheimnisse im Haus selbst.

Weiter geradelt, kommen wir boddenseits zum Hafen, in dem man als Blickfang für die Segler auch die Seejungfrau mit Fisch findet. Vom Hafen weiter landeinwärts ist eine kurze Rast im Gasthaus »Stranddistel« angesagt. Dort isst man Pasta inmitten von DDR-Geschichte. Einst wurden dort Hunderte FDGB-Urlauber mit Speisen versorgt. Heutzutage geht es bedeutend ruhiger zu. Die Inselführerin Marion Magas erzählt ausführlich aus dieser Zeit und kann auch aus dem Nähkästchen plaudern. Heute noch finden dort die heißesten Partys statt, wurde mir gesagt. Im Sommer ist bis spät in die Nacht oder bis früh im Morgengrauen Disco angesagt. Das Ambiente eignet sich für alle Nostalgiker, denn die 70er-Jahre erstehen dort mühelos in wenigen Minuten wieder auf. Das erinnert alles an durchzechte Nächte mit lautem Sound und wilden Tanzereien. Da treten dann auch mal alt bekannte Rockgruppen wie Karussell auf.

Und wieder geht es weiter Richtung Süden zum Leuchtfeuer auf dem Gellen. Die Wiesenlandschaft ist weitläufig und man fährt einige Zeit mit dem Fahrrad. Das Leuchtfeuer ist ein zwölf Meter hoher kleiner Leuchtturm, der am Strandzugang steht wie ein kleiner, mutiger Wächter. Der Strand von Neuendorf ist feinsandig und die gesamte Küstenlinie entspricht dem Idealbild eines Ostseebadestrandes. Am südlichsten Zipfel der Insel ist er nur zum Teil für den Tourismus freigegeben. Ein Großteil ist abgesperrt, um die dort beheimateten seltenen Vogelpopulationen zu schützen. Wer mit dem Fahrrad bis zum Ende des erreichbaren Strandes fährt, hat einen wunderbaren Blick auf den unberührten Strandabschnitt und lernt bei der Zufahrt auch sumpfige Moorabschnitte kennen. Für Neuendorf und deren Bewohner, die man auf der Insel die Süder nennt, sollte man sich länger Zeit nehmen. Der Ort hat viele Besonderheiten. Eine davon ist die, dass alle Häuser inmitten der Wiesen stehen ohne Wege dazwischen und ohne Zäune drum herum. Eine weitere Besonderheit ist, dass der gesamte Ort Neuendorf unter Denkmalschutz steht. Die Gesamtbesonderheit des Doppelortes Neuendorf-Plogshagen erwähnten wir schon am Beginn unseres Hiddensee-Specials in Grund Nr. 42.

GRUND NR. 47

WEIL HIDDENSEE EIN SCHÖNES SOMMER-ZELTKINO UND EIN BEGEISTERUNSFÄHIGES PUBLIKUM HAT

Im Sommer 2012 übernahm ich für ein Vierteljahr den Job als Direktor des Sommerkinos und Filmvorführers im Zeltkino Hiddensee. Allein die Anfahrt auf die Insel von Stralsund aus ließ mich keinen Moment im Unklaren darüber, dass ich für die nächsten drei Monate jenseits des Festlandes leben sollte. Zwei Stunden mit der Fähre, Imbiss möglich und freie Sicht durch die großen Fenster der Fähre, dann Land voraus. Wir fahren den Hafen von Neuendorf an. Es ist die letzte Fähre heute Abend. Normalerweise fährt sie sonst noch nach Vitte und Kloster. Umsteigen in das Wassertaxi und holprig, aber mit flottem Tempo geht es nach Kloster. Am Hafen einen Handwagen schnappen und Koffer rein. Es ist dunkel und man muss in etwa wissen, wo auf dem Handwagenparkplatz im Hafen das quartiereigene Wägele steht. Gästezimmer auf Hiddensee neigen ihrer Art nach zur Gemütlichkeit. Das Nötige ist genug. Am nächsten Tag Sonne ab sechs Uhr früh. In der alten Bäckerei Kasten am Kirchweg herrscht Hochbetrieb. Zeitung, frische Brötchen. Dort wird alles lecker nach Originalrezepten und im Holzbackofen gebacken. Man schmeckt es. Auf Hiddensee muss man sich entweder ein Fahrrad mieten oder Kutsche fahren. Die Insel ist autofrei. Mit der Kutsche kann man auf den Hauptstrecken bis ungefähr 19 Uhr nach Vitte und Neuendorf fahren. Ich muss nach Vitte.

Das Inselkino hat eine Vorgeschichte, eine lange, die die Gemüter bewegt. Bis heute. 2012 stand in Vitte ein Übergangs-Provisorium, ein sogenannter fliegender Bau mit einem zeltähnlichen Dach und mit moderner Technik ausgerüstet. Wir spielen die Filme von DVD. Echte Hardcore-Filmfans rümpfen die Nase, sie wollen traditionelles Filmspulenkino und einen richtigen Zelluloidfilm, der auch mal reißt. Manche sehnen sich auch sehr nach dem alten Zeltkinobau aus vergangenen DDR-Zeiten, den wird es aber voraussichtlich nie mehr geben. Den alten Streit durch eine neue Filmkultur zu ersetzen, das ist mein Job. Deswegen bin ich nach Hiddensee gekommen. Bei mir läuft der Film fast immer perfekt durch und die Hütte wird jeden Tag von mir piekfein durchgefegt und gelüftet. Einige der Nostalgiker kommen aber doch mal vorbei und gucken sich um. Bei mir gibt es eine bunte Filmmischung zu sehen und dazu gehören auch anspruchsvolle und ehemals in der DDR verbotene Filme. Tja, die DDR. Sie ist in den Köpfen der meisten Urlauber so präsent, als wäre sie gestern nur vorübergehend wegen Saisonende geschlossen worden. Das muss man gelassen ertragen. Verhaltene Wut-Äußerungen über die »Scheiß-Ami-Filme« werden genauso vorgetragen wie Applaus nach ausverkauften Vorstellungen von Billy Wilders *Eins, zwei, drei*. Das Kino steht in Vitte am Achterdiek und ist natürlich einen Besuch wert.

Und auf die Zusmmenarbeit mit der Hafen- und Kurverwaltug lasse ich nichts kommen. Ab 2013 präsentiert sich in Vitte erstmals ein schöner Kino-Neubau, der der alten Silhouette ähnelt. Alle freuen sich darauf. Oder? Im Traditionskino in Vitte weiß man nie, wem man so alles begegnet. Wenn sich ZDF-Legende Ilja Richter abends mal einen Film anschaut, dann ist das normaler Alltag. Die ganze Insel strotzt vor Kulturgeschichte und prominenten Namen. Und das macht auch einen Teil ihrer Attraktivität aus. Nicht umsonst sagte Gerhart Hauptmann: »Hiddensee ist das geistigste aller deutschen Seebäder.« Ich gehe mal davon aus, dass er nicht die hochprozentigen geistigen Getränke damit meinte, die in Hauptmanns Weinkeller in Strömen durch die Kehlen seiner Gäste und seiner eigenen flossen.

GRUND NR. 48

WEIL KARL HUCK AUF DEM SÖTEN LÄNNEKEN DIE PUPPEN TANZEN LÄSST

Für jeden Hiddensee-Gast ist der Besuch der Seebühne eigentlich Pflichtprogramm. Denn man kommt auf dem Weg vom und zum Hafen Vitte immer irgendwie an dem hölzernen Gebäude mit dem auffälligen Bootsmast vorbei. Die Seebühne ist auf ihre Art ein Markenzeichen der Insel. Bei meinem ersten Besuch war ich zunächst etwas überrascht, weil ich nicht vermutete, dass doch immerhin 70 Besucher in dem an ein Schiff erinnernden Bau Platz finden. Wenn das Bühnenlicht aufstrahlt und Puppenspieler Karl Huck die Bühne betritt, verzaubert er mit seinem Figurentheater vom ersten Moment an: *Hase und Igel* wird heute gegeben – geistreich und witzig inszeniert.

1988 verschlug es Karl Huck, der an der Ernst-Busch-Schule für Schauspielkunst in Berlin studiert hatte, das erste Mal auf die Insel, wo er 1997 die jetzige Seebühne gründete. Huck, der Lehraufträge in der Ukraine, Dänemark und Norwegen annahm und Gastspiele dort wie auch in Indien oder Italien gab, zog später ganz auf die Insel. Auf der Bühne ist er Sprecher, Schauspieler und Bühnenarbeiter, spricht und spielt und lebt alle Rollen. Seine Frau Wiebke Huck bedient die Licht- und Tontechnik, ist Kassiererin, Ankleiderin und Theaterchefin. Schwierig ist es, im Sommer an Karten für die Seebühne zu kommen. Auf der alten Tafel an der Eingangstür kann sich jeder eintragen, der eine der nächsten Vorstellungen besuchen möchte. Reserviert ist reserviert, und wenn die Tafel voll ist, geht (fast) nichts mehr. Abends empfangen Wiebke und Karl ihre Gäste mit einem Gläschen Wein oder Saft und für jeden gibt es ein persönliches Wort. Der Zuschauerraum ist eine Schräge, jeder sieht alles. Klein und gemütlich – man kommt sich näher. Die Stücke dauern rund eine Stunde, sodass es nie unbequem wird, langweilig sowieso nicht. Karl Huck bearbeitete zusammen mit Regisseur Holger Teschke den *Faust*, spielte den Pinocchio, kreierte Kafkas *Bericht für eine Akademie* neu, grub Edgar Allan Poe aus, zog mit Robinson Crusoe um die Welt, ließ Sindbad auferstehen, küsste den Froschkönig wach, war Schiffskoch bei Hauptmann und führte Mini-Revuen mit gagreichen Songs auf. Huck haucht den Stücken bei seinen kostbaren Miniaturaufführungen neues Leben ein und bekommt für seine Originalität Preise und Applaus, auch von der landesweiten Kritik.

Die Seebühne ist im doppelten Sinne eine Attraktion. Auf Hiddensee ist sie rein optisch ein bemerkenswertes, skurriles Kleinod, und ihre Stücke stammen aus der internationalen Märchen- und Fantasiewelt, sind aber immer auch maritim angelegt, speziell für Hiddensee. Der Urlauber sieht sich – obwohl gerade im Orient unterwegs – unversehens mit einer kleinen Narretei konfrontiert, die genau die gleiche Bedeutung auf Hiddensee hat. Neuster Clou des Vereins Seebühne Hiddensee e.V. ist, dass die 125 Puppen ein eigenes Puppenmuseum auf Hiddensee bekommen sollen. Dafür sammelt nun der Verein unter Vorsitz des Leipziger Schriftstellers Kay Zeisberg Spendengelder. Der wiederum hat mit *Suploch* unlängst einen Hiddensee-Roman geschrieben, auf den man hinweisen kann, weil er sehr viel Lokalkolorit und Geschichte der Insel atmet. Bevor man die Seebühne verlässt, sollte man noch bei einem Gläschen verweilen und ein Schwätzchen mit der Crew und den anderen Besuchern halten. Meistens tritt man dann den kurzen Heimweg in einer angenehm entspannten Seelenlage an, der warme Wind weht von der See herüber und der Himmel steht voller Sterne … – da kann man sich drauf verlassen.

GRUND NR. 49

WEIL BEI DEN INSELFÜHRUNGEN HOCHGEISTIGES MIT HOCHPROZENTIGEM ABGERUNDET WIRD

Wer das Wissen über die Insel der Künstler und Lebenskünstler auf unterhaltsame Art mit hohem Grad an Effizienz inhalieren möchte, nimmt an den geführten Themenwanderungen der beiden Inselführerinnen Marion Magas und Ute Fritsch teil. Beide Frauen gehören fast schon zum »Inventar« Hiddensees – in jedem Falle jedoch sind sie sprudelnder Quell zu den Themen Heimat-, Kunst- und Kulturgeschichte. Beide sind sehr aktive Autorinnen und Verlegerinnen und beide haben sich mit Haut und Haar ihrem Lieblingsmetier verschrieben, wie wir im Folgenden zeigen möchten.

Die Germanistin und Theaterwissenschaftlerin Marion Magas lebt seit 1975 auf Hiddensee (hiddensee-kultur.de). Sie verlebte Kindheit und Jugend in einem Häuschen in der Dünenheide zwischen Vitte und Neuendorf und sog Natur pur quasi mit allen Poren auf. Ihre Freunde und Bekannten von damals und heute kamen aus einem Lebensbereich, mit dem ein Hiddenseegast in seiner knappen Urlaubsphase nicht so ohne Weiteres in Berührung kam. Aus diesem intensiven Erleben heraus resultieren nicht nur ihre Bücher zur DDR-Geschichte auf der etwas anderen Ostseeinsel, sondern auch eine ihrer thematischen Führungen zur Kulturgeschichte Hiddensees. Sie hat viele Geschichten zusammengetragen und zahlreiche selbst erlebt. Viele Einzelschicksale aus den 1970er- bis 1990er-Jahren schildert sie auf ihren Führungen. Zum Beispiel auf der »Wanderung zur Hiddenseer DDR-Geschichte« durch die Orte Vitte und Kloster. Themen sind dabei u.a. Saisonarbeit auf Hiddensee (FDGB, Konsum, HO, Gaststätten und Hotels), das Badeleben, Flucht über die Ostsee, Lebenskunst und Aussteigertum, Künstlerszene, wobei Schriftsteller, Tänzer, Musiker und Maler wie Christoph Hein, Gret Palucca, Günter Kunert, Feeling B, Volker

Braun, Ilse Ebel, Hanns Cibulka, Torsten Schlüter, Willi Berger und Eng Seng Thay eine Rolle spielen.

Zu ihrem Repertoire gehört eine Wanderung durch die nördliche Insellandschaft. Sie folgt den Spuren der »Malweiber« – des »Hiddenseer Künstlerinnenbundes« (Blaue Scheune) und verweilt an Malplätzen der Künstlerinnen Elisabeth Büchsel, Clara Arnheim, Käthe Loewenthal, Katharina Bamberg, Julie Wolfthorn u.a. Es geht um das Verhältnis der Frauen zu den Insulanern, um ihre Beziehungen zu Künstlern wie Alexander von Ettenburg, Gerhart Hauptmann, Nicolaus Niemeier, Oskar oder Käthe Kruse. Während der Führung »Wanderung auf den Spuren der Wissenschaftler« sind Geschichten über die Forscher zu hören sowie Bildmaterial ihrer Wirkungsstätten auf Hiddensee zu sehen. Namen wie Albert Einstein, Erich Leick, Robert Rompe, Gustav Hertz und Lebensgeschichten, die über die Wissenschaft hinausgehen, werden thematisiert.

Eine »Kulturgeschichtliche Radwanderung durch den Inselsüden« beginnt am Dorfeingang Neuendorfs. Der kurze Aufenthalt am »Ilsebill-Spielplatz« führt in die Inselgeschichte ein, bevor zur schmalsten Stelle der Insel weitergeradelt wird. Marion Magas erzählt Geschichten und Sagen um den Hiddenseer Goldschmuck, der im Stralsunder Katharinenkloster zu besichtigen ist, um die frühe Inselbesiedlung und die Rolle der Zisterzienser auf der Insel, die Gellenkirche und das Fischerleben von damals und heute. Bei einem »Kulturgeschichtlichen Spaziergang durch die Dünenheide zum Weststrand« beschäftigt sich die Inselchronistin mit Themen wie »Heidelandschaft und Kunst«. Das ist etwas für Tagträumer und Naturliebhaber. Sie gibt stimmungs- und temperamentvolle Texte über Dünen und Meer, über das Leben und Liebesleben der Heidebewohner zum Besten und spricht von versteckten Liebesnestern und unvergessenen Strandpartys. Zum Abschluss lädt sie ihre Gäste zu einem selbst gemachten Sanddornlikör ein. Das Rauschen des Meeres tut sein Übriges …

Seit 2003 bietet Ute Fritsch ihre literarischen Künstlerführungen und Themenlesungen auf Hiddensee an (kuenstlerinsel-hiddensee.de). Die Hauptführung ist der freitägliche Spaziergang »Auf den Spuren der Künstler durch Kloster«, der ausführlich das Künstlerleben von 1885 bis 1933 vorstellt. Neben einer kurzweiligen literarischen Vorstellung der beiden Dichterfürsten Gerhart Hauptmann und Thomas Mann fließen die meisten, zum Teil noch nicht veröffentlichen Recherchen zu Klaus Mann, Mascha Kaleko, Else Lasker-Schüler, Gottfried Benn, Friedrich Hollaender, F. W. Murnau und Billy Wilder sowie Familie Sigmund Freud mit ein. Genießer und Romantiker haben bei einem »Poetischen Abendspaziergang mit Weintrinken an der Steilküste von Kloster« oder bei der Strandlesung zum Thema »Liebesinsel Hiddensee« in Vitte garantiert ein besonderes Erlebnis. Humorbegabte Touristen vergnügen sich bei der »Lustigen Ringelnatz-Asta Nielsen-Führung mit Sanddornschnäpschen«, die am Strand entlang von Kloster nach Vitte führt. Gästen, die an Dichtkunst und Malerei zur Insellandschaft interessiert sind, hierbei insbesondere an DDR-Literatur und am DDR-Leben, sei die dreistündige Wanderung »Poetischer Inselnorden« empfohlen. Filmgeschichten, Schauspieler und Schriftsteller wie Hans Fallada, Günter Grass, Benno Pludra stehen bei der Neuendorfer Führung im Mittelpunkt, während die Vitter Künstlerführung den Spuren von Palucca, Asta Nielsen, Elisabeth Büchsel und dem Hiddenseer Künstlerinnenbund um Henni Lehmann sowie dem Hiddensee-Drama *Gabriel Schillings Flucht* von Gerhart Hauptmann folgt.

Kinder können am Strand Hiddenseer Sommergeschichten aus den letzten 50 Jahren lauschen und Ringelnatz-Verse mitreimen. Die dunkle Seite des söten Lännekens beleuchtet eine Lesung mit dem Titel »Tödliches Eiland«. Dem eigentlichen Grund, warum man nach Hiddensee reiste, nämlich um Seelenfrieden zu finden, wird in einer Lesungscollage vom ältesten Hiddensee-Roman bis zum neuesten Gedicht nachgespürt. Anhand des wieder aufgelegten und mit Bildern und Fotos ergänzten ältesten Hiddensee-Romans von Adolf Wilbrandt *Hiddensee* (1910) kann man selbst eine spannende Zeitreise unternehmen. Wer lieber mit Ringelnatz in einem poetischen Spaziergang über die Insel ziehen will, nimmt sich den bebilderten neuen Ringelnatz-Band von Ute Fritsch zur Hand, in welchem neben Gedichten und Geschichten von und über Ringelnatz auf Hiddensee auch Kurzweiliges über Asta Nielsen, Otto Gebühr oder Helene Herveling zu finden ist. Mit der von Ute Fritsch selbst entworfenen und übersichtlich zusammengestellten »Künstlerkarte Hiddensee« hat man einen guten Überblick darüber, welcher Künstler wo genau und wann auf der Insel logierte und wo er dichtete, Romane schrieb, malte oder musizierte.

GRUND NR. 50

WEIL DER INSELSHERIFF VON HIDDENSEE FÜR ZU SCHNELLE KUTSCHEN KNÖLLCHEN VERTEILT

Horst Henk, Jahrgang 1960, ist eine Legende auf Hiddensec. Er ist der Inselsheriff. Der gemütliche Dicke ist nicht groß, aber er läuft zur Hochform auf, wenn es um Ordnungswidrigkeiten auf der autofreien Insel geht. Sein Revier in Vitte verlässt er regelmäßig, um sich die Verkehrsrowdys auf der Insel vorzuknöpfen. Fahrradfahrer, die unterwegs telefonieren, müssen damit rechnen, angehalten und belehrt zu werden. Sind sie uneinsichtig, gibt es ein Knöllchen. Da ist der Henk gnadenlos – »man soll zu seinen Fehlern stehen«, sagt er dann trocken. Die Pferdekutschen dürfen auf bestimmten Straßen nur in eine Richtung fahren. Tun sie das nicht, kann es ihnen schon mal passieren, dass sich ihnen am Wegesrand von Kloster Horst Henk in den Weg stellt. Man kennt ihn, den Mann, der fremd auf die Insel kam und nach einiger Zeit sogar eine kleine Inseldemo auslöste, wegen seines rigorosen

Durchgreifens. Heute sehen das alle Seiten gelassen, ganz falsch kann es also nicht gewesen sein, was er eingeführt hat. Und mit dem Fahrrad ohne Licht über die Insel zu fahren, traut sich heute kaum noch jemand – außer vielleicht ein Fisch mit Fahrrad … Horst Henk kennt alle seine Pappenheimer auf der Insel. Und alle kennen natürlich den Inselsheriff. Er kümmert sich um alles, vom verschwundenen Fahrrad bis zur aufgeregten Touristin, die ihre Fähre verpasst hat. Es gibt auch harte Fälle auf Hiddensee. Legendär ist die Geschichte, dass ein Mann vor Jahren im kalten Winter in einem Eisloch erfror, weil er am Handy nicht genau seine Position durchgeben konnte. Gäste verschwinden immer mal wieder, die Insel ist nicht ganz ohne. In solchen Fällen wird intensiv gesucht mit Unterstützung vom Festland. Aber verschwundene Urlauber sind die große Ausnahme auf dem Eiland. Und eigentlich gibt es auch keine Straftaten auf Hiddensee. Jeder kennt jeden und die Fähre ist ein Nadelöhr. Bagatelldelikte sind aber auch dort reichlich vorhanden und es gehört zum täglichen Brot, alles aufzunehmen und weiterzureichen. Horst Henk wurde aus Leidenschaft Polizist. Zu DDR-Zeiten als ABV ausgebildet, bewarb er sich direkt für den Posten auf der Insel.

Der Wohnwagenfan Henk liebte schon damals die einfache Lebensweise auf Hiddensee. Dabei fährt er als einer der wenigen auf der Insel einen Dienstwagen. Und das Polizeiauto ist auch mit einer Sirene ausgestattet. Aufs Wasser muss Henk nicht, dafür ist die Wasserpolizei zuständig. Aber er kann einen Hubschrauber anfordern, das unterscheidet ihn von anderen Polizisten, die nicht auf Inseln arbeiten. Es gibt auch kitzlige Momente, in denen er entscheiden muss, wie weit er sich mit den Leuten anlegt. Wenn es mal richtig zur Sache geht unter Einheimischen, dann ist Fingerspitzengefühl gefragt. Aber auch das kommt selten vor und Touristen bekommen es ohnehin nicht mit. Inselsheriff ist ein einsamer Job, niemand liebt einen, aber alle wollen was, wenn es wirklich mal zu Streitigkeiten, Zwist oder Raufereien kommt.

KAPITEL VI

STRALSUND UND RÜGEN – VENEDIG DES NORDENS UND INSELARCHIPEL

WO HEIMAT SEIN KANN: HANSESTADT – KREIDEFELSEN – KAP ARKONA

GRUND NR. 51

WEIL STRALSUND DAS »VENEDIG DES NORDENS« IST

Stralsund gehört zum Bund der alten Hansestädte und war einst das Fischerdorf Stralow am Sund vor Rügen. Späterhin entwickelte sich die Ansiedlung zu einer bedeutenden Seehandelsmetropole, die 1234 das Lübsche Stadtrecht erhielt. Bevor Stralsund zu Preußen kam, war die Hansestadt aufgrund seiner strategisch exponierten Lage meistens hart umkämpft. Stralsund gehörte über Jahrhunderte zum Königreich Schweden und auch zur dänischen Krone. Seit der Zugehörigkeit zu Preußen verlor die Stadt an Bedeutung und Einfluss.

Seit 2002 zählt die historische Altstadt zum Weltkulturerbe der UNESCO. Die historischen Bauten der Hansestadt, die architektonisch reizvollen, mit Schmuck- oder Prunkgiebeln verzierten Fassaden der Bürgerhäuser, wie das Wulflamhaus aus dem 14. Jahrhundert und die weithin sichtbaren Kirchen in der für die Küstenstädte so typischen Backsteingotik, sind von unschätzbarem kulturellen und materiellen Wert. Rathaus und Kirchen verfügen über eine reichhaltige Ausstattung und zeugen von einstigem Reichtum und hoher Kunstfertigkeit der Erbauer und Handwerker. In der Nikolaikirche ist die Astrolabium-Uhr aus dem 14. Jahrhundert besonders sehenswert, die als einzige astronomische Uhr dieser besonderen Bauart fast vollständig im Originalzustand erhalten geblieben ist. Der Bergenfahrer-Altar (um 1500) soll auch nicht unerwähnt bleiben. Nach der Wende wurden in Stralsund, insbesondere an den Gebäuden der Altstadt, originalgetreue Restaurierungen und Renovierungen vorgenommen, um ehemalige Pracht wieder sichtbar zu machen. Während der DDR-Zeit wurden die Immobilien mehr oder weniger dem Zahn der Zeit überlassen und die historische Bausubstanz verfiel zu traurig dastehenden Objekten, zumeist in der Einheitsfarbe, einem schmutzigen Grau.

Weil die knapp 50 Hektar große Altstadt Stralsunds von Teichen mit malerischem Uferbewuchs umschlossen ist und an der nördlichen Seite vom Strelasund begrenzt wird, hat sie praktisch eine Insellage, weshalb Stralsund auch »Venedig des Nordens« genannt wird. Die besondere maritime Lage bietet natürlich insbesondere Segelfans exzellente Möglichkeiten für kurze oder längere Törns in alle Himmelsrichtungen, auch gemütliche Dampferfahrten zur Nachbarinsel Hiddensee oder zum grünen Inselarchipel Rügen, zu den Kreidefelsen, in die Ostseebäder Binz und Sellin oder nach Zingst sind möglich. Die Hafeninsel mit ihren hohen Speichergebäuden, der Mole, den vielen Kneipen, der Fischhalle, dem Ozeaneum und dem am Hansakai liegenden Traditionssegler »Gorch Fock« ist ein beliebter Treffpunkt von Jung und Alt zu jeder Jahreszeit. Im direkt vor der Haustür liegenden Nationalpark Vorpommersche Boddenlandschaft sind im Herbst die Kranichfahrten ein beliebtes Unterfangen. Das Schauspiel der im Abendrot einfliegenden Kranichscharen, die sich dort im seichten Gewässer auf ihrem Zug in den Süden zur Nachtruhe versammeln, ist ein ganz besonderes Erlebnis. Hierzu findet man auch im letzten Buchkapitel, im Kapitel XI, einen Beitrag. Das Wahrzeichen der Stadt ist das Rathaus. Mit seiner imposanten Schaufassade und dem offenen Galerienbereich im Innern beeindruckt es immer wieder aufs Neue. Während der Weihnachtszeit sind die Kellergewölbe im Rathaus stimmungsvoll geschmückt und regionale Händler bieten dort ihre Produkte an – vom besonderen Aquarell über Gestricktes und Gefilztes bis zum leckeren Stralsunder Marzipan.

Als ehemalige Stralsunderin, die im dortigen Rathaus auch ihren ersten Ehebund standesamtlich besiegeln ließ, bin ich immer wieder gerne im Ort meiner Kindheit, um mir das viele Neue und ansprechend Restaurierte anzuschauen, aber auch die alten, vielleicht noch nicht renovierten Ecken und Gebäude, der Erinnerungen wegen. Meine Mutter lebt nur ein paar Schritte vom Stralsunder Hafen entfernt und genießt bei ihren täglichen Spaziergängen auf der Hafeninsel das besondere Flair, schaut den ein- und auslaufenden Fähren zu und holt sich direkt am Kutter ihren fangfrischen Fisch. Meine Brüder wurden in Stralsund geboren und sind waschechte Jungs von der Waterkant. Bruder Rene wohnt ebenfalls in Hafennähe und Wahlberliner Bruder Bernd schrieb uns für Kapitel VII (Liebeserklärungen) einen Gastbeitrag über sein Seebärenherz und einen über das Winterbaden.

GRUND NR. 52

WEIL STRALSUND IN BESUCHER-TOPFORM IST UND JEDE MENGE TIERISCHES AUF LAGER HAT (1)

Wer im Stralsunder Hafen auf seine Fähre nach Altefähr oder Hiddensee wartet oder auch erst die übernächste nehmen will, weil er dem Top-Highlight auf der Hafeninsel, dem Ozeaneum, noch einen Besuch abstatten möchte, der wird nicht enttäuscht werden. Seit der Eröffnung 2008 avancierte es innerhalb kürzester Zeit zu einem Besuchermagneten. Das Ozeaneum präsentiert die Unterwasserwelt nördlicher Meere – von den Hafen- und Boddengewässern der Ostsee über die Nordsee bis zum Nordpolarmeer. In XXL-Aquarien schwimmen zum Anfassen nahe alle Arten Meeresbewohner am Besucher vorbei oder um ihn herum. Zu bestaunen gibt es Katzenhaie und Ammenhaie, Drachenköpfe, Seepferdchen und Petermännchen, Seeanemonen, Seesterne und Korallen und vieles mehr. Seit 2012 zieht auch ein Sandtigerhai seine Runden durch das 2,6 Millionen Liter fassende Schwarmfischbecken. Die Vielfalt maritimen Lebens offenbart sich in den Themenaquarien wie »Kreideküste« oder »Kattegat«, »Wattenmeer« oder »Hafenbecken«. In der XXL-Ausstellungshalle hängen von der Decke herab naturgetreue Nachbildungen der Riesen der Meere. Unter den schwebenden Walen kann man sich ein paar Momente der Ruhe gönnen und sich in einer der dort aufgestellten Liegen in die Waagerechte begeben und nach oben zu den Meeresriesen schauen – sehr beeindruckend. So hautnah unter Fischen, muss man jedoch nicht selbst schwimmen, sondern kann trockenen Fußes auch wieder an Land gehen. Modernstes Viewing-Konzept, ungewöhnliche Architektur und auf dem Dach des schiefen Alu-Topfes – diese äußere Form hat das Ozeaneum wirklich – die kleinen Stars des Hauses, die Humboldt-Pinguine! Denen widmen wir im Kapitel XI ebenfalls eine eigene Liebeserklärung. Übrigens kann man sich im Ozeaneum auch trauen lassen oder Feste feiern.

Wer nun auf den Geschmack gekommen ist und noch nicht lockerlassen kann, kann noch mehr Fische gucken gehen – im berühmten Stralsunder Meeresmuseum. Es ist vom Hafen in Richtung Altstadt zu Fuß in etwa zehn Minuten zu erreichen. Das 750 Jahre alte Gebäude des ehemaligen Klosters St. Katharinen bietet seit 1951 einzigartigen Exponaten ein Zuhause. Neben den meereskundlichen Ausstellungsbereichen sind diverse Aquarien mit Wasserwelt und Wasserbewohnern der Tropen und des Mittelmeerraumes anzuschauen. Fasziniert steht man vor der exotischen Schönheit eines bestimmt fünf Meter hohen, nachgebauten Korallenriffs aus dem Roten Meer. Ein paar Schritte weiter ist das 350.000 Liter fassende Schildkrötenbecken zu bestaunen, das größte Deutschlands. Eine beeindruckende und gute Ergänzung zu den Wasserwelten der Nordozeane im Ozeaneum.

Wer nun doch unbedingt selbst schwimmen will, dem kann man nur anraten, sich ohne Verzögerung in das Badeparadies »Hansedom« im Freizeitpark Grünhufe zu begeben – erstens wegen des Schwimmens und zweitens wegen des nun wirklich überfälligen Relaxens. Es hat jeden Tag geöffnet, jeden Tag gibt es Sonne satt, Wasser, Sand und mehr. Von Badespaß pur bis Abhängen mit Südseefeeling – alles machbar. Super Wasserrutschen, Palmen und Strandkörbe, dezente Geräuschkulisse, verschiedenste Thermen, Saunen und Wellnessbereiche und ein beheizter Außenpool lassen einen wunschlos glücklich sein. Reitet hier nun euer eigenes Seepferdchen, liebe Leser, Aktivurlauber und Erlebnis-Touristen! Wir haben genau das gemacht. Nach der vierstündigen Besichtigung von Fischen und Meereswelten gönnten wir uns zum Ausgleich vier Stunden im Hansedom – das war goldrichtig. Man muss auch nicht hungern oder dürsten, weil überall für das weibliche Wohl gesorgt ist – ganz nach Belieben.

Achtung: Tierisches, Teil 2 gleich anschließend …

GRUND NR. 53

WEIL STRALSUND IN BESUCHER-TOPFORM IST UND JEDE MENGE TIERISCHES AUF LAGER HAT (2)

Neben dem Unterwasserzoo im Ozeaneum und dem Südseefeeling im Hansedom hat Stralsund seit 1959 auch einen schönen Stadtwald-Tierpark, der schon 1928 mit der Gründung des Stralsunder Tiergartenvereins durch den Biologielehrer Dr. Schmidt seine Anfänge nahm. Der bei Einwohnern und Gästen äußerst beliebte Tierpark ist nach eigenem Bekunden der größte Zoo Vorpommerns. Interessant ist, dass es in Stralsund eine jahrhundertelange Tradition der Schwanenzucht gab. Bis vor dem letzten Krieg hatte man sich auch auf die Zucht von Wassergeflügel spezialisiert. Heute punktet der Zoo Stralsund mit einem ungewöhnlichen, sehr engagierten Konzept und Motto: »Vom Bauernhof bis in den Dschungel«. 900 Tiere in 120 Arten und Formen werden dort gehalten und auch gezüchtet, darunter alte oder gefährdete Haustierrassen, wie das Rauwollige Pommersche Landschaf, Pommersche Gänse und Pommersche Enten. Als absolute Besonderheit gilt der Zuchtbestand der Weißen Österreichischen Barockesel, der einmalig in ganz Deutschland ist. Das Besondere an diesen schönen weißen Eseln ist deren Zuchtgeschichte, die ihre Anfänge in der barocken kaiserlich- königlichen Zeit in der Österreich-Ungarischen Monarchie nahm. Die weißen Barockesel sind in ihrer edlen Erscheinung eine kleine Augenweide für die Besucher. Der Direktor des Tierparks Stralsund, Dr. Christoph Langner, berichtete uns auch von den heute wieder bestehenden Beziehungen in die österreichische Heimat der weißen Barockesel und über gemeinsame Zucht- und Austauschaktivitäten. Übrigens – wegen ihrer weißen Farbe werden die Esel in den Medien oft fälschlicherweise als Albinoesel bezeichnet, was sie definitiv nicht sind.

Neben einheimischen Haustieren wie Hühnern, schwarz-weißen Sattelschweinen, Schafen und Ziegen fühlen sich auch exotische Tiere im Stralsunder Tierpark wohl. Ein Löwenrudel lässt es sich an der frischen Ostseeluft offensichtlich gut gehen. Auch chinesische Leoparden und der Syrische Braunbär – eine bedrohte Art – fanden dort ein gepflegtes Zuhause. Neben Kängurus, Bisons, Trampeltieren und Lamas, Waschbären, Polarwölfen und Vogelspinnen gibt es auch den Stralsunder Hochflieger, eine besondere, in der Hansestadt gezüchtete Taubenrasse mit 100-jähriger Zuchtgeschichte. Anziehungspunkt sind auch stets die ulkigen Erdmännchen.

Das Motto und Konzept des Stralsunder Tierparks »Vom Bauernhof bis in den Dschungel« wird ansprechend und liebevoll von den Verantwortlichen und dem engagierten privaten Förderverein umgesetzt. Das 16 Hektar große Gelände am Grünhufer Bogen unweit des Bahnhofs gehört zum Freizeitpark Grünhufe, in welchem wir auch das schon kurz beschriebene Badeparadies Hansedom finden. Einheimische Baumarten und auch exotische Gewächse machen diese Parklandschaft am Stadtrand der Hansestadt zu einer kleinen Oase. Ulme, Schwarzwaldtanne und Mammutbaum, Götterbaum und Lebensbaum, Tulpenbaum, Weißer Maulbeerbaum, Apfel und Mispel und der Trompetenbaum sind zu entdecken – die ganze Fülle der Vegetation zu allen Jahreszeiten.

Der Tierpark im Stadtwald von Stralsund ist eine schöne, naturnah gewachsene Anlage, die Erbauung auch bei einem schnellen Rundgang bringt. Schaubauernhof, Ackerbürgerhaus mit alter, originalgetreuer Einrichtung, eine Sammlung historischer landwirtschaftlicher Geräte und die restaurierte historische Holländermühle machen das Konzept rund. Nun werden noch die Festwiese und der Kinderspielplatz auf Vordermann gebracht und wenn erst in der Afrika-Außenvoliere die farbenprächtigen exotischen Webervögel emsig herumflattern, kann der Besucher sich wie im Paradies fühlen. Vielleicht brüllt auch gerade in dem Moment der Herr Löwe ganz laut oder die Schimpansen schreien – oder lachen sie vielleicht? Grund dazu haben sie in jedem Falle, denn ihr schönes neues Schimpansenhaus konnte nach langer Zeit auch fertiggestellt werden. Tierische Freude bereitet ein jeder, der diesen mit viel ehrenamtlichem Einsatz und privatem Engagement entstandenen und gepflegten Tierpark mit einer Spende unterstützen möchte. Alternativ kann man sein Herz für Tiere auch als Tierpate zeigen – vielleicht für eine Erdmännchenfamilie? Oder gleich adoptieren? Die Wildnis ruft – auf in den Zoo nach Stralsund!

GRUND NR. 54

WEIL ICH IN STRALSUND UND AUF RÜGEN AUFWUCHS UND HEUTE ETWAS ZURÜCKGEBEN KANN

In Stralsund und auf Rügen aufgewachsen, prägten mich das ständige Hintergrundrauschen und Grollen der See, der stets präsente Wind, der sanft streichelnd oder auch zersausend um die Ecken pfeift und die unbändigen Stürme. Das ostpreußische Blut mütterlicherseits in mir und ein schönes Bernsteingeschenk weckten bereits früh das Interesse an den Gaben des Meeres. Täglich stromerte ich schon als Kind allein oder mit Geschwistern und Freunden am

Sund in Stralsund herum und später auf Rügen am Ostseestrand. Die markant nach Seegras und Algen riechende Meeresluft und den Duft der Wildrosenhecken tief einatmend, sammelte ich Steine, Hühnergötter, Donnerkeile und Seeigel, vom Meer geschliffenes buntes Seeglas, Federn und skurril aussehende Treibhölzer. Am liebsten wollte ich immer alles mit nach Hause nehmen. Während der Spaziergänge am Steinstrand von Dranske wurde die Fundstückesammlung jedoch regelmäßig immer so groß, dass das gar nicht ging und ich das Gesammelte dann am Strand zu Türmchen aufbaute oder in Kreisen zusammenlegte und nur die kleineren, leichteren Dinge mit nach Hause nahm. Schon früh interessierten mich Geschichte und Archäologie.

Ich nahm an Ausgrabungen bei Korswandt auf Usedom teil und suchte am Windland-Hochufer der Nordwestküste Rügens nach Artefakten, Scherben vergangener Kulturen oder Münzen. Letztere fand ich jedoch nie. Später als Historikerin und Dokumentarin recherchierte ich in alten Texten und Dokumenten und stieß auf einen Wissensfundus, der mich darin bestärkte, das wertvolle Wissen über die Schätze der Ostsee, den baltischen Bernstein (Succinum) und die weiße Erde (Kreide, Creta alba), in unsere Zeit zu transponieren. So würde das Wissen über die Heilkräfte dieser beiden Naturschätze in den Köpfen der Menschen präsent bleiben. Seit 2005 publiziere ich über natürliche Mittel und Methoden der stressfreien Gesunderhaltung und Heilung, u.a. über Bernstein und Heilkreide als traditionelle, bewährte Naturheilmittel. Die Kreidefelsen Rügens sind nicht nur viel fotografiertes Wahrzeichen der Insel, sondern auch ein Gesundheitsschatz, der vor unseren Füßen liegt und aus der Ostsee geboren wurde.

Nach diversen Veröffentlichungen entstanden später das 140 Seiten starke Buch *Bernstein & Heilkreide – Fossile Heilmittel, Altes Wissen, Neues Denken, Universelles Bewusstsein* und das 50 Seiten umfassende Midibook *Heilkreide – Eigenschaften und Wirkweise des natürlichen Heilungs- und Schönheitsmittels Rüge-*

ner Heilkreide. Beide Bücher sind seit mehreren Jahren die einzigen ausführlicheren Publikationen zu diesen beiden besonderen, maritimen Heilthemen und für jedermann verständlich geschrieben. Da bislang kein anderer Autor oder der Sache Kundiger diese beiden Themen aufgegriffen hat, sollte es wohl so sein, dass ich darüber schreibe. Dieses bestärkt mich darin, auch künftig über Heilkreide und Bernstein zu berichten, um das Wissen für die Gegenwart zu erhalten und Interessierten die Anwendungsmöglichkeiten transparent zu machen. Seit Generationen Bewährtes ist werthaltig und zählt zu unserem immateriellen Kulturgut. Auch in der Fach- und Publikumspresse stelle ich als freie Autorin diese beiden »Heiler aus dem hohen Norden« immer wieder vor, wie zum Beispiel in der Zeitschrift *Natur & Heilen* oder in dem komplementär-medizinischen Magazin *CO'MED* und in vielen anderen, wie der *BIO*.

Die Ostsee hat mich während meines ganzen Lebens auf so vielfältige Art immer wieder inspiriert und staunend gemacht, mich körperlich, seelisch und geistig genährt und beflügelt, sodass ich dankbar und glücklich darüber bin, mit den Texten über Bernstein und Heilkreide als einzigartige, fossile Hilfs- und Heilungsmittel aus dem Ostseeraum etwas zurückgeben zu können, das nicht nur kurzzeitiges Interesse erweckt, sondern nachhaltig von Nutzen ist. Ein weiteres, aber ganz anderes Beispiel meiner archäologischen Ader, meiner »Ausgrabungs- und Bewahrungsaktivitäten«, sind meine Publikationen über den Galvanischen Feinstrom. Ein traditionelles biologisches Hilfs- und Heilmittel seit 1896! Auch hier bin ich die Einzige, die das Thema aufgegriffen hat. »Tradition ist Bewahrung des Feuers und nicht Anbetung der Asche«, hat Gustav Mahler es auf den Punkt gebracht. Zum Bewahren und Weitertragen des Feuers gehört auch, seit Generationen Bewährtes, aber zeitweise aus dem Gedächtnis Verschwundenes, wieder ans Licht der Sonne zu holen. Unsere heutige Zeit ist geradezu prädestiniert dafür.

GRUND NR. 55

WEIL INSIDERTIPPS ERFÜLLUNG BRINGEN KÖNNEN – TEIL 1: STRALSUND

In Stralsund und auf Rügen ließen wir uns gerne von der Insiderin Annett an die Hand nehmen, um ohne großes Suchen oder Selbst-herausfinden-Wollen gleich die interessantesten Lieblingsorte und Menschen kennenzulernen. Wegen der Vielfalt und Fülle wählen wir hier verknappte Ausführungen und Stichpunkt-Varianten, um doch recht viele Geheimtipps auf knappem Raum unterbringen zu können. Im Folgenden ein paar kleine Entdeckungen, die wir in Stralsunds Altstadt machten. Wir beginnen am Knieper Tor Richtung Alter Markt.

»Knieper Eck« – Gorch-Fock-Café von Wera Kabermann, Schillstraße/Ecke Kniepersstraße, Tee- und Weinkontor; hausgemachte Kuchen, leckere Süppchen aus eigener Küche; interessante Kulturprogramme, Partie Schach, Lesungen, kleine Konzerte, oft ohne Eintritt, aber der Hut geht rum …

»Kleine Distel« in der Schillstraße, Blumenladen von Anke Schmidt; Blumen und mehr (Keramik, antiquarische Bücher, ausgewählte regionale Literatur); Blumenfrau mit dem ganz besonderen Sinn für Blumen/Pflanzen; außerdem immer für ein interessantes Gespräch offen; kleine Verschnauf-Oase im Alltag; Blumenfrau Anke näht und filzt und webt auch selbst …

»Meereston« auf der Hafeninsel, wunderschöne Tonkunst- und Gebrauchskeramik in frischen Farben wie Meer und Himmel und Licht – das ist wirklich schön …

»Café Monopol«, Mühlenstraße, klitzeklein und gemütlich, auch draußen Tischchen und Stühle, ausgewählte Kaffeesorten, eigene Rösterei, auf dem besten Wege, ein Lieblingscafé zu werden …

»Plattdütsch Späldäl« – herausragendes Laientheater seit 93 Jahren, älteste und einzige Niederdeutsche Bühne in Vorpommern;

unterschiedliche Spielstätten in Stralsund und auf Rügen; liebevolle Inszenierungen; aktuelles Projekt ist eine Hörspielaufnahme ihres letzten selbst verfassten und übersetzten Stückes *De Seeröwer von Mönchgaut* (historische Person Martin Looks vom Mönchgut, um 1910); pflegen und erhalten das vorpommersche Platt seit über 90 Jahren …

Jens Frank – Fotograf, Leipziger Schule; klare, deutliche Bildsprache; versucht in seiner Fotografie immer, die Essenz, die Seele ins Bild zu bannen; gedankenvoller, ernsthafter Mensch, der sich praktisch für alles interessiert; reist gerne für die Fotografie durch die Welt …

»Musikhaus Sitte« in der Langenstraße, hier ist wirklich Musike drin; Hofmusik oder Kellerkonzerte in kleinstem Rahmen; Aufführungstermine sind nur über Flüster-Propaganda zu erfahren …

»ABC-Antiquariat«, Badenstraße, Volker Zeitz und Katharina Hanschel; wirkliche Buchliebhaber, engagiert; schöner Laden mit Platz zum Stöbern …

»Bäcker Krämer«, in der Großen Parower Straße; Originalität und Sympathisches auf kleinstem Raum; alte Ladenausstattung, sympathische Ladenthekengespräche; alles aus eigener Backstube und ofenwarm duftend; alte Rezepte, verträgliche Zutaten, gehaltvolle Backwaren, leckere Hefe-Blechkuchen; Brot und Brötchen machen wirklich satt und sind Lichtjahre entfernt von Aufbackbrötchen, aufgetauten Fertigbackwaren und all den anderen Industriebackstraßen-Kreationen …

»Der Nähfaden«, Badenstraße, Schneiderin Britta schneidert ganz verrückte Sachen, kann aber auch konventionell einfach mal etwas umsäumen oder kürzen; eine ungewöhnliche Frau und nie um eine Antwort verlegen …

Und weiter geht es auf Rügen im nächsten Grund, die Ostsee zu lieben.

GRUND NR. 56

WEIL INSIDERTIPPS ERFÜLLUNG BRINGEN KÖNNEN – TEIL 2: RÜGEN

Nachdem wir gezielt durch die Stralsunder Altstadt gestromert sind, nun noch ein paar ausgewählte Tipps von unserer Insiderin Annett für Lieblingsorte und Lieblingsmenschen auf Rügen. Es geht los mit den Infos für Bücherwürmer.

Der Buchladen von Petra Dittrich in Gingst; eine tolle Buchhändlerin mit einer sehr guten, qualitätsvoll ausgewählten Autorenlese jede Saison; sehr engagiert; gilt als bester Buchladen der Insel …

Antiquariat von Harald Gehrke in Garz; ein spannender Mensch, der bekannt ist durch die aufgestellten Schilder vor dem Eckhaus mit der handgemalten Aufschrift »Heute Büchermarkt«; immer zu philosophischen Gesprächen aufgelegt; bei ihm schauen viele Menschen bei ihren Rügenbesuchen regelmäßig vorbei, er legt seinen Stammkunden immer Bücher zurück, die ihnen gefallen könnten; im Laden auch Porzellan mit ganz filigraner, wunderschöner Malerei von seiner Lebensgefährtin Anja …

»La Grange« – ein ungewöhnliches Kunstprojekt in Bergen in der Industriehalle; Björn Hinze, Sebastian Will, Susanne Burmester; ungewöhnlich, unfertig, sperrig, verbindend, musikalisch, medial …

»Grundtvighaus« in Sassnitz – dort gibt es vieles und Kino; der besondere Film läuft immer freitags …

Jörg Scholz – bringt Jazzmusik in die Region, kennt viele junge Musiker und organisiert Auftritte; Herzblut und viel persönliche Initiative; nicht kommerziell; besondere Musik, die auf Rügen und in der Region wohl eher unbekannt ist …

Mönchguter Museen – dort gibt es eine ehrenamtlich arbeitende ältere Dame, die sich um den Museumskräutergarten kümmert;

eine wirklich tolle Frau mit grandiosem Wissen und liebevoller Art, mit den Pflanzen und Tierchen umzugehen – einfach nur wunderbar …

»Bockmist-Keramik« bei Gustow; der Name und das Logo führen etwas in die Irre, denn dort macht man wunderbare, schöne Keramik mit ganz zarter Blumenbemalung in den schönsten Farben …

Volker Rösing – Naturschutzwart und Bodendenkmalpfleger; kennt alle Sagen und versteckten Orte auf Rügen und kann über Stein und Baum und Kliff und Orte viel erzählen; macht Führungen, die wirklich besonders wirken und schon so manchen Anspruchsvollen und Führungsverwöhnten restlos begeistert haben …

Pfarrer Ohm auf Wittow – Gemeinden Altenkirchen, Vitt, Wiek; stellt hervorragende Kultursommer in seinen Kirchen auf die Beine; mit den Programmen (Musik, Ausstellungen, etc.) in Landow war er bereits vorher schon inselweit bekannt …

Bernard Misgajski – Metallbildhauer, Alte Wassermühle in Wrechen bei Putbus; sympathischer Mann, wunderbares Atelier; Emaillekunst; der rote 3-Ohr-Hase – der Misgajskische Hase – ist seine eigene Kreation und sein Markenzeichen …

GRUND NR. 57

WEIL RÜGEN EIN ERLEBNISPARADIES FÜR GROSSE UND KLEINE GELDBEUTEL IST UND KEIN STEUERPARADIES FÜR SÜNDER

Rügen ist nicht nur eine Gesundheitsinsel, Hochzeitsinsel, Ferieninsel – Rügen ist eine einzige große Event- und Erlebnisinsel. Neben dem »Rügenpark« Gingst mit seinen 100 Objekt-Miniaturen weltbekannter Bauten im Maßstab 1:25 werden noch viele weitere markante Erlebniswelten und Events geboten. Bei unserer Auswahl möchten wir an dieser Stelle keinesfalls vergessen das jährliche »Störtebeker-Spektakel« bei Ralswiek zu erwähnen, das wir aber einem Beitrag über Störtebeker, schon thematisiert haben (siehe Grund Nr. 9 im Kapitel I). Die »Alte Pommernkate« in Rambin hat sich seit der Wende zu einem attraktiven Shopping- und Schlemmerparadies gemausert und hat für jeden Geschmack etwas »auf Lager«. Regionalbezogene Souvenirs und Töpferwaren, Kulinarisches aus der Region, Literatur und Bernsteinprodukte, Rügener Heilkreide und vieles mehr.

Der größte Indoor-Spielplatz und Funpark für Kiddies ist die »Pirateninsel« bei Putbus, wohin man mit den Juniors durchaus einmal fahren sollte, denn dort kann man sie rund um die Uhr sich selbst überlassen. Auch einen Bereich für Kleinkinder gibt es und für das leibliche Wohl ist selbstverständlich auch gesorgt.

Ein Superhighlight und Erlebnis-Event ist der »Waldseilpark« westlich von Altefähr mit Blick auf den Sund und die Stralsund-Silhouette. Parcours für alle Ansprüche und Schwierigkeitsgrade werden geboten, auch ein Kinderparcour. Baumsurfen, Tarzansprung, Kletterwald, Hochseilgarten, Adventure-Parcours, Orientierungsrallye (GPS-Tour), Floßbau und vieles andere mehr. Und alles an der frischen Luft. Baumhausliebhaber haben die Möglichkeit, in einem Baumzelt in luftiger Höhe an wiegendem Aste zu übernachten und erhalten auf Wunsch auch noch professionelle Tipps in der Auf- und Abstiegskletterkunst am Baum. Neben diesen bereits genannten Highlights hat der Waldkletterpark auch noch einen Baumlehrpfad und die längste Seilbahn Rügens zu bieten. Nach Altefähr auf Rügen setzt man von Stralsund aus auch ganz bequem mit der Fähre über und muss nicht unbedingt über die Rügenbrücke fahren.

Der »Rügenhof« in Putgarten am Kap Arkona ist der am nördlichsten gelegene Erlebnis- und Shoppinghof auf Rügen. Der ehemalige landwirtschaftlich genutzte Hof bietet dem regionalen

Handwerk und Kunsthandwerk heute Gelegenheit, sich in Schauwerkstätten vorzustellen und Einblicke in vergangene Gewerke und handwerkliche Methoden zu geben. Es wird getöpfert, gemalt, gedruckt, genäht und gefilzt und die schönsten Sachen entstehen dort. Kaufen kann man auch gleich, wenn man sich bei der Fülle des dort Gebotenen überhaupt entscheiden kann. Schönster Bernsteinschmuck und die kleinen weißen Rügenmännchen gehören ebenso zu den dort angebotenen Produkten wie selbstgezogene Kerzen oder bunte Glaswaren von Arkonaglas. Im Hof an der frischen Luft finden sich die Stände und Holzhäuschen von Händlern, die interessante und mitnehmenswerte Produkte aus der Küstenregion anbieten.

Als Besucher braucht man ob der Fülle bald ein Päuschen und nimmt in der nördlichsten, kleinen Kaffee-Rösterei – mit Verkauf von Kaffee und kleinen Küchlein – erschöpft Platz. Gott sei Dank! Gleich daneben, im ehemaligen Gutshaus, befindet sich heute ein großer, bunter Verkaufsbereich mit ausgewählten Rügenprodukten und ein familiär geführtes Restaurant mit regionaler Chef-Küche und fangfrischem oder geräuchertem Fisch. Auf dem Rügenhof finden auch die Feste der Gemeinde Putgarten statt, zum Besipiel Fischerfeste, die Heringswochen und die Kohlwochen oder Schlachtfeste.

Am Rügenhof kommt jeder vorbei, der zum Kap Arkona mit den beiden Leuchttürmen will oder ins kleine Fischerdorf Vitt. Dorthin geht es ab Putgarten mit dem kleinen Bähnle, der Pferdekutsche, per Fahrrad oder per Pedes.

Last but not least – die beiden Erlebnishöfe auf Ummanz von Bauer Kliewe und Bauer Lange. Dort, an der Westküste Rügens, der Südspitze Hiddensees genau gegenüber liegend, ist alles zu finden, was man sich an Erlebnissen auf einem Bauernhof so wünscht. Von Dumperfahren über Heubaden, Tiere streicheln, Pony-Führerschein machen, Hofläden mit eigenen Produkten bis zu Themenfesten und vielem anderen mehr. Zu den Produkten aus eigener Herstellung gehören weiße Kreidefelsensalami und eine Boddensalami oder auch Enten- und Gänsesülze. Die Lage der kleinen Insel Ummanz ist landschaftlich unglaublich reizvoll mit beschaulichen, verträumten Winkeln. Ein unbedingtes »Muss« bei einem Rügen-Besuch.

GRUND NR. 58

WEIL DER »CIRCUS« VON PUTBUS KEIN ZELT HAT, IM »HAUS ÜBER KOPF« ALLES AN DER DECKE HÄNGT UND JULES VERNES »NAUTILUS« EINE LECKERE KOMBÜSE HAT

Fürst Malte der I. hatte einen Traum von einer weißen Stadt. Und so baute er zwischen Garz und Binz, nachdem er 1807 in den schwedischen Fürstenrang erhoben wurde, Putbus im klassizistischen Stil als seine Residenzstadt auf. Der Mann war ein VIP, bestätigt durch König Friedrich Wilhelm, der ihn zum Generalgouverneur von Pommern machte. Im Mittelpunkt der Stadt am Ende der Allee befindet sich der sogenannte Circus, das sind 16 zwei- und dreigeschossige weiße Gebäude, die einen kreisrunden Platz umsäumen, der gestaltet ist wie eine Parkanlage. Akkurat geschnittene Bäume an acht strahlenförmig zu einem gemeinsamen Mittelpunkt führenden Wegen bilden den Kern der Circus-Parkanlage. In der Mitte zieht der 19 Meter hohe Obelisk die Aufmerksamkeit auf sich.

Der Marktplatz mit seinen im Rechteck angelegten klassizistischen Bauten ist auf der 500 Meter langen Allee zu erreichen. Auf jeden Fall sollte man vom Circus aus den Schlosspark besuchen. Wir haben beim ersten, eher zufälligen, Besuch von Putbus das Schloss im Park gesucht. Vergebens, denn es wurde abgerissen. Angeblich baufällig, aber man erzählt sich heute noch, es passte nicht zur DDR-Ideologie. Allerdings ist der Park auch ohne Schloss sehr, sehr schön und absolut sehenswert. Die Treppenanlage lässt erahnen, in welcher Größe einst das Schloss dort gestanden haben muss. Der Park ist eine mehrstündige Verschnaufpause wert. Einfach auf der Wiese die Seele baumeln lassen, dann einen Kaffee in der Orangerie trinken, die heute als Ausstellungszentrum dient. Wer nicht das in der Nähe liegende Mausoleum besuchen möchte, weil in diesem gotischen Bau eher eine gedrückte Stimmung vorherrscht, der sollte Richtung Schwanenteich schlendern. Dort können sich Romantiker entfalten, dem Rauschen des Windes in den Bäumen lauschen, Schwäne füttern und in Gedanken ein Schloss bauen. Das Fürst-Malte-Denkmal ist in Sichtweite. Den Marstall, wo das Putbus-Festival stattfindet, erreicht man bei einem Spaziergang um den See. An der Kastanienallee kehren wir ins Affenhaus ein, in dem das Rügener Spielzeug- und Puppenmuseum untergebracht ist. Neben der Schlosskirche empfehlen wir noch den Tierpark, der Hirsche und anderes Wild beherbergt. Das reicht schon für einen guten Tag, aber wer es schafft, sollte noch die Villa Löwenstein besuchen, in der Bismarck weilte. Dort arbeitete er die Verfassung des Norddeutschen Bundes aus.

1819 entstand das hübsche Residenztheater gegenüber der Orangerie. Der klassizistische Bau ist beeindruckend und schon Gerhart Hauptmann wusste es zu rühmen. Ein Besuch der Vorstellungen lohnt sich allemal. Insgesamt hinterlässt Putbus einen außergewöhnlichen Eindruck. Eine Fülle an Kultur, Geschichte und Ostsee-untypischem Flair ist eine überraschende Abwechslung zu allem, was man sonst an der Küste bewundern kann.

Fürst Malte ließ im Ortsteil Lauterbach das erste Badehaus Rügens, das Kaiser-Wilhelm-Bad, errichten. Das Badehaus Fürst Maltes liegt an der Goor und ist der Hammer! Damals badete man nicht einfach so. Man pumpte das Wasser über Holzleitungen in den Tempel, dort wurde es aufgeheizt und dann begab sich die feine Gesellschaft ins Wasser. 18 dorische Säulen tragen den Prachtbau, ein Stück antikes Griechenland an der Ostsee. Muss man gesehen haben, zumal alles bestens restauriert wurde.

Etwa zweieinhalb Kilometer vor der Küste im Rügischen Bodden liegt die Insel Vilm, die auch zu Putbus gehört. Und da es dem Fürsten in seinem Seebad Lauterbach auf der Boddenseite zu wenig Seegang und Wellen gab, trachtete er einst danach, die Badegäste bequem und schnell ins Ostseebad Binz zu bringen. Das er selbstverständlich architektonisch und strukturell mitgestaltete. Ergebnis seines Plans – der Rasende Roland. Eine Schmalspurbahn, die Malte selbst nicht mehr schnaufen hörte. 1895 begann der Bau. Heute dampft sie von Putbus über Binz nach Göhren und zurück.

Stammt irgendetwas in Putbus und Umgebung vielleicht nicht von Fürst Malte? Ja. Ein echter Hingucker und ein besonderes Erlebnis neueren Datums ist das »Haus über Kopf« – ein auf dem Kopf stehendes Haus, das man an der Straße nach Lauterbach findet. Alles hängt an der Decke und das Haus steht auf dem Dach. Geht man durch die Räume, merkt man, wie schnell die Sinne durcheinanderkommen können. Aber hochinteressant ist so eine Erfahrung. Von den Ungewöhnlichkeiten im »Haus über Kopf« erholten wir uns in einem anderen ungewöhnlichen Geheimtipp. Wir kehrten in der berühmten »Nautilus«, dem Unterseeboot Kapitän Nemos, ein. In Neukamp bei Putbus, direkt am Bodden gelegen, hat man die geheimnisvolle »Nautilus« aus dem Roman von Jules Verne einfach nachgebaut. Mit Fantasie und Liebe zum Detail wurden dort Restaurant und Hotel schiffskundig und U-Boot-mäßig eingerichtet. Im Restaurant sitzend, meint man wirklich, sich an Bord eines besonderen Schiffes zu befinden. Einzelne Gastraumbereiche heißen zum Beispiel Offiziersmesse, Kapitänsloge oder Maschinenraum und sind entsprechend ausgestattet. Aquarien und Schiffsparkett, Messingbeschläge und Druckregelventile lassen keinen Zweifel daran, dass man sich an Bord der »Nautilus« befindet. Die angebotenen Gerichte tragen ebenfalls fantasievolle Namen wie zum Beispiel das Captain-Nemo-Steak.

Als absolute Suppenfreaks entschieden wir uns für die Neukamper Fischsuppe. Im Hotelbereich kann man sich übrigens in eine der Kapitänssuiten einmieten oder man meldet sich für eine der geführten Angeltouren an – natürlich mit Kapitän Nemo …

GRUND NR. 59

WEIL DRANSKE DAS »LANDS END« RÜGENS IST UND EIN ORT VOLLER GEHEIMTIPPS

Die Insel Rügen ist ein Insel-Archipel und besteht aus Inseln, Halbinseln und Landzungen. Das beschauliche ehemalige Fischerdorf Dranske liegt im Nordwesten des Insel-Archipels auf der Halbinsel Wittow – die auch Windland genannt wird – zwischen Ostsee und Wieker Bodden. Egal, wo im Ort man wohnt, es sind immer nur höchstens acht Minuten Fußweg bis zum Wasser. Der Ort liegt ziemlich genau im Eingangsbereich zur Landzunge Bug. Und weiter geht es dann auch nicht. Ende der Fahnenstange. Schlagbaum. Umdrehen. Oder eine geführte Wanderung zum Südbug mitmachen, der zum Nationalpark Vorpommersche Boddenlandschaft gehört. Die Wanderung über den Südbug gilt als Insider-Geheimtipp, da die Halbinsel Bug neben viel urwüchsiger und unberührter Natur auch das ehemalige Zuhause der 6. Flottille – eines Schnellbootverbandes der DDR-Volksmarine – war. 1930–45 wurde der Bug als Seefliegerhorst der Deutschen Luftwaffe genutzt und davor war er Stützpunkt der Kaiserlichen Marine und Seefliegerei und ganz weit davor Poststation.

Das gesamte Küstengebiet war während der DDR-Zeit Grenzgebiet und wurde strengstens bewacht und kontrolliert – so patroullierten ständig und am Horizont gut sichtbar die Küstenschutzschiffe auf der Ostsee. Lag doch der Westen so nah und es war nicht nur für die Insulaner gefährlich verlockend sich bei Nacht und

Nebel davonzumachen. Immer wieder schafften es Dransker über die Ostsee zur dänischen Insel Møn. Soviel ich weiß, musste man rudern, weil Metall an Bord, also ein Motor, vom Radar geortet worden wäre und der Motor ja auch hörbar gewesen wäre. Auch schweiften immer wieder Suchscheinwerfer über die See, sodass es für ein gelingendes Fluchtunterfangen wichtig war, dass Nebel herrschte und der Wind aus der richtigen Richtung wehte. Und man brauchte fraglos Muckis, um beim Rudern über die Ostsee nicht schlappzumachen. Wurde man von den Grenzschiffen erwischt, wanderte man im besten Falle in den Bau, im schlechtesten Falle endete man als Fischfutter. Traurig, aber wahr.

Manche Geheimtipps in Dranske bleiben von der Tradition her wirklich geheim und werden auf keinen Fall ausgeplaudert, höchstens mal als Andeutung oder neblige Umschreibung. Man kann es verstehen, braucht doch ein Insulaner seine Rückzugsgebiete vor allem auch während der Saison. Da ich selbst mal in Dranske gelebt habe, weiß ich genau, wovon ich rede, und werde in diesem Punkte stumm sein wie ein Fisch im Wasser – blubbb … Die weniger geheimen und bekannten Geheimtipps gebe ich im Folgenden jedoch gerne weiter.

Dranske und die der Gemeinde zugehörigen Orte wie zum Beispiel Kreptitz, Bakenberg und Nonnevitz, die sich entlang der Küste in Richtung Kap Arkona befinden, sind eigentlich ein richtiges Paradies für Aktivurlauber. Die Region ist Surf- und Segelparadies, Angelparadies, Wanderparadies, Naturparadies, Badeparadies, Schlemmerparadies oder Faulenzerparadies – ganz nach jeweiliger Fasson der dort einflatternden Paradiesvögel. Die Halbinsel Wittow – tosend umspült von der Ostsee und zart beplätschert vom Wieker Bodden – hat nicht nur das berühmte Kap Arkona vorzuweisen, zu dem jährlich Hunderttausende pilgern, sondern eine wunderschöne und ruhige Insellandschaft, die gleichsam das Kontrastprogramm zu Touristenhochburgen wie Binz bildet. Wandervögel können auf den Hochuferwanderwegen oder unten am

Strand ungestört und ausgiebig ihrer Bewegungsleidenschaft frönen. Und zwar meistens bei Wind! Darauf sollte man vorbereitet sein auf Windland, wie Wittow ja auch heißt. Selten sind die windlosen Momente dort an der Nordwestküste Rügens. Für die Badeparadiesvögel haben wir gleich einen Tipp – den wirklich schönen Badestrand am Bakenberg. Ein Geheimtipp ist der hauptsächlich Badeinsidern bekannte schöne und feinsandige Nordstrand bei Schwarbe/Varnkevitz. Nun kennt ihn auch der Leser – ups! Segler, Surfer und Angler finden reichlich Betätigung und Entspannung sowohl auf der Ostsee als auch im Wieker Bodden. Dranske ist dabei Anlaufstelle, Aktivposten und Info-Point. Die dort direkt am Boddenstrand ansässige Surf-, Segel- und Kite-Schule, die sich schon vor vielen Jahren einen Namen gemacht hat, richtet jährlich den Wettbewerb um den Windland-Surf-Pokal aus. Vom Schiffsanleger im Dransker Hafen gehen übrigens Fähren nach Hiddensee, Wiek und Stralsund.

Ein absoluter, geheimer Geheimtipp und eine Rarität ist der »Schifferkrug« im Dransker Ortsteil Kuhle. Das frisch renovierte und schicke kleine Rohrdachhaus, direkt in einer Straßenkurve Richtung Dranske liegend, wurde den Quellen zufolge erstmals 1455 als Ausschankstätte erwähnt und soll somit die älteste auf Rügen dokumentierte Kneipe sein. Dort wird regionale Küche wie zum Beispiel Mecklenburger Rippenbraten serviert und natürlich Fisch. Gleich gegenüber, auf der anderen Straßenseite, befindet sich der kleine Boddenhafen Kuhle und dort im Hafengebiet der während der Saison meistens überfüllte Imbissstand »Schreiber's Fisch-Imbiss« – unser nächster Geheimtipp. Neben frisch Gefangenem gibt es frisch Geräuchertes wie Aal oder frisch Gezapftes wie Bier.

Wenn es um Fisch geht, ist die Fischgaststätte der Familie Gräfenhain »Zum Anker« in Dranske nicht zu vergessen. Gut zu finden, Hauptstraße Richtung Bug, auf der rechten Straßenseite nach der Kreuzung. Lecker Fischsuppe, frischer Fisch in allen Variationen und gutbürgerliche regionale Küche – das hat man sich auf die Küchenschürzen und hinter die Kochlöffel geschrieben. Von sich selbst sagt das »Anker«-Team, dass es bestrebt ist, dem Gast »alle Wünsche von den Augen abzulesen« – das ist doch mal ein Service, oder? Im gemütlichen maritimen Ambiente des »Anker« weiß man auch nach einem Köm zu viel immer ganz genau, wo man ist – an der See. »Eines unserer Ziele ist es, zum Geheimtipp für Liebhaber von frischem Fisch auf der Insel Rügen zu werden«, sagt die Chefin und der Chef nickt dazu. Wir meinen – jawohl –, Geheimtipp-Status erreicht!

So, welchen Geheimtipp haben wir noch vergessen, wenn es um das Thema Fisch geht? Brat-Aal! Eine Delikatesse, die an der Ostsee leider nicht so oft anzutreffen ist wie der Räucher-Aal. Und hier noch ein (möglicher) Geheimtipp. 1314 wurde der Ort erstmals urkundlich erwähnt – da steigt 2014 bestimmt eine 700-Jahr-Party. Ich schreibe auch gerne etwas über den Schwarzdorn im Dransker Wappen … – Text ist schon so gut wie fertig!

GRUND NR. 60

WEIL DIE ALLEEN RÜGENS EIN LANDSCHAFTSTRAUM SIND

Zu den Naturschönheiten Deutschlands und der Ostseeregion gehören auch die Alleen. Klingt groß, ist aber wirklich so. Man sieht die Postkutschen vergangener Zeiten förmlich ins Unendliche fahren, denn viele der Buchen- und Kastanienbäume wurden bereits zur Postkutschenzeit angepflanzt, damit Reisende und Fuhrleute nicht ständig der Sonne ausgesetzt waren. So entstanden die Alleen quer über die Sonneninsel Rügen entlang der wesentlichsten Hauptreise- und Transportstrecken, zum Beispiel zu Häfen und Seebädern. Alleen entstehen immer auch für die Generationen danach. Sie sind unser Erbe, das zu pflegen und zu bewahren ist. Was im Frühjahr herrlich blüht, im Sommer kühlt, im Herbst zum Indian Summer mutiert und selbst im klirrenden Winter nackt und bloß dastehend den Weg weist, ist ein Stück deutsche Landschaftskultur geworden.

So überlegten wir dann auch schwer hin und her, welche der schönen Alleen wir nun entlangfahren wollten. Unterwegs kamen wir dann ganz klar zu einer Entscheidung. Mit den Alleen ist es wie mit der Romantik, man kann sie nicht beschreiben, ohne sich in den Schwärmereien ständig zu wiederholen. Ob auf Rügen oder Usedom, ob es nun um die Schmidt-Rotluff-Allee in Sierksdorf, die Rotbuchenallee in Glücksburg oder die Linden-Festonallee auf Schloss Bothmer geht – alle Alleen haben etwas Emphatisches für den Menschen. Aus rein nutzbringenden Gründen ließ übrigens auch Napoleon Bonaparte an strategisch wichtigen Stellen in Europa Alleen anlegen, um seine marschierenden Truppen vor der Sonne zu schützen. Heute sprechen auch andere rationale Gründe für die Baumreihen. Greifvögel und insektenfressende Vögel sorgen für eine umweltfreundliche Schädlingsbekämpfung in den Alleen.

Auf Rügen gibt es imposante Alleen zwischen Putgarten und Altenkirchen, zwischen Hagen und Sagard, zwischen Vieregge und Kluis und zwischen Sellin und Stralsund. Wir empfehlen nun folgende grüne Baumspalierstrecke, die wir persönlich als sehr schön empfanden.

Die Deutsche Alleenstraße führt von Nord nach Süd quer durch das ganze Land, von Arkona bis an den Bodensee. Wir fahren auf der bekanntesten Rügener Allee, der sogenannten »Alten Bäderstraße«, die vom Ostseebad Sellin nach Stralsund führt. Das Biosphärenreservat Südost Rügen verlassen wir auf der B 196 Richtung Lancken-Granitz, vorbei an Putbus und Garz. Zwischen Kasnevitz und Garz säumen Krimlinden auf rund drei Kilometern die Alleenstraße. Eine in Mittel- und Nordeuropa äußerst selten anzutreffende Baumart. Die ältesten Rotbuchenalleen findet sich zwischen Kiekut und Zirkow und von Karow nach Kiekut. Sie sind knapp 100 Jahre alt. Da seit Jahren Neupflanzungen vorgenommen werden, meistens Berg- und Spitzahorn, die am stabilsten auf die Witterung reagieren, schließen sich auch viele entstandene Lücken in den Alleen. Wir hoffen, dass der oben genannte Baumbestand noch der heute tatsächlich existierende ist, denn viele Bäume wurden trotz massiven Bürgerprotestes inzwischen gefällt, weil sie Straßenbauvorhaben weichen mussten …

Das teils noch historische Kopfsteinpflaster der Landstraßen erinnert automatisch daran, dass man etwas langsamer fahren und die Natur genießen sollte und dass die Natur ihren Langzeitwert auch mal auf holprige Art deutlich zum Ausdruck bringen darf – auch durch Kopfsteinpflaster. Weiter geht es nun nach Poseritz und Gustow Richtung Stralsund, um schließlich über die alte Rügendammbrücke oder die neue Rügenbrücke die Insel zu verlassen. Das Autodach weit geöffnet, atmen wir noch einmal ganz tief ein und sagen den dunkelgrünen Rügener Blättertunneln ade!

KAPITEL VII

EIN KLEINES LOGBUCH MIT LIEBESERKLÄRUNGEN – ALLEN VORAN DAS OSTSEEWELLENLIED

WIE SEHNSUCHT UND LIEBE POESIE ENTSTEHEN LASSEN – HIER KOMMEN AUCH GÄSTE ZU WORT

GRUND NR. 61

WEIL DAS »OSTSEEWELLENLIED« DIE BEKANNTESTE LIEBESERKLÄRUNG AN DIE OSTSEE IST

Liebeserklärungen an die Ostsee gibt es so viele wie Sand am Meer oder vielleicht auch so viele, wie es je Seemänner gab? Je unerreichbarer etwas erscheint, umso stärker wird der Sog hin zum Objekt der Begierde – in diesem Falle zur Ostsee. Von den Liebeserklärungen an das weite Meer und die frischen Winde ist das Lied *Wo die Ostseewellen trecken an den Strand* – das auch als *Ostseewellenlied* oder mit leicht verändertem Text als *Nordseewellenlied* und *Friesenlied* bekannt wurde – die wohl berühmteste Liebeserklärung an die See und die Landschaft. Wie es bei Liebesgeschichten aber so ist, ist auch eine traurige Geschichte mit diesem Lied verbunden, die wir dem Leser nicht vorenthalten wollen.

Der Text stammt von der vorpommerschen Heimatdichterin Martha Müller-Grählert (1876 in Barth geboren und 1939 in Franzburg gestorben). Er wurde erstmals 1907 als Gedicht *Mine Heimat* in ihrem Erzählband *Schelmenstücke* veröffentlicht. Zur damaligen Zeit lebte sie in Berlin und war Redakteurin beim *Deutschen Familienblatt.* Der gelernte Schreiner und spätere bekannte Komponist Simon Krannig schrieb kurze Zeit später eine Melodie im Walzertakt zum Gedicht *Mine Heimat.* In dieser Vertonung wurde es dann auch am bekanntesten, obwohl im Laufe der Zeit noch andere Vertonungen hinzukamen. 1910 erschien es als zweistimmiges Kunstlied in Schondorfs Verlag zu Braunschweig und 1911 fand es Aufnahme ins *Plattdütsch Leederbook* unter dem Titel *Sehnsucht nach der Heimat* zur Melodie des Liedes *Freiheit, die ich meine.* Sodann fehlte es in keinem Liederbuch mehr und seit den 1930er-Jahren setzte sich die Krannig-Komposition mit dem Walzerrhythmus durch. Das im Text leicht veränderte Lied verbreitete sich dann zuerst bei den Nordfriesen und wurde das erste Heimatlied der schleswig-holsteinischen Friesen – das dort *Nordseewellenlied* oder auch *Friesenlied* heißt. Über Helgoland bis nach Ostpreußen verbreitete es sich, am wenigsten gesungen wurde es jedoch in der Heimat der Dichterin, in Vorpommern. Das Heimweh- und Sehnsuchtsgedicht, das sie in der Ferne über die Heimat geschrieben hatte, war zu einem Hit geworden, der sich in den kommenden Jahrzehnten noch weltweit verbreiten sollte. Tantiemen erhielten sie und Krannig zu Lebzeiten keine – obwohl die Dichterin fast 30 Jahre lang um die Urheberrechte kämpfte und darüber wirtschaftlich verarmte.

Der Einzige, der damals lange Zeit mit dem Lied Geld verdiente, war der aus Detmold stammende geschäftstüchtige Postkartendichter und spätere Verleger Friedrich Fischer-Friesenhausen. Er veränderte den Originaltext von *Mine Heimat* und machte das Lied als *Nordseewellenlied* bekannt. Er verlegte Text und Musik unter verschiedenen Titeln und gab im Friesen-Verlag Partituren eigener Bearbeitungen von Originaltext und Krannig-Melodie heraus. 1922 konnte sich Fischer-Friesenhausen gar die Musikrechte am Lied *Wo die Nordseewellen trecken an den Strand* sichern.

Dieses ist die traurige Geschichte hinter dem inzwischen weltweit gesungenen Heimatlied. Der Text wurde entsprechend den Landschaften umgedichtet, die Herzen anrührende Melodie im Walzertakt jedoch beibehalten – sei es in den Dolomiten oder in Afrika. Ja, auch dort wird diese Melodie gesungen und in noch anderen Ländern, mit jeweils regional passend gemachtem Text. Der Kinofilm *Heimat im Meer* (1934) machte das Lied als *Filmlied von der Halligwelt* so populär, dass es von den Rundfunksendeanstalten als Hit ständig gespielt wurde. Auf Vergnügungsdampfern wurden die Gäste schon beim Empfang an Bord mit dem Lied begrüßt.

Der jahrelange, zermürbende Kampf von Martha Müller-Grählert um die Anerkennung ihrer Urheberrechte und die damit zusammenhängenden Tantiemen, die ihr ein gutes Auskommen gebracht hätten, führte sie in höchste Not und Krankheit. Erst im

Jahr 1936 wurden ihr und dem Komponisten Krannig die Urheberrechte zugestanden. Ehe jedoch das Urteil rechtskräftig wurde, verstarb Martha Müller-Grählert 1939 verarmt und fast erblindet im Kreisaltenheim Franzburg bei Stralsund. Ihr Grabkreuz befindet sich auf dem Zingster Friedhof und trägt die Inschrift »Hier is mine Heimat, hier bün ick to Hus«.

Es gibt wohl niemanden, der dieses im vorpommerschen Platt verfasste Lied nicht schon einmal gehört hat und es nun vielleicht auch gerne einmal mitsingen möchte. Für diesen Zweck nun hier der Text:

MINE HEIMAT

Wo de Ostseewellen trecken an den Strand,
wo de gäle Ginster bleucht in'n Dünensand,
wo de Möven schriegen, grell in't Stormgebrus,
dor is mine Heimat, dor bün ick to Hus.

Well- un Wogenrunschen wier min Weigenlied,
un de hogen Dünen seg'n min Kinnertied,
seg'n uck all min Sehnsucht un min heit Begehr,
in de Welt tau fleigen öwer Land un Meer.

Woll het mi dat Läben dit Verlangen stillt,
het mi allens gäben, wat min Hart erfüllt,
allens is verswunnen, wat mi quält un drew,
hew nu Fräden funnen – doch de Sehnsucht blew.

Sehnsucht na dat lütte, stille Inselland,
wo de Wellen trecken an den witten Strand,
wo de Möven schriegen grell in't Stormgebrus,
dor is mine Heimat, dor bün ick to Hus.
(Martha Müller-Grählert, 1907)

GRUND NR. 62

WEIL DIE FARBEN DES OSTSEELANDES IM »MECKLENBURGER HEIMATLIED« BESUNGEN WERDEN

Zum deutschen Liedgut an der Ostseeküste gehören neben dem *Ostseewellenlied* auch das *Mecklenburger Heimatlied*, das auch als Nationalhymne der Mecklenburger gilt, sowie das sehnsuchtsvolle *Pommernlied*. In liebevollen Versinhalten drückt sich die tiefe Verbundenheit zur Heimat und zur Natur aus. Den Text des Mecklenburger Heimatliedes (Verfasser konnten wir leider nicht finden) möchten wir nun hier vorstellen. Das gesungene Lied kann man im Internet anhören und mitschunkeln, Texter und Komponist konnten leider nicht ermittelt werden, sind vermutlich unbekannt.

MECKLENBURGER HEIMATLIED

Wo die grünen Wiesen leuchten weit und breit,
wo die Ähren wogen in der Erntezeit.
Wo die Kiefernwälder steh'n am Ostseestrand,
da ist meine Heimat, Mecklenburger Land.

Wo das Bauernhaus auf weiten Feldern steht,
wo die Dorfkapelle treu die Stunden schlägt.
Wo des Försters Hütte steht am Waldesrand,
da ist meine Heimat, Mecklenburger Land.

Wo der Bauer schafft den lieben langen Tag,
wo der Jäger in den tiefen Wäldern jagt.
Wo der Fischer fischt mit seiner starken Hand,
da ist meine Heimat, Mecklenburger Land.

Dieser Heimatfriede ist so wunderschön,
nirgends auf der Welt kann es was Schön're geb'n.
Von den Kiefernwäldern bis zum Ostseestrand,
lieben wir die Heimat, Mecklenburger Land.

Und um die schwelgerische Stimmung nicht gleich wieder loszulassen, hier noch die von Renate Petra reimerisch verbundenen markantesten Farbtupfer für Ostseeträumereien:

DIE FARBEN DES OSTSEELANDES

Blaues Meer und blauer Himmel,
blaue Jungs und Strandgewimmel,
weiße Wolken, weißer Strand,
Düfte, die ich nie gekannt …

Golden schimmert Sonnenlicht,
silbrig gleißen Wellenkämme,
Gischt und Möwen tanzen wirbelnd,
über jeder Ostseewelle …

Gelb der Raps im Felde steht,
gelber noch der Ginster blüht,
roter Klatschmohn leuchtend schön,
bunte Blumen am Wege steh'n …

Blau die Kornblumen im Weizenfeld,
pinkrote Wildrosen – die schönsten der Welt,
orangener Sanddorn und grüne Wiesen,
die schönste Natur zum freien Genießen!

Ein Spitzensong der allerneuesten Zeit, garantierter Ohrwurm und Mitschunkler ist der Rügen-Song *Der liebe Gott muss ein Rüganer sein* von den Berliner Evergreen Brothers. Leute, hört euch den im Internet bloß an, sonst habt ihr wirklich was verpasst! Er hat das Zeug zur Rügenhymne, das meinen nicht nur wir!

GRUND NR. 63

WEIL SEHNSÜCHTE UND LIEBESERKLÄRUNGEN ANSTECKEND SIND

Wir schwelgen selbst noch in den Erinnerungen an unseren letzten Ostseeurlaub, da flattern uns per E-Post schon wieder die schönsten zu Papier gebrachten Schwärmereien zu. Träumerisch die eine, sehnsuchtsvoll die andere, freudig erregt oder erleichtert – die ganze Bandbreite von übermütig Gereimtem oder kunstvoll Gedichtetem liegt hier nun ausgebreitet. All das zu Papier Gebrachte ist tiefste Wahrheit, ist höchstes Glück. Eine Auswahl ist zu treffen. Wir fangen an mit Anna Freud, der Tochter Sigmund Freuds, die 1930 auf der Insel Hiddensee in wenigen Worten ihre Empfindungen auf den Punkt brachte und damit – wohl auch heute – direkt den Nerv getroffen hat:

»Jetzt weiß ich ganz genau, was mir die ganze Zeit gefehlt hat: eine Insel. Schon zwei Tage Insel haben mich ganz gesund gemacht und jetzt bin ich wieder so bei mir, dass ich gar nichts mehr von mir zu wissen brauche. Das ist das Beste – Hiddensee ist ein wirkliches Paradies … Eine Vereinigung von allem, was schön ist, auf einem kleinen Fleck und dazu Luft und Wind und Sonne und Freiheit.«

Den Albtraum einer unerfüllten See-Sucht hat Renate Petra folgendermaßen zu Papier gebracht:

EIN TRAUM

Mit Freude im Herzen lässt sich alles verschmerzen,
und ist man am Meer, klappt's noch besser.
Die Wellen plätschern, die Brandung braust,
der Kopf wird frei, das Haar durchzaust,
ich stürze mich in Gischt und Fluten,
mein Herz ist frei nun, muss nicht mehr bluten.
Doch ach!
Ein Traum nur war's …
Mit dunklem Blick erwache ich.
Das Herz gefangen, die Seele schwer.
Gott schickte mich an diesen Ort hier,
doch warum komm ich nicht mehr fort hier?
Zu lang schon bin ich hier und weiß –
zu groß war mir des Lebens Spiel,
es reichte für drei, für eins war's zu viel.

Nach dieser kleinen Traurigkeit geben wir auf den folgenden Seiten zur »Stimmungsmache« für die Ostsee nur noch Schönes und Erhebendes weiter, Liebeserklärungen von Freunden, die uns während der Arbeit an diesem Buch erreichten. Bestimmt werden beim Lesen Erinnerungen wach oder die gleichen Sentimentalitäten angezupft. Bitte begeben Sie sich hinein in die Schwärmereien und Erinnerungen von Ostseefans, denen die Ostsee ein lebendiger Lebenslotse ist. Wir sagen ganz herzlich danke für eure Liebeserklärungen, die unser 111-Gänge-Ostseeliebe-Menü mit Sahnehäubchen bekrönen.

GRUND 64

WEIL RÜGEN MICH IMMER WIEDER ZUM MALEN VERFÜHRT

Es ist Mittagspause, 20 Minuten habe ich noch. Ich liege neben der Werkhalle im Grünen zwischen Baugeröll und Gänseblümchen und schaue in den blauen Himmel den entstehenden weißen Wolken zu, wie sie nach Norden ziehen Richtung Meer. Wie weit ist es eigentlich entfernt? Vielleicht 500 Kilometer? Kann sein. Mich packt eine starke Sehnsucht nach der Ostsee, nach Meer, klarer Seeluft, Sandstränden, Kreidefelsen, Weite, Wellen, Stürmen. Woher kommt plötzlich dieses Verlangen? Es wird immer stärker. Dabei war ich in meinem Leben erst einmal an der Ostsee und das als Kind. Dennoch weiß ich, dort will ich hin, komme, was da wolle. Aber noch bin ich ein Lehrling, wohne in der Lausitz und bin dem Ruf gefolgt: Frauen in Männerberufe. Kein Traumberuf, wahrlich nicht – Werkzeugmacherin. Ich möchte ihn nur erlernen, nicht darin arbeiten. Später lerne ich etwas anderes. Ich will Malerin werden. Doch der Weg bis dahin ist weit, steinig und ab und zu verlaufe ich mich, komme ab vom Weg …

Ich fahre im Urlaub auf die Insel Rügen. Der Zufall will es, dass mein damaliger Freund dort arbeitet. Wir kennen uns seit der Kindheit, er ist aus meinem Dorf. Ist es ein Zufall? Wir heiraten, ich ziehe zu ihm an die nördlichste Stelle der Insel Rügen und bekomme zwei Söhne. Unsere Wohnung ist im Neubaublock, vierter Stock, 200 Meter vom Meer entfernt. Jetzt sehe ich jeden Tag das Meer und den Himmel. Nie sind sie gleich, immer ändern beide ihre Farben. Ich kann Hiddensee sehen. Es ist nur wenige Seemeilen entfernt und der Leuchtturm blinkt mir jeden Abend zu. Nur bei dichtem Nebel brüllt das Nebelhorn. Bei gutem Wetter sehe ich die Kreidefelsen der dänischen Insel Møn. Manchmal gibt es eine Luftspiegelung und ich sehe sie dann doppelt so groß. Jeden Tag schaue ich in diese Richtung. Sind sie zu sehen oder nicht? Was für

Sonnenuntergänge habe ich oft von meinem Fenster beobachtet – das kann man nicht erfinden, das muss man erleben. All das hat mich auch geprägt. Manchmal regnet es wochenlang. Ein diffuses Licht kommt von Richtung Meer, der Horizont ist nicht mehr zu sehen. Ich erkenne nur ein bisschen Strand. Wenn man oberflächlich schaut, ist alles grau. Aber es ist nicht grau. Es schimmern violette, gelbe, blaue und grüne Töne durch. Ich nehme mir die Zeit und lerne das Sehen der Farben. Die Natur rückt die Zwischentöne so schnell nicht raus. Man muss sich anstrengen, Zeit nehmen, geduldig sein. Was für ein Glücksempfinden habe ich, wenn ich wieder neue Farben entdecke. Ich male viel.

Ich habe mich der Arbeitsgemeinschaft »Bildende Kunst« angeschlossen. Wir treffen uns regelmäßig und vertiefen unser Lernen in Kursen an der Hochschule für Grafik und Buchkunst in Leipzig. Pleinairs führen wir an der Ostsee durch. Dieser Landstrich ist meine Heimat geworden. Ich liebe diese Insel mit ihren so unterschiedlichen Landschaften. Rügen hat das Raue der Nordwestküste, die weichen Hügel von Mönchgut, die hohen Kreidefelsen, das Flache der Boddenwiesen und Felder, die Buchenwälder und die Sand- und Naturstrände. Noch jetzt gibt es in der Hochsaison einsame Stellen, die der Urlauber nicht kennt. Auch ich muss mich disziplinieren, um nicht vom Alltag aufgefressen zu werden, keine Zeit mehr zu finden für diese Naturschönheiten. Doch ich schaffe es.

Einen richtigen Frühling gibt es im rauen Norden nicht, dafür sorgt das Meer mit seinen eigenen Gesetzen. Für mich sind Strand und Meer alles, Freund, Gefährte, Therapeut, aber auch der warnende Zeigefinger, nicht leichtsinnig zu sein. Besonders liebe ich die morgendlichen Spaziergänge am Meer. Sie klären in mir vieles. Die Abendspaziergänge wiederum faszinieren durch die Farbigkeit von Himmel und Meer. Sie geben mir das Rüstzeug für mein kreatives Sein. Warum sitzen Urlauber bei Sonnenuntergang am Hochufer oder am Strand und sind kaum ansprechbar? Weil sie das Naturschauspiel vom brennenden Verschwinden der Sonne am Horizont des Meeres nicht verpassen wollen und das als etwas Einmaliges empfinden oder die Einsamkeit genießen. Mascha Kaléko sagte einmal: »Man braucht nur eine Insel allein im weiten Meer. Man braucht nur einen Menschen, den aber braucht man sehr.« Stimmt und wieder auch nicht. Ich brauche mehr Menschen. Meine liebe Familie und meine Freunde, wie wichtig sie doch für mich sind … Was hatte ich auch schon für schöne Gespräche mit Besuchern in meiner kleinen Ateliergalerie. Es sind unverhoffte Begegnungen mit interessanten Menschen und wertvollen Gesprächen, die mich bereichern, aber auch erstaunen lassen! Menschen, die im Urlaub sind, können sich eher fallen lassen, erzählen Persönliches, über das sie vielleicht sonst mit Fremden nie reden würden. Sie sind weit weg von ihren Alltagsproblemen. Das merke ich auch immer wieder bei meinen Kursteilnehmern, die zu Malwochen auf Rügen weilen. Ich zeige ihnen die wunderschöne Insel, wir fahren jeden Tag an einen anderen Ort, um zu malen, und am Ende der Woche sehen sie Farben, von denen sie anfangs nichts geahnt hatten. Wer neugierig geworden ist und meine Malerei kennenlernen möchte, der findet meine Kurstermine im Internet unter ruegen-akademie.de oder er trifft mich in der Regel von Montag bis Samstag in der Zeit von 10 Uhr bis 12 Uhr in meiner kleinen Ateliergalerie im blauen Holzhaus in der Neuen Straße 2a in Altenkirchen, auf dem Weg zum Kap Arkona gelegen, an. Am besten vorher anrufen (Tel. 038391-595 oder Handy: 0171-1744595), damit die Fahrt nicht umsonst ist, denn ich bin so oft wie möglich draußen zum Malen unterwegs.

Meine Ateliergalerie ist klein und sie hängt voller Bilder, die auf Rügen entstanden sind, und zu jedem Bild kann ich kleine Geschichten erzählen. Einmal rief mich meine langjährige Malerfreundin Gudrun an: »Hanne, komm, wir gehen an die Kreideküste malen. Ich backe auch Plinsen.« Wie? Hatte ich mich verhört, Plinsen an der Steilküste backen? Ich nahm vorsichtshalber selbstgemachtes Apfelmus mit. Bepackt mit Malzeug, Staffelei, Mappe und Decke stapften wir an der Kreide entlang. Dort, wo uns das Motiv besonders gut gefiel und die Steilküste uns nicht gefährlich erschien, ließen wir uns nieder. Wir malten stundenlang, dann eine Pause. Meine Freundin packte einen kleinen Kocher aus, Spiritustabletten, ein Pfännchen, Öl und die vorbereitete Masse. So saßen wir bei Meeresrauschen, Möwengekreisch, Seetang-Geruch und Sommerwärme an den uralten Kreidefelsen, buken Eierplinsen, und verspeisten diese samt Apfelmus mit unendlichem Appetit und Hochgenuss inmitten unserer gemalten Bilder. Kann es etwas Schöneres geben? Dazu muss man nicht reich sein.

(Hanne Petrick, Altenkirchen, Insel Rügen)

GRUND NR. 65

WEIL DIE SPRACHE DES MEERES MIT DEM HERZEN VERSTANDEN WIRD

Es ist wieder so ein Tag. Mein Kopf ist voller ungeordneter Gedanken und Probleme und ich habe für sie keine Lösung. Ich gehe zum Strand. Eine frische Brise empfängt mich. Ich laufe wie immer ganz dicht am Wasser und atme tief durch. Vor meinem Blick liegt die See. Unendlich weit ist das Wasser. Keine Begrenzung so weit das Auge reicht. Ich laufe und laufe und auf einmal erwecken andere Dinge meine Aufmerksamkeit. Millionen von Kieselsteinen bedecken den Strand und keiner gleicht dem anderen. Ich halte inne und betrachte sie. Oh, welchen besonders hübschen nehme ich mit? Endlich fällt die Entscheidung auf drei von mir auserwählte. Ich laufe weiter und mein Blick bleibt an ein paar Möwen hängen, die wie kleine Boote auf den Wellen schaukeln. Federleicht gleiten sie dahin. Wie auf ein Kommando schwingen sich alle auf einmal mit lautem Gekreische in die Luft, um sich sogleich wieder ins Wasser zurückzustürzen. Ruhig und gelassen reiten sie wieder auf den Wellen. Ich gehe der untergehenden Sonne entgegen und ziehe kräftig die Seeluft in die Lungen. Und dabei habe ich das unbeschreibliche Gefühl, eins mit der Natur zu sein. Es wird Zeit umzukehren. Die ausrollenden Wellen haben meine Fußspuren weggeleckt, so als wäre ich niemals hier entlanggegangen.

Was ist passiert? Mein Kopf ist plötzlich leicht und frei. Alle Sorgen sind fort. Wind und Wasser haben alle unnötigen Gedanken mit sich genommen. Leichten Schrittes verlasse ich den Strand und jetzt weiß ich, was zu tun ist. Dankbar blicke ich zur Ostsee zurück.

(Roswitha Meinl, Leipzig)

GRUND NR. 66

WEIL ES NICHTS SCHÖNERES GAB, ALS MIT DEM WOLGA AN DIE OSTSEE ZU FAHREN

Nostalgie ist herzerwärmend. Tut der Seele gut. Schöne Erinnerungen erneuern in uns Glücksgefühle von einst. DDR 1977. Etwas nahezu Unfassbares ist passiert. Wir fahren in den Sommerferien an die Ostsee! Das musste noch geheim bleiben, denn der Neid aller Nichtfahrer – und das waren 90 Prozent aller Einwohner – ist uns gewiss. Die Vorbereitungen geschehen schon eine Woche vorher im Verborgenen. Nur beim Fittmachen unseres »Wolga« – eine alte, ausgemusterte, russische Bonzenlimousine – ist das leider nicht möglich. »Wieso liegt der Günter seit Tagen unter dem Auto?«, fragen sich die Nachbarn. Und jetzt wäscht und putzt er es auch noch! Es nützt nichts, wir müssen Farbe bekennen und da geht das Misstrauen erst richtig los. Ostsee!!?? Die unausgesprochenen Verdächtigungen stehen den Fragenden gleichsam ins Gesicht geschrieben – Parteigenosse? Stasi? Fluchtversuch? Woher haben die solche Beziehungen? Eine spontane Einladung zum Bier und die Beschreibung der Ferienunterkunft und der Entfernung von dort bis zum Wasser machen unsere Fast-Feinde wieder zu uns beinahe bemitleidenden Freunden.

Endlich ist es so weit. Vater, Mutter, Kind, Gepäck und das Allerwichtigste, nämlich Proviant für zwölf Tage – Konserven, Wurst, Schmalz, Tee, Kaffee und belegte Brote für die Fahrt – werden verstaut. Und dann setzt sich Mobby Dick, so nennt das Kind unseren Wolga, geräuschvoll in Richtung Ostsee in Bewegung. Die schwere Maschine rauscht, der Auspuff dröhnt. Immerhin sind es 550 Kilometer bis zu unserem Ferienziel. Das Kind nervt: »Wie lange noch, Papa?« Und das 30 Kilometer hinter Leipzig! Wir müssen anhalten – auf der Autobahn – das Kind muss sich übergeben. Kein Wunder beim Zustand der Stoßdämpfer und der Fahrbahn! Und bei dem Tempo! Immerhin fahren wir 90, das war offensichtlich viel zu schnell. Mehr als 100 waren sowieso nicht erlaubt. Die Mutter fährt nun, sie hält am nächsten Rastplatz aber schon wieder an, bleich im Gesicht und mit Schweißperlen auf der Stirn. Sie hat das Gefühl, den großen Schlitten nicht richtig in der Spur halten zu können, und vermutet insgeheim, dass es womöglich auch Spätfolgen von der Abschiedsfete mit Freunden am Abend zuvor sein könnten. Der Vater übernimmt wieder das Lenkrad und hofft, dass die von ihm neu eingebaute Lichtmaschine wenigstens bis Rostock an ihrem vorgesehenen Platz bleibt. Und sie bleibt. Ein Wolga ist unverwüstlich.

Nach sieben Stunden Fahrt ist das ersehnte Ziel erreicht. Wir fallen uns in die Arme und sind auch immer noch glücklich bei der Besichtigung unseres Feriendomizils. Eine einfache Gartenlaube, ohne fließendes Wasser, Herzhäuschen – also das Plumpsklo – um die Ecke. Das Kind will unbedingt gleich noch ans Meer. Wir fahren nochmals 30 Kilometer und stürzen uns übermütig ins Wasser, schreien, toben und sind überglücklich. Aber nur bis zu dem Moment, als uns der Hunger zu piesacken beginnt. Es ist 18 Uhr und Abendbrotzeit. Wir suchen eine Gaststätte. Es ist nur eine einzige zu finden, alle anderen sind nur für FDGB-Urlauber, nicht für uns. Vor der Gaststätte mit dem wenig einladenden Namen »Otto Schmiergall« steht eine unendlich lange Schlange, die auf Einlass wartet. Nach 45 Minuten kommt die Durchsage: »Küchenschluss!« Also zurück in die Gartenlaube und Schmalzstullen geschmiert.

Trotz der heute unvorstellbaren Zustände damals in der DDR hätten wir mit niemandem tauschen wollen. Die Ostsee hat bis heute für uns ihren einzigartigen Reiz behalten. Jetzt ist die Unterkunft für uns ein Viersternehotel mit allem, was man glaubt zu brauchen. Der Zauber der Ostsee hält uns noch immer in seinem Banne und wir genießen sie wenigstens einmal im Jahr.

(Roswitha Meinl, Leipzig)

GRUND NR. 67

WEIL DER WAHLBERLINER BERND EINE GROSSE BADEWANNE BRAUCHT

Ich bin eine Wasserratte und sie ist immer da – die Ostsee. Nicht so wie die Nordsee, die mal da und mal weg ist. Geboren bin ich 1963 in Stralsund mit Blick auf den Strelasund und die Insel Rügen. Dieser Ausblick muss mich wohl schon als Baby geprägt haben und die Ostsee habe ich sozusagen mit der Muttermilch in mich aufgesogen. Aufgewachsen bin ich in einem gemütlichen Massivholzhaus, von dem es nur 100 Meter Fußweg zum feuchten Nass waren. Das Abenteuer Ostsee begann für mich erst mit vier Jahren so richtig, als wir von Stralsund auf die Insel Rügen zogen. Die Fahrt war lang und endete am äußersten Ende der Insel, wo sich Fuchs und Hase Gute Nacht sagen. Auf der einen Seite war der Wieker Bodden und auf der anderen die Ostsee und man hatte einen ursten Blick auf die Nordspitze der Nachbarinsel Hiddensee mit dem Leuchtturm. Auf Rügens Halbinsel Wittow lebt man mit und vom salzigen Nass. Die DDR-Volksmarine hatte dort die 6. Flottille stationiert und Fischerei gab es auch. Wichtig war natürlich auch die Landwirtschaft. Die gelb wogenden Kornfelder, in denen man dem Gesang der aufsteigenden Feldlerche so toll lauschen konnte, werde ich nie vergessen. Ja, ein Ostseeromantiker war ich schon im zarten Alter. 2012, 40 Jahre später, bin ich extra einmal mit dem Fahrrad auf Rügen getourt, um mir diese Glücksmomente zurückzuholen. War aber gar nicht so einfach, wie ich dachte. Ganz vieles hat sich geändert. Wohl auch die Aufzucht, Hege und Pflege von Kindern. Heutzutage gibt es für alles DIN-Normen, die eingehalten werden müssen. Wenn ich da an meine Kinder- und Jugendzeit an der Ostsee zurückdenke, dürften wir heute eigentlich gar nicht mehr unter den Lebenden weilen. Uns war keine Steilküste zu hoch, kein Wasser zu tief und kein Sturm zu stark. Im Winter gingen wir erst nach Hause, wenn die Finger und Zehen vor Kälte schon anfingen abzusterben. Heute ziehe ich meinen Nutzen aus den Abhärtungen und gehe zum Winterbaden in der Ostsee. Darüber berichte ich etwas mehr in meiner nächsten Liebeserklärung.

Meine Sehnsucht nach der Weite der Meere wurde vom täglichen Anblick der Ostsee und des Boddens stetig genährt, sodass ich von Beruf Hochseefischer werden wollte. Bis kurz nach der Wende konnte ich mir diesen Traum auch erfüllen. Dann wurde unser Kombinat, wie viele Betriebe im Norden der ehemaligen DDR, »abgewickelt«. Der lieben Arbeit wegen musste ich meine geliebte Ostsee verlassen und ich bin nun schon seit 22 Jahren Hauptstädter. Zum Glück ist ja die Ostsee die große Badewanne der Berliner und somit bin ich noch immer dicht dran. Hier in Berlin hat man einige Spitznamen für uns Küstenbewohner. So wurde ich schon als Klippenkotzer, Fischkopp, Muschelschubser oder Sandlatscher betitelt. Denen, die mir freundlich gesinnt sind, nehme ich diese Bezeichnungen auch nicht übel, denn irgendwie sind diese Namen auch alle irgendwie passend. Und diejenigen, die es mehr gehässig meinen, sind wohl eben doch nur neidisch, dass ich ein Nordlicht bin – und sie nicht.

So oft wie möglich fahr ich an die See, auch um meine Mutter zu besuchen, die inzwischen wieder von Rügen nach Stralsund gezogen ist. Somit schlage ich zwei Fliegen mit einer Klappe. Eben meine Mutter zu besuchen und Seeluft zu schnuppern. Das Erste, was ich immer mache, ist ein ausgedehnter Hafenspaziergang – bei jedem Wetter. Der Wind, der an der Ostsee immer bläst, weht einem dann um die Ohren und ich bin einfach nur zufrieden. Wenn die Touristen in Massen schwärmen, ist es meistens Sommer. Man richtet sich im Schnitt für circa zwei Wochen häuslich am Strand ein, das Territorium wird abgesteckt und der Windschutz aufgestellt. Der bleibt natürlich auch über Nacht stehen und ist eine ultimative Kampfansage gegen jeden Strandbenutzer, der diesen Flecken Sand besetzen will. Ich mag dieses Strandgetümmel sehr und kann stundenlang zusehen und mich daran erfreuen. Die Masse der Touristen wird die Ostsee leider nicht so kennen und lieben lernen wie andere, die zu jeder Jahreszeit die Küste besuchen. Den Frühling mit seinem aufbrechenden Leben, wenn alles in der Natur anfängt zu blühen und zu duften. Den Herbst, wenn die Blätter der Bäume in allen Farben schimmern und den Winter, wenn am Ufer das Eis geheimnisvolle Figuren und Muster auf die Buhnen, Steine und Brücken zaubert. Die Nebensaisonzeiten an der Küste sind für mich die schönsten Jahreszeiten für Wanderungen und um danach gemütlich bei einem Grog oder anderen geistigen Getränken in der Stammkneipe zu sitzen. Ein heißer Sanddornsaft mit oder ohne Schuss ist natürlich auch was Feines.

(Bernd Esser, Berlin)

GRUND NR. 68

WEIL WINTERBADEN DIE COOLSTE PARTY AN DER OSTSEE IST

Winterbaden – das ist eiskaltes Vergnügen! Ich bin aktiver Winterbader. Jeden Sonntagmorgen, bei oft eisigen Temperaturen, steige ich mit meinen Mitstreitern ins kühle Nass und es würde mir etwas fehlen, wenn es nicht so wäre. Wir selbst nennen uns Winterbader und nicht Eisbader, weil die Ostsee im Winter ja nicht immer eine geschlossene Eisdecke hat. Aber man kann uns natürlich auch Eisbader nennen, das ist voll in Ordnung, denn eisig ist es im Winter ja doch meistens. Für mich persönlich ist es ein prima Kitzel, wenn man erst ein Loch ins Eis hackt und dann mit einer Leiter in die Ostsee oder in den See hineinsteigt – denn wir baden auch in den Seen rund um Berlin, zum Beispiel im Orankesee und im Müggelsee.

Während der kalten Jahreszeit finden richtige Happenings bei den Winterbadern statt. Man reist herum und trifft sich dann zum Beispiel am 1. Januar in Kühlungsborn zum Neujahrsbaden oder im Februar in Ahlbeck auf Usedom zum gemeinsamen Bade-Fasching. In Ahlbeck kommen immer Hunderte aus ganz Deutschland zusammen, zum einen wir, die Winterbade-Stars, und zum anderen die vielen Zuschauer. Fernsehen ist auch dabei. Ein ganz alter Wasserhase ist zum Beispiel der »Rügener Badejunge« Georg Jeske aus Rambin, der schon seit 1971 gnadenlos das Eis zum Schmelzen bringt und sich in jede Eisdecke – und sei sie auch noch so dick – ein Loch hackt. Bei Plustemperaturen geht er gar nicht erst los, das ist ihm viel zu warm und zu langweilig, da fehlt der Kick. Das kann ich gut nachvollziehen. Über Georg gibt es noch etwas zu lesen im Kapitel I, Grund Nr. 4.

Früher, als Hochseefischer, fingen wir in der Barentssee bei Spitzbergen den schwarzen Heilbutt. Wenn wir dort bis Anfang Dezember an der Eisgrenze fischten, hatten wir Temperaturen von bis zu minus 30 Grad Celsius und es war 24 Stunden lang Nacht. In Murmansk konnte ich mal sehen, wie ein paar – für mich damals ziemlich verrückte – Russen im Eise badeten. Danach sind sie auf schnellen Füßen in die Banja (Sauna) geflitzt. Dieser Anblick, bei diesen Temperaturen auch noch ins Wasser zu gehen, muss sich in mir stark verfestigt haben. Es war mir aber auch klar, dass ich bei Minustemperaturen nicht einfach so ins kalte Wasser springen konnte, also begann ich erst einmal ein Abhärtungsprogramm. Nach zwei Jahren Abhärtung habe ich es dann bei einem Winterbadefest im Januar gewagt, meine Winterbadetauglichkeit zu testen. Um mir keine Blöße zu geben, bin ich schnell mit rein, einmal kurz eingetaucht und genauso schnell war ich auch schon wieder draußen. Es war einfach nur eisig. Ich habe mir diese 0,5 Grad Celsius nicht ganz so kalt vorgestellt. Ich hatte im Wasser das Gefühl, als zerspringe meine Haut. Wieder auf dem Trockenen, bei minus fünf Grad Lufttemperatur, war ich aber doch sehr froh, es gewagt zu haben, und ich fühlte mich auch super – ein einmaliges Gefühl! Es ist beim Winterbaden immer besser, wenn man es in einer Gruppe tut. Erstens ist der Spaß natürlich größer und zweitens wird das Wasser mindestens ein Grad wärmer, je mehr Leute darin miteinander herumplanschen. Und letztlich ist auch immer Hilfe da, sollte es einem doch mal nicht gut gehen. Mir persönlich helfen auch Neoprenschuhlinge. Man muss doch meistens immer noch eine gewisse Strecke auf dem Frostboden oder Schnee bis zum Wasser zurückzulegen und man darf nicht vergessen, dass auch der Meeresboden eiskalt ist. Ich persönlich schwöre auch auf eine Thermoskanne mit einem heißen Getränk, um mich von innen schön anzuwärmen.

Es gibt an der Ostsee einige Events, die es lohnt, zu besuchen. Über alle stattfindenden Winterbade-Termine kann man sich am besten im Internet auf winterschwimmen.de informieren. Die bekanntesten Winterbadeorte an der Ostsee sind Rostock/Warnemünde, Ahlbeck, Zinnowitz, Binz und das internationale Ostsee-

Winterbaden im polnischen Mielno. In anderen Orten wie Stralsund, Kühlungsborn und Boltenhagen geht es am ersten Januar zum Neujahrsbaden in die Ostsee, um sich eiskalt-cool auf das neue Jahr einzustimmen. Man kann ja nie wissen, was alles noch so auf einen zukommt! Und dann ist man wenigstens schon mal gut abgehärtet … Also, mit eiskalten Grüßen, und vielleicht sehen wir uns ja beim nächsten Winterbade-Event – Euer EisBärnd.

(Bernd Esser, Berlin)

GRUND NR. 69

WEIL DIE RÜGENMÄRKTE DIE NÖRDLICHSTEN INSELMÄRKTE DEUTSCHLANDS SIND

Oh ja, auf unserer grünen Gesundheitsinsel Rügen gibt es ganz besondere Inselmärkte. Sie sind für die Inselbesucher und auch für die Einheimischen da. Ja ich weiß, das ist nichts Außergewöhnliches. Aber wir haben hier auf Rügen die nördlichsten Inselmärkte Deutschlands – das ist dann doch schon etwas Besonderes. Und stets umweht von frischen Winden! Zum Beispiel gibt es am nördlichsten Zipfel, am Kap Arkona, den »Rügenhof-Markt« mit Geschäften und Schauwerkstätten in den alten, restaurierten Hofgebäuden und im Außenbereich mit Verkaufshäuschen und Ständen einzelner Händler. Der Rügenhof ist 365 Tage im Jahr geöffnet. Am südöstlichen Zipfel von Rügen, auf der Halbinsel Mönchgut, haben wir im Hafenbereich von Thiessow den »Rügen-Markt«, der nur in der Saison von April bis in den Herbst hinein dort als Open-Air-Markt stattfindet. Er ist beliebtes Ziel der Ausflügler und Händler, die gleichzeitig das Hafenflair genießen wollen. Im Nordosten, auf der Halbinsel Jasmund, kann in der Hafenstadt Sassnitz ganzjährig jeden Mittwoch der Wochenmarkt besucht werden. Und seit 2012 bietet auch das am Großen Jasmunder Bodden gelegene schöne Schloss Spyker von Ende Mai bis Oktober jeden Montag einen Rügenmarkt »im Grünen« an. Wegen der einzigartigen Kulisse des Spyker Schlosses hat dieser kleine, aber feine Rügenmarkt für mich etwas ganz Besonderes. Auf den Rügenmärkten mit dem besonderen Inselflair, wie es wohl kaum auf anderen Märkten zu finden ist, sind auch wir unterwegs – mein Mann und ich. Wir haben es uns zur Aufgabe gemacht, Menschen natürliche Wege zur Gesundheit zu zeigen und ihnen dabei alternative oder ergänzende Möglichkeiten zur Schulmedizin zu nennen. Wer uns nicht vor Ort besuchen kann, findet auf unserer Internetseite gesundheitsberatung-benecke.de einen Einstieg und Überblick über unser Arbeits- und Beratungsgebiet. Außerhalb der Saison, wenn wir nicht auf den Märkten sind, geben wir Beratungen auch bei uns in Wiek oder telefonisch unter 038391-76579. Auch konnten wir einen Gesundheitsstammtisch in Bergen ins Leben rufen. Gerade jetzt, in einer Zeit des Umdenkens und der geistigen Öffnung, werden wir zunehmend auch von Menschen angesprochen, die nach Möglichkeiten suchen, mit Hilfe natürlicher Methoden und Mittel gesund zu werden. I-Tüpfelchen und Schnupperbonus bei unserer Arbeit auf den Inselmärkten ist natürlich, dass unsere Gesundheits- und Lebensberatung stets an der frischen Luft stattfindet – manchmal auch an ziemlich frischer Luft und mit steifen Brisen, sodass wir unseren Pavillon gut im Boden verankern müssen, um ihn gegen gelegentliches Abheben zu sichern.

Mein Mann Ralf-Udo, Facharzt für Allgemeinmedizin »auf Abwegen«, kann vielen nach Alternativen Suchenden so manch guten Rat mit auf den Weg geben, der garantiert fernab von Chemie und Pharmazie liegt. Alternativwissen wird gern angenommen und immer öfter ganz gezielt nachgefragt. Das ist unsere Erfahrung der letzten Jahre im Direktkontakt mit Einheimischen und Inselgästen. So passiert es auch schon mal, dass Besucher aus Übersee, aus dem fernen Kanada oder aus Costa Rica, sich bei uns am Stand einfinden und Informationen oder Produkte von Rügen mit nach Hause nehmen. So bringt beispielsweise unsere Ostseebernstein-Tinktur auch diesen Menschen, die jenseits des »großen Teichs« leben, Inspiration oder gar Linderung bei ihren Wehwehchen. Rügenbesucher interessieren sich vor allem für regionale Heilmittel wie zum Beispiel die Rügener Heilkreide und den Ostsee-Bernstein, der ja nicht nur als Schmuck getragen werden kann, sondern in Tinkturen oder Ölen Verwendung findet oder einfach als Bernsteinwasser zum Trinken.

Das Motto unserer Beratungs-Spezialstrecke heißt: entgiften, entsäuern, auslüften, reinigen – so gut es geht. Und das immer wieder. Auf unserer schönen Insel gibt es manche Hilfsmittel gratis – die frische Seeluft, das salzhaltige Meerwasser und reichlich Gelegenheit zu aktiver Bewegung in der schönen und abwechslungsreichen Landschaft. Wir fühlen uns zu Hause am Meer, in den alten Wäldern und frischen Wiesen und inmitten der Kräuter. Lassen Sie sich einfach überraschen auf Rügen und fahren Sie nach Hause mit einem Rucksack voll neuer Erfahrungen und im Herzen die Ostsee!

(Elisabeth und Dr. Ralf Udo Benecke, Wiek auf Rügen)

GRUND NR. 70

WEIL ICH IM OSTSEEBAD KÜHLUNGSBORN GEBOREN WURDE UND IMMER NOCH EIN STRANDKIND BIN

Das Kapitel der Liebeserklärungen abrundend, kommt nun eine Extraliebeserklärung der Autorin: Der liebe Gott wollte es wohl so, dass ich in den 1950er-Jahren in einem Ostseebad das Licht der Welt erblicke – in Kühlungsborn. Das Ostseebad Kühlungsborn liegt zwischen Lübeck und Rostock, direkt flankiert von den Ostseebädern Rerik im Westen und Heiligendamm im Osten. Der Badebetrieb am Heiligen Damm bei Doberan ist seit 1793 verbrieft, nachdem Friedrich Franz I. auf Geheiß seines Leibarztes Prof. Dr.

Samuel Gottlieb Vogel seine herzögliche große Zehe in die Ostsee getaucht hatte. Seitdem ging es zügig voran mit dem ersten deutschen Ostseebad. Den Quellen zufolge engagierte man in Heiligendamm ab 1797 einen ehemaligen Matrosen als Rettungsschwimmer für die hochwohlgeborenen Badegäste.

Kühlungsborn, das bis 1937 noch keine kommunale Seebadeinheit darstellte, sondern aus den einzelnen Badeorten Arendsee, Brunshaupten und Fulgen bestand, entwickelte sich seit den 1950er-Jahren zum größten deutschen Ostseebad mit gewerkschaftlich durchorganisiertem Massentourismus. Bereits 100 Jahre zuvor, 1857, gab der Ort Fulgen seinen ersten Badeprospekt heraus und um 1900 wurden jährlich um die 5000 Gäste gezählt. Seit 1910 konnten die Gäste auch mit der Bäderbahn »Molli« anreisen, da die Trasse Doberan–Heiligendamm in Richtung des späteren Kühlungsborn verlängert wurde. Die Molli-Stationen heißen heute Kühlungsborn Ost und Kühlungsborn West.

Strand und Ostsee lagen bei uns vor der Haustür, nur einen Katzensprung entfernt. Raus aus dem Haus, hopp über die damals kaum befahrene Straße, durch das schmale Kiefernband und über die Strandpromenade und schon war ich am Strand. Dieser große Sandkasten war in meinen ersten Lebensjahren praktisch meine Kinderstube. Und die der anderen Kinder, die dort, in der Umgebung der heutigen Ostseeallee, wohnten. Schon morgens um acht bauten wir Sandburgen und befanden uns damit in bester Tradition, denn bereits 1912 wurden Sandburgenbau-Wettbewerbe am dortigen Ostseestrand ausgetragen. Unser Tagesprogramm bestand auch darin, Kleckertürmchen zu bauen, Steinchen und Federn zu sammeln oder die noch nicht belegten Strandkörbe zu besetzen. Die dufteten damals übrigens ganz anders als heute, so nach vom frischen Seewind durchblasenem Weidenkorbgeflecht, nach Sand und Salzwasser. Ausgekleidet waren sie mit rot-weiß oder blau-weiß gestreiftem strapazierfähigen Stoff und nicht mit wachstuchähnlichen glatten Bezügen, so wie man sie heute häufig antrifft. Die Strandkörbe waren damals auch noch nicht vergittert, so wie heute. Kamen dann die Feriengäste, denen ein von uns Strandkindern besetzter Strandkorb gehörte, so hatte man das große Glück, nicht gleich mit Geschrei vertrieben, sondern erst einmal verwundert angeguckt zu werden – so kleine Gören und ganz alleine hier am Strand? »Wo ist denn deine Mutti?«, beantwortete ich gar nicht erst, sondern flitzte zum nächsten leeren Strandkorb oder an den Spülsaum der Ostsee, wo der Sand ja nass und fest ist, um dort meine Kleckertürmchen weiterzubauen. Unsere Muttis oder abwechselnd die Tanten hatten uns vom Haus aus natürlich stets fest im Visier oder sie saßen auf einer Bank auf der Promenade und klönten mit Nachbarn und Feriengästen.

Damals gab es noch Eisbären am Ostseestrand – ungelogen, das ist jetzt kein Seemannsgarn oder Anglerlatein. Ich kann das mit einem Foto belegen, auf dem ich selbst mit Onkel Fritz und Tante Leni und dem Eisbären zu sehen bin. Die Strandfotografen heuerten damals arme Studenten oder freiwillige Einheimische für diesen heißen Ferienjob an. Die zogen sich ein sehr echt wirkendes Eisbärenkostüm mit Eisbärenkopf über und man konnte sich mit ihnen fotografieren lassen. Das gibt es meines Wissens heute gar nicht mehr, obwohl so ein Eisbären-Gruppenfoto am Ostseestrand auch heute sicher eine Gaudi wäre …

KAPITEL VIII

BERNSTEIN – DAS BEGEHRTE GOLD DER OSTSEE – EIN SPECIAL

DIE TRÄNEN DER GÖTTER, DAS LEGENDÄRE BERNSTEINZIMMER UND FAST ALLES ÜBER BERNSTEIN

GRUND NR. 71

WEIL OSTSEEBERNSTEIN DAS HERZ HÜPFEN LÄSST!

Auffallend ist immer wieder, dass der typische Ostseeurlauber gesenkten Hauptes den Strand entlangwandert. Sein Blick ist stur auf Strandgut ausgerichtet – am liebsten wäre ihm natürlich Bernstein. Doch gerade der – er wird nicht umsonst das Gold der Ostsee genannt – lässt sich am schwersten entdecken. Und wer dann vielleicht noch einen Bernstein mit fossilen Einschlüssen, sogenannten Inklusen, findet, wird sich besonders glücklich schätzen. Kleine Fliegen, Mücken oder pflanzliche Einschlüsse aus der Zeit von vor 50 Millionen Jahren bringen uns dann zum Staunen. Bernstein ist ein »versteinertes« amorphes Harz und kein Stein, also auch kein Edelstein. Ihn gibt es fast überall auf der Welt, auch in allen Farben, zum Beispiel in Grün oder Blau, Schwarz oder Weiß. Auch kann er bis zu 250 Millionen Jahre alt sein.

Ostseebernstein wurde schon in der Antike als wertvolles Gut gehandelt. Der golden schimmernde Ostseebernstein diente als hochwertiges Tauschäquivalent. Einer der historischen Handelswege war die »Bernsteinstraße« zwischen Danzig und dem Mittelmeer. Über Jahrtausende hinweg war der Bernstein von großer wirtschaftlicher und auch kultureller Bedeutung. Er symbolisierte Prestige und Reichtum und er galt als begehrter Schmuck- und Heilstein, der dem Golde gleichwertig war. Dem Leser wohl bekannt dürfte das legendäre Bernsteinzimmer sein, das wir auf den nächsten Seiten beschreiben. Zudem galt Bernstein in der traditionellen Heilkunde des Abendlandes als »universelle Arzney«. Mit Bernstein wurden Tinkturen hergestellt, die bei Gliederreißen und Rheuma zum Einsatz kamen. Auch wurden Heilsalben oder Honig mit feinem Bernsteinpulver vermischt.

Tipp: Eine Tinktur kann man sich leicht selbst herstellen, indem man hochprozentigen Alkohol aus der Apotheke nimmt und ihn über kleine Bernsteinstückchen gießt. Mit der Zeit lösen sich Bestandteile heraus und die Tinktur färbt sich leicht gelblich ein. Die mit der Zeit leicht harzig riechende Tinktur ist umso wirksamer, je höher der Anteil Bernstein in dem Gefäß ist und je älter die Tinktur wird. Die verbrauchte Tinktur kann durch Nachfüllen von Alkohol aufgefüllt werden.

Möchte man hingegen sein eigenes Bernsteinwasser ausprobieren, so nimmt man ein paar schöne Ostseebernsteine und schrubbt sie unter fließendem Wasser. Auch kann man sie mit Alkohol oder Schlämmkreide abbürsten, danach noch mal abspülen. Die gesäuberten Bernsteine legt man in eine Glaskaraffe und gießt gutes Wasser darauf. Wasser kann immer wieder nachgefüllt werden. Alle vier Tage werden Steine und Karaffe unter fließendem Wasser gespült. Das Bernsteinwasser ist nicht nur wohltuend, die Wasserkaraffe mit den Bernsteinen sieht außerdem noch sehr schön aus. Schön, aber nicht ganz billig, ist auch der mundgeblasene 35 Zentimeter lange hohle Bernstein-Wasserrührstab von vitajuwel.de, der in seiner Phiole mit Bernstein und Wasser befüllt ist. Den Stab stellt man in eine Wasserkaraffe oder rührt gelegentlich mit ihm das Wasser um. Ein edler Anblick, der das Herz hüpfen lässt und ein luxuriöser Zauberstab zur Veredelung unseres Wertvollsten – des Wassers.

GRUND NR. 72

WEIL SICH BERNSTEIN DOCH FINDEN LÄSST!

Wenn man nach Bernstein sucht, darf man sich nicht unbedingt darauf verlassen, dass er einem gelbgolden entgegenblinkt. Er kann durchaus auch völlig unscheinbar grauweißlich sein oder schwärzlich. Der Rohbernstein wird zusammen mit dem sogenannten Bernsteinkraut oder Bernsteindreck – das sind Treibholz (Rollholz oder Sprockholz), Blasentang, Algen, Miesmuscheln und Seegras –

an den Strand gespült, wo er im und unterm sogenannten Spülsaum zu finden ist. Besonders in der kalten Jahreszeit bei einer Wassertemperatur um vier Grad Celsius schwimmt der leichte »Stein« im Salzwasser der See oben auf und insbesondere nach einem lang anhaltenden Sturm ist er an den Küsten zu finden. Im Dunkeln, mit der Taschenlampe ins Wasser geleuchtet, fällt er im Meer schwebend und hell blinkend auf.

Professionelle Bernsteinfischer gehen nach einem heftigem Sturm mit einem Kescher ausgerüstet in die Brandung und fischen dort den Bernstein ab. Geübte Bernsteinfischer stehen weit in der Brandung und keschern die heranbrechenden Wellen ab. Ideal ist es, wenn nach einem Sturm der Wind in Kürze auf ablandig dreht und das Meer in Richtung offene See drückt. Dadurch wird der Wasserspiegel in Ufernähe flacher und glatt. Durch das klare Wasser hindurch kann man gut bis auf den Grund sehen.

Möchte man Bernstein auf Echtheit prüfen, so gibt es ein paar einfache Möglichkeiten. Zuerst einmal kann man vorsichtig draufbeißen. Bernstein ist mild, also nicht hart und spröde wie Glas oder richtiger Stein. Dann gibt es die Methode, ihn mit Aceton (Nagellackentferner) abzureiben. Bernstein behält seine Oberfläche, Fälschungen oder Kunstharz werden klebrig und schmierig. Eine weitere einfache Methode ist es, mit einer in der Kerzenflamme durchgeglühten Nadelspitze in den Bernstein zu stechen. Wenn er echt ist, so duftet er aromatisch, harzig; gefälschter Bernstein oder Plastik riecht unangenehm oder stinkt gar penetrant.

Möchte man den gefundenen Bernstein auch selbst beschleifen, so kann man dies einfach mit Sandpapier unterschiedlicher Körnung tun. Zum Entfernen der äußeren Verwitterungsrinde oder für den groben Anschliff wird grobkörniges Nass-Schleifpapier empfohlen, dann feineres und abschließend ganz feines, welches gleichzeitig auch eine Polierfunktion hat. Geeignet zum einfachen Bearbeiten sind auch moderne Maniküre-Sets (Rillenfeilen etc.), Nagelpolierpuder und Poliervelourleder. Zum Polieren von Bernstein kann auch feuchte Schlämmkreide (Rügener Kreide) verwendet werden. Diese wurde und wird auch heute noch traditionell im Bernsteinkunsthandwerk genutzt und ist hervorragend geeignet, auch für eine Auffrischung schon älterer Bernsteinschmuckstücke. An der Ostsee werden Schleif- und Bearbeitungskurse für Kinder und Erwachsene angeboten, beispielsweise in Vitte auf der Insel Hiddensee oder in der Schaumanufaktur »Ostseeschmuck« in Ribnitz-Damgarten.

Bernstein fasziniert und lässt nicht mehr los. So sind in dem fossilen Harz manchmal auch Insekten, Blüten, Blätter oder Samen eingeschlossen. Diese Einschlüsse werden auch Inklusen genannt und zeigen sich erst während der Bearbeitung. Hightechfotografie macht die 50 Millionen Jahre alten Winzlinge aus den Erd-Urzeiten für den Betrachter sichtbar. Schon aus diesem Grund lohnt sich ein Abstecher in das »Deutsche Bernsteinmuseum« in Ribnitz-Damgarten oder in die Schaumanufaktur »Ostseeschmuck«.

GRUND NR. 73

WEIL BERNSTEINSCHMUCK AUF BRAUNER HAUT SEXY IST

Honigfarbener Bernsteinschmuck auf sonnengebräunter Haut getragen, ist einfach nur sexy. Viele kleinere Manufakturen oder Goldschmiede-Ateliers, die kreativ mit Bernstein arbeiten – auch in Verbindung mit anderen Materialien wie angeschwemmten und vom Meer glatt polierten und schön gemaserten Hölzern –, sind an der Ostseeküste zu finden. Besonderes Vergnügen bereitet der Besuch kleiner Bernsteinateliers, die neben ihrem Verkaufsbereich auch noch Sammlungen von ganz besonderen Fundstücken zeigen und vielfältigste Information über Bernstein zur Verfügung stellen. Es gibt beispielsweise die Sammlung des Familienunternehmens Moldenhauer in Prerow auf dem Darß. Bereits die dritte Generation der Familie ist dem Bernsteinfieber verfallen. Viel Zeit und Leidenschaft stecken in deren »Bernsteinmuseum & Heimatgalerie« nahe dem Darßer Ort und vieles gibt es beim Stöbern dort zu entdecken. Auf der wirklich kleinen Insel Hiddensee gibt es gleich mehrere Bernsteinwerkstätten der Gebrüder Engel – alteingesessene Insulaner, Bernsteinfischer und Bernsteinkünstler. Auch sie verarbeiten Bernstein huin und wieder mit schönen Meereshölzern zu Schmuck oder dekorativen Gebrauchsgegenständen. In Burg auf der Insel Fehmarn kann man die »Bernsteinfee« in ihrem Reich besuchen. Auch dort entstehen eigene Schmuckkreationen der schönsten Art. Und auch die Tiere kommen nicht zu kurz bei der Bernsteinfee Laima Dröse. Sie hat sich aus eigener positiver Erfahrung heraus zusätzlich des Handels mit Antizecken-Bernsteinhalsbändern für Hunde und Katzen angenommen (amberdog). Wer in das Gold des Meeres verliebt ist, wird in allen Ateliers beim Kauf die Qual der Wahl haben. In jedem Falle jedoch findet er sowohl kunstvoll gearbeitete Colliers wie auch einfache Bernsteinanhänger, Bernsteinketten oder einen schönen Schmeichelstein.

Um die Handwerkskunst mit Bernstein zu fördern, wurde u.a. der »Internationale Bernstein-Kunstpreis« ausgelobt. Die schönsten und originellsten Schmuckstücke, Kunstwerke und Gegenstände aus und mit Bernstein wurden 2013 zum dritten Mal mit diesem Preis geehrt, der von der Bernsteinstadt Ribnitz-Damgarten und dem Museumsverein des Deutschen Bernsteinmuseums gestiftet wird. Der mit insgesamt 25.000 Euro dotierte Preis wird auf mehrere Künstler aus den teilnehmenden Ostseeanliegerstaaten aufgeteilt. Ziel der Preisstiftung ist es u. a., die aussterbende Kunst des Bernsteindrechselns und Bernsteinschnitzens lebendig zu halten und vom Bernstein inspirierte Künstler anzuregen, mit diesem einzigartigen fossilen Naturmaterial zu arbeiten. Unter den teilnehmenden Arbeiten werden vom Deutschen Bernsteinmuseum als geeignet bewertete Stücke für die eigene Sammlung erworben. Das Deutsche Bernsteinmuseum in der historischen Klosteranlage in Ribnitz-Damgarten ist mit seiner einzigartigen Sammlung von Exponaten ein »Muss« für Bernstein- und Schmuckliebhaber und ein Highlight in Mecklenburg-Vorpommern.

Und wer nun vielleicht auf den Gedanken kommt, sich das Gold der Ostsee als alternative Wertanlage zuzulegen, liegt nicht ganz falsch. Am günstigsten kommt man zu seinem neuen Kapital, indem man zu Zeiten der Frühjahrs- und Herbststürme selbst auf die Pirsch geht, denn dann wirft das Bernsteinmeer immer wieder neues Gold aus seinen Tiefen an die Ufer – man muss sich nur noch danach bücken ... Und manchmal ist sogar ein etwas größerer Bernstein dabei. Wie man das Gold des Meeres richtig sucht und findet, konnte man auf den vorherigen Seiten ja schon erfahren.

GRUND NR. 74

WEIL FISCHLANDSCHMUCK OSTSEESCHMUCK IST

Als Küstenbestseller und Longseller sind alle Produkte aus und mit Bernstein – dem Gold des Meeres – zu nennen. Hierzu gehört zum Beispiel der bekannte »Fischlandschmuck«. Die Rechte an dem Bernsteinschmuck mit in Silber ziselierten Meeresmotiven der Marke »Fischlandschmuck« lagen von 1939 bis 2009 bei der Familie Kramer. Das Familienunternehmen des Silberschmiedes Kramer war seit 1826 in Ribnitz (Mecklenburg) ansässig. Von 1939 bis zur Inbesitznahme und Verstaatlichung durch die Sowjets 1947/48 fertigte die Firma Kramer den damals so beliebten Fischlandschmuck in ihren Werkstätten in Ribnitz und war der größte Arbeitgeber vor Ort. Infolge von Eigentumsumverteilungen und Inbesitznahmen zog die Familie Kramer 1947 westwärts und stellte bis 2009 Schmuck in Lübeck und Travemünde her. Der »Fischlandschmuck« wurde in DDR-Kombinatsarbeit im staatlichen Nachfolgebetrieb »VEB Fischlandschmuck« weiterhin hergestellt und war ein beliebtes Produkt in der DDR und für den Export. An dieser Stelle soll nur kurz daran erinnert werden, welch materiellen und immateriellen Verlust die damaligen Enteignungen gerade für die kleinen und mittleren Familienbetriebe darstellten. Die »Aktion Rose« 1953 oder die »Kollektivierung« in der Landwirtschaft kamen einer existenziellen Vernichtung gleich. Die Geschichte der Familie Kramer ist dabei exemplarisch für die unzähligen traurigen Geschichten aus den Enteignungszeiten während der Diktatur des Proletariats in der DDR.

Alle möglichen Variationen von Bernsteinschmuck und alle denkbaren Produkte aus Bernstein werden heute von der »Ostseeschmuck«-GmbH in Ribnitz-Damgarten gefertigt – der größten Bernstein-Verkaufs- und Schaumanufaktur Europas. Sie stellt zugleich einen einzigartigen XXL-Showroom für Bernstein-Handwerkskunst dar, in dem zum Teil faszinierende Großobjekte zu sehen sind. Bearbeitet werden in der Schaumanufaktur »Ostseeschmuck« in der Bernsteinstadt Ribnitz-Damgarten Naturbernstein und industriell vorbearbeiteter, sogenannter Echtbernstein sowie alle Arten von Edelsteinen. Ein Besuch des originellen pyramidenförmigen Baus kann jedem ans Herz gelegt werden (*www.ostseeschmuck.de*).

GRUND NR. 75

WEIL DAS LEGENDÄRE BERNSTEINZIMMER MÄRCHENHAFTE REALITÄT IST

Das Bernsteinzimmer, das später auch als achtes Weltwunder bezeichnet wurde, war ursprünglich für das Charlottenburger Schloss in Berlin bestimmt. Entworfen wurde es – im Auftrag des ersten Preußenkönigs Friedrich I. (1657–1713) – von dem Architekten, Bildhauer und Danziger Meister Andreas Schlüter. 1706 begannen die Danziger Bernsteinkünstler Ernst Schacht und Gottfried

Turau mit der Ausführung und bauten es in ein Kabinettzimmer des Berliner Stadtschlosses ein. Anlässlich eines Besuches beim Soldatenkönig – Friedrich Wilhelm I. (1688–1740) – bewunderte der russische Zar Peter I. 1716 das prunkvolle Zimmer. Er soll es im Austausch gegen Soldaten mit Gardemaß – die »langen Kierls« – geschenkt bekommen haben. Es fand seinen Platz im Katharinenpalast in Zarskoje Selo. Seit 1945 gilt dieses legendäre Artefakt höchsten Bernsteinkunsthandwerkes als verschollen. Eine mit deutscher Hilfe finanzierte Rekonstruktion des Bernsteinzimmers ist seit 2003 in Zarskoje Selo zu besichtigen.

Über den Verbleib des Bernsteinzimmers steht im Ausstellungskatalog »Faszination Bernstein« (Nürnberg): »Aber wo ist das alte Bernsteinzimmer, das laut Augenzeugen in 26 Kisten verpackt am 12.1.1945 auf Waggons zum letzten Mal gesehen wurde? Im April 1977 fand ein Göttinger Student mit Namen Sven Schütte in der Schachtanlage ›Wittekind‹, in der englische Besatzer bereits 1945 vergeblich nach dem Bernsteinzimmer gesucht und es nicht gefunden hatten, die Zeichnung, nach der es heute wiedererstanden ist. In dieser Schachtanlage wurden auch das Königsberger Staatsarchiv und die Bernsteinsammlung der Albertus-Universität Königsberg gefunden. Historiker vermuten nun, dass es in einem Stollen in Volpriehausen bei Göttingen von den Engländern ›versprengt‹ wurde. Übrigens: die Albertus-Universität Königsberg und die Universität in Göttingen waren schon immer Partneruniversitäten. In den Jahren nach 1945 haben viele Menschen, die das ›Zimmer‹ gesucht haben, ihr Leben auf z. T. unerklärliche Weise verloren und die Medien haben viele Spekulationen angestellt, die zu nichts geführt haben.«

Bernsteinschnitzer und -drechsler schufen in der Blütezeit europäischer Bernsteinkunst, im 16. und 17. Jahrhundert, kostbarste Kunstgegenstände, die u.a. Regierenden, Diplomaten und Aristokraten als Geschenke dienten. Götterbüsten und Hausaltäre, Wandtäfelungen, Mobiliar mit Bernsteinintarsien, aber auch kleinere Gegenstände wie Pfeifenköpfe, Zigarettenspitzen, Döschen, Würfel oder Lupen gehörten neben Bernsteinschmuck in die Palette der Bernsteinkünstler. Eine spezielle Untergruppe der Bernsteindrechsler waren früher die sogenannten »Paternostermacher« – die Hersteller von Gebetskränzen (Rosenkränzen).

Truhen aus Bernstein, Schiffsmodelle, Schachspiele, Spiegel- und Bilderrahmen – ja, als Krönung das legendäre Bernsteinzimmer – sind Zeugen einer eigenständigen Kunst- und Handwerksrichtung, als deren bedeutende traditionelle Zentren Danzig, Königsberg und Elbing in den Chroniken angegeben werden. Im 20. Jahrhundert soll die Staatliche Bernsteinmanufaktur (SBM) Königsberg von 1926 bis 1945 der größte Bernstein verarbeitende Betrieb weltweit gewesen sein.

GRUND NR. 76

WEIL BERNSTEINKUNDE VON VORTEIL IST

Eine große Herausforderung stellt es für einen Kaufwilligen dar, Naturbernstein von heute immer öfter vorkommendem gefälschten, künstlichen oder industriell bearbeiteten Bernstein unterscheiden zu können. Naturbernstein ist nicht immer auf Anhieb von »Echt Bernstein« zu unterscheiden: Beides ist zwar natürlicher Bernstein, der sogenannte »Echt Bernstein« jedoch musste bereits industrielle Bearbeitungsprozesse über sich ergehen lassen. Auch werden heute viele Fälschungen hergestellt. Künstlicher Bernstein (zum Beispiel aus Bernit, Epoxidharz, Bakelit u.a.) ist für einen ungeübten Laien nicht von Naturbernstein zu unterscheiden. Für diejenigen, die mehr wissen möchten, haben wir die wichtigsten Unterscheidungsmerkmale zusammengetragen.

Rohbernstein: Unbehandelter Bernsteinfund, in der Regel noch mit einer rauen Verwitterungsrinde; beim Seebernstein kann, muss aber nicht, die äußere dunklere Verwitterungskruste durch die Bewegungen im Meer und in der Brandung schon abgeschliffen sein, sodass die goldgelbe Farbe bereits sichtbar ist.

Naturbernstein: Original Bernstein, naturbelassen bearbeitet; geschliffen, geschnitzt, gedrechselt, poliert etc., aber weder erhitzt oder autoklaviert, noch geklärt oder farblich verändert; autoklaviert heißt: unter Druck und Hitze, in sogenannten Autoklaven, hergestellt.

Echt Bernstein: Wird auch Ambroid genannt; kann erhitzter, gepresster oder anderweitig aufbereiteter Bernstein sein (Pressbernstein, autoklaviert; stammt in großen Mengen aus dem Kombinat Jantarnij in Kaliningrad). Er wird infolge der Aufbereitung unter Druck und Hitze, respektive gezielter Verkochung, sehr fest und gleichmäßig sowohl in Struktur wie auch Färbung und eignet sich daher sehr gut für die industrielle Weiterverarbeitung und auch für die Massenproduktion von Bernsteinschmuck. Ab circa 150 Grad Celsius wird er weich und formbar, sodass auch Bernsteinabfälle oder kleinkörniges Bernsteingranulat zu großen Blöcken, Platten und Stangen gepresst werden können. Es handelt sich zwar immer noch um einen natürlichen Bernstein, also keinen künstlich hergestellten! Er ist aber kein sogenannter Naturbernstein mehr, da während der Aufbereitungsprozesse natürliche Struktur und Bestandteile verändert werden, wodurch zum Beispiel beim Beschleifen auch der feinwürzige aromatische Duft nicht mehr wahrgenommen werden kann.

Bernit: Künstlicher Bernstein (Polyester vermischt mit Bernsteinpulver).

Kopal: Ein »junges« (helles) Harz (circa 1000 bis eine Million Jahre alt). Kopal zerfällt und bröckelt während der Bearbeitung oder er wird weich beim Beschleifen und verströmt dabei einen süßlichen Duft. Hiesige Händler bieten ihn als Kolophonium an oder verkaufen ihn fälschlicherweise als Kopal, der aber nur auf der Südhalbkugel der Erde vorkommt.

GRUND NR. 77

WEIL BERNSTEIN IN VIELEN VARIETÄTEN AUS DEM MEER AUFTAUCHT

Gezählt werden insgesamt um die 300 transluzide (durchscheinende) bis opake (undurchsichtige) Sorten Bernstein in wohl beinahe allen Farbtönen – von klarem cognac-, sherry- bzw. honigfarbenen über den pharmazeutisch wertvollen milchig-weißen Knochenbernstein bis zu gelblichbraunen, roten, grünen, blau schimmernden und gar schwarzen Bernsteinen (Gagat genannt). Für den Interessierten hier in Kurzform die Varietäten:

- kreideweiß oder milchigweiß bis elfenbeinfarben, auch Knochenbernstein genannt, ist von besonderem pharmazeutischen Wert;
- durchscheinend, teils mit helleren »Wölkchen«;
- klarer »Gelbblank« und »Rotblank«, Flomen;
- gelblicher bis ocker-gelber, halbdurchsichtiger bis matt durchscheinender »Bastard« (Bastard-Stein).

Abhängig von Lagerstätten und Abbaugebieten wird zudem zwischen Seebernstein und Gruben- oder Schollenbernstein unterschieden, wobei der Seebernstein von festerer Konsistenz ist und die Rinde durch das Wasser im Meer und in der Brandung abgeschliffener wurde, manchmal fehlt sie sogar ganz. Der von der See an Land gespülte Bernstein ist feiner als der an Land ausgegrabene.

GRUND NR. 78

WEIL DIE BERNSTEINKÜSTE EINE SCHATZGRUBE IST UND BERNSTEIN UNS MIT VIELEN NAMEN VERZAUBERT

Der baltische Bernstein wird an den Küsten abgefischt, am Strand gesammelt und im Tagebauverfahren an Land abgebaut. Als größte baltische Lagerstätte gilt die »Blaue Erde« auf der Halbinsel Samland. Es handelt sich dabei um die ehemalige ostpreußische Grube Palmnicken bei Königsberg, heute Jantarnij (Bernstein) genannt. Seit 1946 liegt dieses Gebiet in der russischen Exklave Kaliningrad und es ist weltweit das größte Abbaugebiet, in dem Bernstein im industriellen Tagebauverfahren gefördert wird. Dort lagern große Mengen Bernstein in der sogenannten Blausandschicht, die vom Strand aus viele Kilometer weit ins Land hineinreicht. Die baltische Küste ab Klaipėda im Nordosten (früher Memel) über die Kurische Nehrung, das Samland mit Kaliningrad (Königsberg), weiter die Frische Nehrung entlang bis nach Kolberg (polnisch Kołobrzeg), Elbing (polnisch Elbląg) und Danzig (polnisch Gdańsk) ist seit Menschengedenken bis in die Jetztzeit hinein eine prall gefüllte Bernsteinschatzgrube. Der »Deutsche Ritterorden« (heute »Deutscher Orden«) hatte circa 350 Jahre lang das Bernsteinhandelsmonopol entlang der baltischen Küste inne, Hauptsitz des Ordens war seinerzeit die Marienburg. Es war strengstens untersagt, beispielsweise den weißen Bernstein ins Ausland zu handeln, da er für Medizin und Pharmazie im eigenen Land von höchstem Wert war. Er wurde mit Gold aufgewogen. Bernsteinlagerstätten und Abbaugebiete waren und sind auch heute noch strengstens überwacht. Das historische Danzig war regionaler Haupthandelsplatz für das begehrte Gold des Nordens und neben Orten wie Elbing, Königsberg und Kolberg der bedeutendste Platz des traditionsreichen baltischen Bernsteinkunstgewerbes. Bernsteinabbau und Handel versprachen stets Reichtum.

Wer heute einen Ausflug an die polnische und litauische Bernsteinküste unternehmen möchte, wird mit reichem Erfahrungsschatz wieder nach Hause zurückreisen. Orte wie Palanga, Nida (Nidden) und Vilnius sind nicht nur traditionsreiche Orte des Bernsteinkunsthandwerks, sie entwickelten sich nach der Wende auch zu beliebten touristischen Reisezielen. Der Bernstein heißt in Polen übrigens »bursztyn«, wie auch so manches Viersternehotel an der polnischen Bernsteinküste.

Apropos Bernstein und seine vielen Namen. Tacitus (römischer Geschichtsschreiber, circa 58 bis circa 116) dokumentierte in seiner *Germania*, dass die Germanier mit Bernstein handelten und ihn »glaesum« nannten. Aufgrund seiner elektrostatischen Spezifik wird der Bernstein seit alters her »electrum« (lateinisch) oder »electron« (griechisch) genannt, woraus sich die bekannten Begriffe »Elektrik«, »Elektrizität« und »Elektronik« ableiten. Wegen seiner Eigenschaft brennbar zu sein und zu räuchern, hieß der Bernstein früher auch »Börnesteen« (von nieder- und mitteldeutsch: börnen oder bernen). Aber auch als Sonnenstein, Augen- oder Äugstein, Achtstein, Agtstein oder Amber (Ambra, Ambre), Chihlimbar und Kahraba ist er bekannt. Die Römer bezeichneten den Bernstein nach seiner Herkunft aus dem Saft (succus) der Bäume als »succinum«, die Ägypter nennen ihn »sakal«, im Dänischen heißt er »rav« und slawisch »jantar«. Bei dieser verbrieften Namensvielfalt aus allen Kulturen und Zeitaltern verwundert es nicht, dass Bernstein als Symbol des archaischen Sonnenkultes galt.

GRUND NR. 79

WEIL BERNSTEIN EIN SYMBOL DES ARCHAISCHEN SONNENKULTES IST

Bernstein – der goldene Stein – galt nicht nur Kelten und Germanen als Symbol für einen gewissen Status, für Macht und magische Kräfte. In vielen Regionen der Erde wird er als Grabbeigabe gefunden, speziell in Form von Schmuck, Amuletten und Reliquien wie auch als besondere Zierde an Waffen. Die ältesten Artefakte werden auf circa 12.000 v.Chr. datiert und wurden in Meiendorf bei Hamburg gefunden.

Als ein besonderes Fundstück gilt ein bestens erhaltener kleiner Bernsteinbär (zehn Zentimeter mal 3,5 Zentimeter mal 3 Zentimeter), der um 1880 bei Stolp (Słupsk) gefunden wurde und heute in den Sammlungen des Kulturhistorischen Museums Stralsund zu besichtigen ist. Er stammt vermutlich aus dem Neolithikum (Jungsteinzeit).

In alten Kulturen herrschte der feste Glaube, dass der goldschimmernde Bernstein als Lichtbringer und Götterfunke die Menschen den Göttern im »Himmel« näher bringen könne – nicht nur mittels Räucherung, sondern auch durch äußere und innere Anwendung. Bernstein diente seit Urzeiten als Schmuck, Heilmittel, Schutzstein und zur Entfachung des Heiligen Feuers. Dem einfachen Menschen war er Symbol für Glück, Gesundheit und Harmonie in der Familie. Gabriela Gierlowska schreibt in ihrer Broschüre *Amber in therapeutics*: »In der polnischen Kurpie-Region am Fluss Narew – einem Zentrum traditioneller Bernsteinvolkskunst – und in Kaschubien nordwestlich Danzig können wir Bernstein ›pajaki‹ (Deckenspinnen) und ›kierec‹ (Deckenkronen) finden, die die Innenräume der Häuser schmücken.« Der kunstvoll gefertigte Deckenschmuck aus vielen, verschieden sonnenfarbig schimmernden Bernsteinen – ähnlich einem Deckenlüster oder Kronleuchter – drückt Verehrung und Respekt vor der Natur aus und weist dabei auch auf das Zentralthema hin – den Sonnenkult und die Verbindung zu Helios dem Sonnengott. Die Geschichte über den Sonnengott und seinen Sohn Phaeton kann der interessierte Leser im nachfolgenden letzten Text dieses Bernstein-Specials finden.

Überlieferungen nach gilt Bernstein übrigens als Monatsstein für den Monat Juni, in dem am 21. die Sommersonnenwende stattfindet, und als Glücksstein‹ der im Sternzeichen Zwillinge Geborenen (21. Mai bis 21. Juni). Auch wir, die Autoren dieser 111 Liebeserklärungen an die Ostsee, sind Zwillinge-Geborene – wir konnten quasi gar nicht anders, als über die Ostsee und ihren Goldschatz freudig-eifrig alles Wissenswerte zusammenzutragen.

GRUND NR. 80

WEIL BERNSTEINE TRÄNEN DER GÖTTER SIND

In der Mythologie werden die goldschimmernden »nordischen Sonnensteine« auch als »Tränen der Götter« oder »Heliadentränen« umschrieben, wobei es hier voneinander abweichende Versionen gibt, unter anderem eine von Ovid, die in den *Metamorphosen* nachzulesen ist.

Beschrieben wird die tragisch ausgehende Geschichte des Phaeton – ein (sterblicher) Sohn des Sonnengottes Helios –, der der Welt seine göttliche Herkunft beweisen will und aus diesem Grund Helios um die Erlaubnis bittet, einen Tag lang den goldenen Sonnenwagen mit den feurigen Pferden über den Himmel lenken zu dürfen. Trotz der gewichtigen Bedenken des Vaters bestand der Jüngling auf der Umsetzung seines Plans. Das Vorhaben verlief tragisch, Phaeton konnte die Rösser nicht im Zaume halten. Sie gingen ihm durch und der Sonnenwagen verbrannte in ungezügelter Auf-und-ab-Fahrt Himmel und Erde. Zeus machte der wilden Jagd ein Ende, indem er einen Blitz auf das Gefährt schleuderte. Der Wagen stürzte in den Fluss Eridanus und Phaeton verlor bei diesem Abenteuer sein Leben.

Dessen Mutter Klymene und seine Schwestern, die Heliaden, weinten der Sage nach nun an den Ufern des Flusses ungehemmt und gottserbärmlich mehrere Monde lang und verfluchten wohl auch die Götter, denen sie das tragische Schicksal des geliebten Sohnes und Bruders anlasteten. Sie wurden schließlich in Pappeln verwandelt, weil sie über die Götter und das Schicksal lamentierten und wohl auch, damit endlich Ruhe sei. Jedoch weinten sie leise als Pappeln weiter, die Tränen flossen nun als Harz herab und verwandelten sich in goldschimmernde Bernsteine, die im Eridanus versanken – die Heliadentränen.

KAPITEL IX

RENAISSANCE REGIONALER PRODUKTE

VON FISCHSPEZIALITÄTEN UND MARZIPAN, SANDDORN, INSELGOLD UND RÜGENER KREIDE

GRUND NR. 81

WEIL REGIONALES TRUMPF IST UND DER KUNDE KÖNIG BLEIBT

Die Global Player haben so einiges vergeigt und wechseln die oberen Etagen aus, doch der Kunde bleibt König und an der Macht. Und er entscheidet sich wieder für Waren aus der Region, für durchschaubare Produktionsprozesse und für den Spaß am Erkunden von Tradition und einheimischen Werten. Zur maritimen Küche gehören neben Bratkartoffeln Fischspezialitäten wie Aal oder Hering, Hornfisch oder Kieler Sprotten. Man sollte wissen, wo echte Küstenfischer ihren Fisch anlanden und ihn fangfrisch zum Verkauf bringen. Wer Fisch frisch vom Kutter genießen kann, weiß den Unterschied zu schätzen.

Zu den regionaltypischen Besonderheiten der Ostseeküste zählt auch der Sanddorn. Er wird in breiter Palette in Form von Saft und Schnaps, Marmelade und Kuchen angeboten. Sanddorn gilt als vitaminreichste Frucht Deutschlands. Bei Schietwetter und in der kalten Jahreszeit wird der Sanddornsaft auch heiß getrunken. Weil Vitamin-C-Bomben stets von höchstem allgemeinen Interesse sind, gibt es deshalb in diesem Kapitel eine extra Liebeserklärung, in der wir unter anderem Profitipps zum Sanddorn»melken« geben.

Als Leckereien aus dem deutschen Ostseeraum sind das bekannte Lübecker Marzipan und das Stralsunder Marzipan zu nennen. Allein eine Stadt wie die Hansestadt Stralsund wartet mit gleich mehreren bekannten Produkten auf. Neben dem schon erwähnten Marzipan, das seit 2009 in Manufakturarbeit hergestellt wird, sind es außerdem das Störtebeker-Bier und der original Bismarckhering, dessen Geschichte selbst Amerikas damaligen Präsidenten George W. Bush bei seinem Besuch im Juni 2006 in Stralsund beeindruckte. Den Fischspezialitäten Bismarckhering und Kieler Sprotte haben wir ebenfalls Extra-Liebeserklärungen gewidmet, unter anderem deshalb, weil das Interesse an einfachen und noch dazu gesunden regionalen Produkten vernünftigerweise stark zugenommen hat – und zu diesen Produkten gehört der ganz profane Hering.

Unsere neuen mondscheinhellen Lieblinge, die Rügener Kreidemännchen, die eine Attraktion der neueren Kreidezeit darstellen, schicken sich an, ein ganz eigener Mythos zu werden. Hierzu bitten wir den an dieser Zwergenpopulation interessierten Leser, ebenfalls unter dem Extrapunkt nachzulesen und sich von den lütten Wichteln und Elfen in ihr Fantasiereich entführen zu lassen.

And last but not least in unserer Auslese regionaltypischer Hingucker – der Strandkorb. Es ist das ultimative Strandmöbel, das heute sogar Trendmöbel in Gärten, auf Terrassen, in Lokalen und in guten Stuben ist. Erfunden 1882 vom Rostocker Korbmachermeister Wilhelm Bartelmann und in der Heringsdorfer Strandkorbfabrik auf Usedom heute in Hunderten von Variationen produziert. Aufgrund seiner inzwischen kulturprägenden Stellung hat der Strandkorb in unserem 111-Gänge-Menü »Ostseeliebe« zwei ganz eigene Liebeserklärungen gleich im ersten Kapitel erhalten. Wer das Buch von vorne angefangen hat zu lesen, der weiß ja schon Bescheid.

GRUND NR. 82

WEIL LÜBECKER EDELMARZIPAN EIN ECHTES OSTSEELECKERLI FÜR NASCHKATZEN IST

Marzipan ist eine feine Sache. Kenner schätzen Königsberger Marzipan, Lübecker und Stralsunder Marzipan, das spanische Mazapán de Toledo und das französische Marzipan, das anstelle von Zucker mit Zuckersirup hergestellt wird und von hellerer Farbe, feinerer Konsistenz und milderem Geschmack ist. Thomas Mann nannte es

»Haremskonfekt«. Auf jeden Fall stammt es aus Persien und wurde im 13. Jahrhundert in Venedig als Marzapane bekannt. Die gehobene Gesellschaft Europas leistete sich seit dem 14. Jahrhundert das Konfekt als Leckerei, Verdauungshilfe und Potenzmittel. Aus Mandeln, Zucker und Rosenwasser wurde es damals noch von Apothekern hergestellt und von ihnen auch verkauft.

Lübecker Marzipan ist als Markenprodukt in der ganzen Welt bekannt. Doch wie kam es zu dieser besonderen Kreation aus Mandelmasse und Zucker? Das Marzipan im nördlichen Europa soll 1407 in Lübeck erfunden worden sein und 1409 in Königsberg. Damals machte wohl eine Hungersnot erfinderisch. Die Kornvorräte waren aufgebraucht und der Senat ordnete an, die vorhandenen Mandelvorräte zu Brot zu verbacken. Da diese Geschichte in allen Marzipanstädten überliefert ist, aber, ähnlich der Störtebeker-Saga, letztlich niemand so richtig weiß, ob da was dran ist, kann man sie glauben oder nicht. Um 1530 wird das Marzipan jedenfalls erstmals in den Lübecker Zunftrollen erwähnt. Spätere Unterlagen geben über den Aufstieg Lübecks als Marzipanstadt Auskunft, denn ab ungefähr 1800 ist die Gründung von Marzipanmanufakturen im gesamten deutschsprachigen Raum dokumentiert. Entlang der Handelsstraßen und in den großen Handelszentren wie Nürnberg gehörten Marzipanprodukte längst zu den Vorlieben der oberen Zehntausend.

Bei der Marzipanherstellung spielte der Zucker eine Schlüsselrolle. Je geringer der Zuckeranteil, umso hochwertiger und teurer das Endprodukt. War der Zuckeranteil hoch, konnte man mehr und günstiger verkaufen. Alles hing schon damals am Zucker. Zunächst war das ein seltener Rohstoff, im Verlauf des 19. Jahrhunderts wurde Marzipan durch eigenen Zuckerrohranbau in Übersee erschwinglich. Entsprechend stieg der Umsatz und auch die Konkurrenz wuchs. In Lübeck überlebten nur zwei Unternehmen den gnadenlosen Konkurrenzkampf, der unter den Firmen der Städte Reval, Königsberg, Danzig, Hamburg und Lübeck tobte: Niederegger – im

Stammhaus sind zwölf lebensgroße Promi-Marzipanfiguren zu bestaunen – und Carstens, später auch kaiserlicher Hoflieferant.

Eine Zeitreise vom Ursprung des Marzipans im Orient über das von Apothekern hergestellte Heilmittel bis zur bunten Vielfalt heutiger Tage lässt sich im zweiten Stock des Cafés bei Niederegger in der Breiten Straße in Lübeck unternehmen. Die Qualität des Marzipans lässt sich schnell nachvollziehen. Marzipan enthält Rohmasse und Zucker meistens zu gleichen Teilen. Lübecker Edelmarzipan allerdings glänzt mit nur 10 Prozent Zuckeranteil und 90 Prozent Marzipanrohmasse. Beim Verkosten stellten sich recht schnell unterschiedliche Vorlieben heraus. Während Renate Marzipan mit Edelbitter-Mousse und das Marzipan-Schwarzbrot bevorzugte, waren es bei mir Pistazien-Marzipan mit Vanille-Trüffel. Beide mochten wir das Marzipan-Brot Apfelstrudel mit Mandelsplitter, Rosinen und Apfelstücken – mmh, lecker … Nur bei den Marzipankartöffelchen musste die Auswahl etwas undifferenziert getroffen werden – man konnte nicht zwischen Früh- und Spätkartoffeln wählen … Und zur Komplettierung hier noch der Hinweis auf das Persipan, das aus Pfirsichkernen hergestellt wird und nicht aus Mandelkernen. Persipan ist eine marzipanähnliche Masse und wird ausschließlich beim Backen verwendet, nicht in der Konfektherstellung.

GRUND NR. 83

WEIL DIE KIELER SPROTTE UNTER ARTENSCHUTZ STEHT

Dieser Fisch-Promi taucht nicht in *Brehms Tierleben* auf und ist trotzdem in aller Welt als Fischdelikatesse bekannt, sogar als Schokolade. Die traditionelle »Kieler Sprotte« zeichnet sich dadurch aus, dass sie feine Räucherware ist. Sprotten sind gewissermaßen heringsähnliche Fische, die aber nicht ganz so groß werden. Für die Spezialität »Kieler Sprotten« werden circa zehn Zentimeter lange Tiere ausgewählt. Verkauft werden die in Reih und Glied eng nebeneinanderliegenden goldbraun schimmernden Fischchen in flachen Holzkistchen. Ursprünglich war die Räucherung über Buchen- oder Erlenholz im sogenannten Altonaer Ofen eine Besonderheit der Kieler Sprotten. Heute werden zum Teil moderne, gasbefeuerte Räucheröfen verwendet, wobei sich der typische aromatische Räuchergeschmack leider nicht entwickeln kann.

Und hier noch Hilfreiches zum Verzehr der Winzlinge. Sie können mit Kopp un Steert, also mit Kopf und Schwanz, mit Gräten und allem Drum und Dran verputzt werden. Alle Teile sind weich und essbar, bleiben also nicht im Halse stecken. Wer das so aber nicht mag, kann die Sprotten auch ohne Kopp un Steert essen. Die Profi-Methode ist es dann, den Kopf abzuknicken, mit Daumen und Zeigefinger Bauch und Rücken leicht gegeneinanderzudrücken und mit der anderen Hand Schwanz und Hauptgräte mit Gefühl aus dem Fischlein herauszuziehen. Fertig. Mund auf und happs!

GRUND NR. 84

WEIL DER BISMARCKHERING NICHT NUR IN DER FASTENZEIT EIN PERFEKTER BEGLEITER IST

Auch diesen Fisch-Promi findet man nicht in *Brehms Tierleben*, dafür hat auch er einen besonderen Platz in der Welt der Fischdelikatessen – obwohl er von ganz einfacher Natur ist. Wie so oft, ist auch hier das Einfache das Geniale! Man muss nur drauf kommen. Doch nun mal »Butter bei die Fische«, wie es so schön heißt.

Der Bismarckhering kam zu seinem Namen, als der Stralsunder Braumeister und Kaufmann Johann Wiechmann ein Fässchen mildsauer-würzig eingelegte Ostseeheringsfilets an den von ihm hochgeschätzten damaligen Reichskanzler Otto Fürst von

Bismarck (1815–1898) als Geburtstagsgeschenk geschickt haben soll. Der Inhalt des Fässchens fand das Wohlwollen des honorigen Staatsmannes, was er dem Wiechmann wohl höchstpersönlich handschriftlich mitteilte. Ermutigt schickte dieser ein weiteres Fässchen an den von ihm verehrten Kanzler – marketingtechnisch ein Jahrhunderttreffer, wie sich zeigen sollte. Der Anlass war ebenfalls geschickt gewählt – die Reichsgründung 1871. In einem das Fässchen begleitenden Schreiben fragte der Kaufmann höflichst an, ob Bismarck wohl als Namenspatron für die mildsäuerlich-bekömmlichen Heringslappen zur Verfügung stünde. Nun, der Otto willigte ein und so heißt diese spezielle Zubereitung der Ostseeheringslappen nach Originalrezept von 1871 »Bismarckhering« – mit Pickelhauben-Bonus gewissermaßen.

In einer Abhandlung über die Medizingeschichte ist notiert, dass der damalige Leibarzt von Bismarck, Dr. Ernst Schweninger, dem schwergewichtigen Kanzler auch mal eine Heringskur als Heildiät verschrieben haben soll, die ihn tatsächlich von einigen seiner ständigen Molesten genesen ließ.

Die Tradition des Stralsunder Fischhandelspioniers Johann Wiechmann setzt seit 1997 der Fischhändler Henry Rasmus inmitten der Altstadt Stralsunds fort. In der Heilgeiststraße werden seitdem die zarten Filets für Genießerzungen hergestellt. Der aus der Ostsee stammende Hering wird entgrätet und gehäutet, verriet uns die Chefin Frau Rasmus, und wird dann zur natürlichen Haltbarmachung in ein salzhaltiges Reifebad eingelegt. Den mildwürzigen Geschmack erhält der Hering durch den anschließenden Spezialaufguss. Die Autoren wissen die Stralsunder Fischspezialität seit Langem zu schätzen und sie wissen aus eigener Erfahrung, dass die Filets quasi auf der Zunge zergehen und leicht für die Verdauung sind. Eine regelmäßige Versorgung mit dem edlen Schwarmfisch ist gesichert, wohnen doch Mutter und Bruder von Renate unweit des Rasmus'schen Geschäftes und geben immer mal ein Pfund des Bismarck'schen Pickelhaubenherings auf den Postweg Richtung

Süden. Rasmus selbst versendet auch, bei bismarckhering.com kann gegen Vorkasse online bestellt werden.

2006 wurde der Bismarckhering dann auch noch weltberühmt, als Rasmus dem damaligen amerikanischen Präsidenten George W. Bush anlässlich seines Besuches in Stralsund ein Fässchen des original Stralsunder Bismarckherings überreichte. In sauren Zeiten macht auch mildsauer lustig und saure Zeiten scheinen immer Konjunktur zu haben. Anlässlich der Bush-Visite in Stralsund wurden im Umkreis von zwei Kilometern um den Alten Markt herum, auf dem der öffentliche Auftritt des Amerikaners stattfand, alle Gullydeckel zugeschweißt, die Briefkästen abmontiert, die Stadtlaternen gescannt und abgehorcht. Die dortigen Bewohner erhielten Stubenarrest und durften auch nicht aus den Fenstern gucken. Die Möwen erhielten Überflugverbot. Und doch schaffte es eine – ja, es war wohl Möwe Emma, die es geschafft hatte, über dem inzwischen Expräsidenten und seiner Gattin herumzuflattern. Beim Klabautermann aber auch! Oder war es eine Taube? Der Heilige Geist vielleicht als Taube? Wenn man dann noch bedenkt, dass das Fässchen mit dem Bismarckhering ja soeben aus der Heilgeiststraße daherkam – ja, dann war es bestimmt der Heilige Geist. Und für den gibt es kein Flugverbot.

GRUND NR. 85

WEIL ES DIE RÜGENER KREIDEMÄNNCHEN GIBT

Zu den neueren Entdeckungen in der Fabelwesenwelt gehören die Rügener Kreidemännchen, deren Zuhause die Kreideklifflandschaften der Halbinsel Jasmund an Rügens Ostküste sind. Im nahen Küstenwald und an der weithin leuchtenden weißen Steilküste am Rande des Bernsteinmeeres verraten in der fortgeschrittenen Dämmerung und im nächtlichen Dunkel winzige herumflackernde Lichtpünktlein ein emsiges Hin und Her, ein geheimnisvolles Auf und Ab. Geht man näher heran, sieht man nichts mehr von den Lichtern und glaubt, der eigenen Fantasie aufgesessen zu sein. Entfernt man sich jedoch, geht der Lichtertanz flirrend weiter und nicht nur das – ein feines Glöckchengeklingel begleitet das geheimnisvolle Treiben an den Hängen der weißen Kalkriesen und sogar zu deren Füßen am Ufersaum. In derartigen Situationen hat es sich bewährt, einfach weiterzugehen und deutliches Desinteresse zu zeigen, sich bei der nächsten sich bietenden Gelegenheit jedoch hinter einen großen Findling zu kauern oder sich hinter der nächsten Biegung zu verstecken.

Geduld sei zudem angeraten. Und dann kann man sie erspähen, die kleinen weißen Wichtel mit ihren Zipfelmützen, an deren Spitzen fröhlich goldene Glöckchen auf und ab wippen. Es wispert der Wind, dass sie die Hüter der Kreidefelsen sein sollen und dass sie den Menschen freundlich gesinnt sind. Sie wollen ihnen den Schatz Heilkreide, der für Gesundheit, Schönheit und Wohlergehen steht, näherbringen. Aber sie lassen sich während der Arbeit eben nicht gerne auf die Finger gucken. Haben sie doch auch mit dem zweiten, dem verborgenen Schatz der Ostsee, dem Bernstein, zu tun. Auch diesen sonnenlichtgoldenen Schatz möchten sie den Menschen ans Herz legen, nicht nur als Schmuckstein, sondern auch als Heilstein. So sammeln sie eifrig Bernsteinchen um Bernsteinchen und tragen diese in den weißen Berg, um ihn dort fein zu bearbeiten. Die filigransten Stücke verschenken sie an ihre geliebten Elfen in den Wiesen und Wäldern der Stubnitz. Die etwas größeren Stücke tragen sie zu den Menschen. Manchmal kann es geschehen, dass sich ein Kreidemännchen beim nächtlichen Bernsteinsammeln vertrödelt hat und nicht rechtzeitig vor Tagesanbruch zurück in den weißen Kreidefelsen ist. Begegnet ihm dann in der Morgenröte ein einsamer Wanderer am Strand, so muss er ihm – so die Sage – seinen ganzen gesammelten Bernsteinschatz vor die Füße legen. Deshalb geschieht es immer wieder einmal, dass so mancher Frühaufsteher während des Sonnenaufgangs ganz überraschend ganz viele kleine Bernsteinchen im Spülsaum vor seinen Füßen liegen sieht.

Die Kreidemännchen und ihre Frauchen, die Kreideelfen, sind vor allem auch den Kindern wohlgesinnt. Sie mögen deren fröhliches Lachen und Unbeschwertheit. Auch schätzen sie Freundlichkeit und Aufmerksamkeit gegen jedermann, sei er auch noch so klein und unscheinbar. Die Kreidemännchen-Familien von der Insel Rügen sind beliebte Maskottchen und hübsche Andenken an die Insel mit den leuchtend weißen Kreidefelsen. Möchte man seine Sammlung vervollständigen, so kann man die Kreidemännchen beispielsweise auf dem »Rügenhof« in Putgarten am Kap Arkona erwerben, der 365 Tage im Jahr geöffnet ist, oder online im Internet. Die Erfinder und Taufpaten der Rügener Kreidemännchen Marlies und Reinhardt Jost verraten auf ruegener-kreidemaennchen.de alles Wissenswerte über die Rügener Kreidemännchen – auch, wie sie entdeckt wurden. Online einkaufen kann man dort natürlich auch.

GRUND NR. 86

WEIL DIE RÜGENER KREIDE DAS WEISSE GOLD DER OSTSEE IST

Die strahlend weißen Kreidefelsen an Rügens Ostküste sind nicht nur ein beliebtes Fotomotiv – nein, da steckt viel mehr dahinter. Kreide kann auf vielfältige Weise der Gesundheit dienen, da sie entsäuernd und entschlackend im Körper wirkt. Der höchste Genuss ist ein Kreide-Relaxbad zu Hause, ganz entspannt in der Badewanne. Mit Kerzchen auf dem Wannenrand natürlich und daneben ein Kreidemännchen – der Wächter der Rügener Kreide. Mit der Anwendung des natürlichen Multitalentes Kreide tut man auch noch der geplagten Umwelt etwas Gutes. Beim Ablassen des Badewassers fließen nämlich nur gute Sachen in die Kanalisation und der pH-

Wert wird auch noch verbessert. Und wenn man das Kreidewasser nach dem Bad im eigenen Garten entsorgt, verbessern die Kreidereste und der Kreideschlamm auch dort den pH-Wert von gegebenenfalls übersäuerter Erde. Wenig bekannt ist auch, dass Kreidepulver an feuchten, klammen Orten und gegen Salpeterausblühungen oder Hausschimmel eingesetzt werden kann – ökologisch sinnvoll und nachhaltig also. So, das war quasi im Schnelldurchlauf das Wesentliche. Ach, doch noch etwas vergessen. Zähneputzen mit Kreidepulver ist das absolute Nonplusultra. Schäumt zwar nicht, ist aber gesund und bringt jeden Tee- und Kaffeeschleier zum Verblassen und zwar ohne den Zahnschmelz anzugreifen.

Wer sich nun weiter über das weiße Multitalent informieren möchte, liest Ausführliches hierzu im derzeit einzigen Büchlein zu diesem spannenden Thema. Der Titel lautet: *Heilkreide – Eigenschaften & Wirkweise des natürlichen Heilungs- und Schönheitsmittels.* Erhältlich ist das 50-Seiten-Midibook im Buchhandel, beim Kreide-Allrounder arcus-kontor in Raa-Besenbek und auch im Kreidemuseum in Gummanz auf Rügen. In älterer Literatur heißt die Kreide übrigens auch Kalkblüte, Mondmilch, Milchstein oder Bergmehl.

Rügener Kreide besteht zu 98 Prozent aus Calciumcarbonat, auch kohlensaurer Kalk oder Kalkspat genannt. Obwohl die Rügener Kreide auch heute noch Schreibkreide genannt wird, hat sie mit der Schul- oder Tafelkreide nur wenig gemeinsam, denn die besteht heute hauptsächlich aus Gips (Calciumsulfat). Die geschlämmte Kreide wird in nur geringen Anteilen zugesetzt. Kreide ist naturgemäß mit Sand, Steinen, Muscheln etc. vermischt. Ihren feinen Zustand erhält sie durch Zerkleinern, Sieben und mehrmaliges Aufschlämmen mittels Wasser. Die Kreide wird im nördlichen Insel-Binnenland Rügens, auf der Halbinsel Jasmund, abgebaut. Im dortigen Kreidemuseum Gummanz erfährt man alles Wissenswerte, auch werden dort Führungen durch die Kreidebrüche angeboten. An der Kreideküste selbst findet übrigens kein Abbau der

Kreide statt, da diese unter Naturschutz steht. Seit 1929 steht die gesamte Halbinsel Jasmund/Rügen unter Naturschutz und im Jahr 1990 wurde sie als Nationalparkgebiet ausgewiesen.

Die Rügener Kreide gehört zu den wertvollsten einheimischen Naturstoffen. Sie findet vor allem im industriellen Bereich vielfältigste Verwendung. Aber auch im Wellness- und Beauty-Bereich gewinnen Kreideanwendungen zunehmend an Bedeutung. Die therapeutisch höchst wirkungsvollen Kreidebäder gehören leider der Vergangenheit an, angeblich, weil sie heute zu aufwendig wären. Man kann ja aber gemütlich zu Hause baden. Kreidepulver für diese Zwecke kann man zum Beispiel bei arcus-kontor.de ordern. Wer an Heilkreide-Produkten für Kosmetik und Wellness interessiert ist, der liest nun einfach weiter.

GRUND NR. 87

WEIL DAS WEISSE GOLD »WHITE WELLNESS« PUR IST

Das sogenannte weiße Gold der Ostsee – die Rügener Kreide – ist, wie wir ja schon wissen, ein einzigartiger Naturstoff mit ganz besonderen Fähigkeiten. In speziell aufbereiteter Form, zum Beispiel als Pflegepackung, Maske oder Peeling, wird sie im Rahmen von Wellness- und Beautykonzepten in vielen Hotels entlang der Küste angeboten, zum Beispiel im schönsten Ostseebad der Welt, dem Geburtsort der Autorin, in Kühlungsborn, das zwischen Lübeck und Rostock liegt. Und natürlich in der Kreidehochburg selbst, auf Rügen, dessen Wahrzeichen ja die Kreidefelsen sind.

White Wellness ist en vogue und Heilkreide-Produkte findet man unter anderem im Internet. Das bereits erwähnte Kreidepulver für das Wannenvollbad zu Hause ist im Übrigen besonders für Frauen, wegen des Badens des Unterleibes, eine heilsame Besonderheit. Für eine Sonnenbad-Danachpflege scheint das feine weiße

Pulver vom lieben Gott vorgesehen zu sein. Auf die MeraSan-After-Sun-Emulsion schwören wir jedenfalls und wir haben sie nicht nur an der Ostsee dabei, auch im Garten oder beim Wandern. Die in ihr enthaltene Heilkreide wirkt auf jeden Fall schützend und wird auch von Sonnenbrand-Haut vertragen. Wir verwenden die Emulsion von MeraSan schon lange und konnten feststellen, dass sie auch vor einem Sonnenbad von Nutzen ist. Allerdings kann sie dabei auch den Bräunungsprozess ausbremsen. Man muss sich dann nicht wundern, wenn sich die Sommerbräune nicht wie gewohnt einstellen will …

Und damit die Geheimnisse des White Wellness auch den Zeitgenossen im bayrischen Voralpenland nicht verborgen bleiben, hat man im Landgasthof »Zum Bayrischen Paradies« in Saulgrub die Initiative ergriffen und klärt Einheimische und Urlauber auf. Denn kaum jemandem dort ist bewusst, dass die Ammergauer Alpen Kalkriesen sind und die gute alte König-Ludwig-Idylle somit auch ein White-Wellness-Gesundheitsland ist – so wie Mecklenburg-Vorpommern. Im Haus »Zum Bayrischen Paradies« gibt es nicht nur Aufklärung, sondern auch Kreideanwendungen und Badeerfahrungen, die sogar dokumentiert werden. White Wellness im blau-weißen Bayern – das passt!

GRUND NR. 88

WEIL INSELGOLD AUS SASSNITZ EINE ECHTE SOAPSTORY IST

Der Ostsee-Süchtige ist in der Regel ja auch Bernstein-süchtig. Hat man erst einmal damit begonnen, bei jedem Strandspaziergang im Spülsaum nach dem Gold der Ostsee Ausschau zu halten, kann es sein, dass einen das Goldfieber nicht mehr loslässt. Wir sind jedoch auf eine echte Alternative gestoßen, die das Herz des Sammlers erfreut und zudem noch von praktischem Nutzen ist. Eine Überraschung kann man erleben, wenn man die Seife »Inselgold« geschenkt bekommt. Im Inneren dieser durchsichtigen, ovalen Seife sind lauter kleine Bernsteinchen sichtbar eingeschlossen. Das heißt, man muss sich gar nicht auf langwierige Suche begeben, um auf das Gold der Ostsee zu stoßen. Diese originelle Inselgold-Seife gibt es in der Seifenmanufaktur in Sassnitz zu entdecken. Und sie verbreitet auch noch gute Laune. Hält man das transparente Waschstückchen gegen das Licht, so erhellt das durch die Bernsteinchen scheinende Licht das Gemüt, erst recht bei Schietwetter und Sinnkrisen. Und der frische Duft belebt den Geist und lässt einen tief durchatmen und dabei denken: Alles nicht so schlimm, alles gut!

So kann man wenigstens zu Hause Bernstein finden, wenn man beim Suchen am Strand sonst schon kein Glück hat. Die kleinen Bernsteine waschen sich während der Benutzung der Seife nämlich nach und nach frei. Es ist auch erfreulich, dass die Inselgold-Seife keine trockene Haut macht und ihr frischer Duft bis zum letzten Stückchen hält. Wer nun vielleicht gleich bestellen möchte, kann dieses entweder im Onlineshop bei inselseifen.de tun oder er besucht die Seifensiederin Anke Brüdgam direkt in ihrem Manufaktur- und Ladengeschäft in der Hauptstraße der Hafenstadt Sassnitz. Dort produziert sie eine Vielfalt von Seifen mit Insel-Naturstoffen wie Rügener Kreide oder Sanddorn, mit aromatischen Küstenkräutern und inselfrischen Düften.

GRUND NR. 89

WEIL IN BOBBIN AUF RÜGEN EIN BLAUER SCHRANK DER KLEINSTE OSTSEEPRODUKTELADEN DER INSEL IST

Bobbin ist ein beschaulicher kleiner Ort zwischen Sagard und dem Ostseebad Glowe. Das beinahe bergige Örtchen wird von dessen berühmter Kirche St. Pauli überragt. Die einzige erhalten gebliebene Feldsteinkirche auf Rügen wurde im 14. Jahrhundert erbaut, wobei bereits 1250 eine »ecclesia de Babyn« in den Quellen erwähnt wird, sodass davon ausgegangen werden kann, dass bereits davor an dieser Stelle sakrale und rituelle Handlungen wie Taufen und Beerdigungen vorgenommen wurden. St. Pauli auf dem Bobbiner Berg war in den folgenden Jahrhunderten eine der Wallfahrtskirchen auf Rügen.

Gleich daneben, zweimal um die Ecke rum, befindet sich der kleinste Laden der Insel – wie die Besitzer, die Familie Kolbow, uns mit einem Augenzwinkern sagen. Der heute 80-jährige Erhard Willi Kolbow lebt seit 1956 auf Rügen. Er ist heute einer der ältesten aktiven Kunstschaffenden auf der Insel und eng mit ihr verwachsen. In allem, was er geschöpft hat und heute noch »erfindet« und herstellt, meint man, sein Künstlerherz pochen zu spüren. Ein stiller, freundlicher Mann mit wachem Zeitverstand, mit einer wunderbaren Gabe des Erzählen-Könnens und dem Vermögen des Zuhören-Könnens. Nur so kann die harmonische Schwingung und Ausgeglichenheit erhalten bleiben – die so wichtige Harmonie in der Natur und im Leben. Erhard Kolbow töpfert und malt leidenschaftlich, schöpft Kunsthandwerkliches verschiedenster Art, schreibt Krimis und Märchen, Gedichte, Fabeln und Verse – ein inspiriertes Multitalent. Sein inniges Verbundensein mit der Natur zeigt sich in seinen kleinen und größeren Kunstwerken. Keramikschmuck oder Schmuck aus Feuerstein, Edelsteinen und Bernstein, Getöpfertes, weiße Kacheln mit Meeresmotiven, Segelschiffen und Wolken, Fischen, Vögeln, Pflanzen – Lasiertes und Unlasiertes, Eckiges oder Rundes und gar kleine Glocken aus Ton – alles, was das Herz eines Inselbesuchers erfreuen könnte, wird dort in liebevoller Handarbeit hergestellt. Unikate, entstanden mit Herz und Seele, bei denen es dem Künstler oftmals schwerfällt, sie überhaupt zu verkaufen. Ja, so ist das. Jedes Stück ein Baby, das man nur schweren Herzens ziehen lassen kann …

Der kleinste Laden der Insel ist übrigens ein blauer Schrank, der vor dem Anwesen der Kolbows im Oberdorf steht. Öffnet man vorsichtig die Türen, so zeigen sich die kleinen Schätze aus Keramik und der Schmuck aus Feuerstein, Edelsteinen, Bernstein und Hölzern. Augenfällig bei allem sind meeres- und inseltypische Motive und Ornamentik und bei allem die Naturbezogenheit.

Die Kolbows sind wie viele andere Künstler, Produzenten und Händler auf der Insel Rügen während der Saison unterwegs, um an den Touristenbrennpunkten vor Ort zu sein. An wettermäßig schönen Tagen findet man sie eingangs des berühmten kleinen Fischerdorfes Vitt am Kap Arkona in einem kleinen Häuschen gegenüber der Kapelle zu Vitt. Dort und auch im Hotel Jasmar-Resort in Neddesitz oder eben in Bobbin können die Produkte angeschaut und als besondere Mitnimmsel von der Insel Rügen erworben werden (in Bobbin aber sicherheitshalber wegen des tagesaktuellen Standortes anrufen: Tel. 038302-53053). Wir haben uns zwei kleine Glücksmännchen ausgewählt, da wir den Eindruck hatten, die wollen mit uns in die Welt hinaus ziehen, und zwei weiße Kacheln mit dahinziehenden Wolken und Segelboten.

Während wir uns auf dem naturbelassenen Anwesen noch die Werkstatt mit dem Brennofen und der Töpferscheibe anschauen dürfen, hören wir Erhard Willi Kolbow, versonnen eine seiner naturalistischen Malereien betrachtend, leise und mehr zu sich selbst sagen: »Grundvoraussetzung ist die Harmonie in allen Dingen des Lebens. Und wenn das nicht ist, ist alles irgendwie gestört …« Die Glücksmännchen in der Hosentasche fest drückend, waren wir beim Abschied sicher, einen besonderen Menschen getroffen zu haben – voller Lebensweisheit und Geduld, voller Wachheit und Demut.

GRUND NR. 90

WEIL MAN NICHT NUR KÜHE MELKEN KANN, SONDERN AUCH SANDDORN

Küstenleuchtfeuer besonderer Art sind die im Spätsommer und Frühherbst weithin orangefarben glühenden Sanddornbüsche – Vitamin-C-Bombenalarm im Gesundheitsland Nummer eins! Der Sanddorn, auch Dünendorn, Haffdorn oder Sandbeere genannt, ist ein Sonnenanbeter und hält absolut gar nichts von Schattenwirtschaft. Er steht grundsätzlich auf sonnensattem Gebiet und kann sich auch auf kargen Böden heimisch fühlen. Hauptsache Sonne. Der Küstensanddorn ist unempfindlich gegenüber jedem Wetter, er verträgt Hitze, Regen eimerweise und trotzt jedem Sturm – wie ein echter Seebär.

Bekannt ist, dass Begehrenswertes nicht so leicht zu haben ist. Der Sanddornstrauch lässt sich nur ungern seiner Fruchtbeeren berauben, weshalb er sich reichlich mit langen Dornen ausgerüstet hat. Lieber behält er nämlich seine gut gelungenen, hochwertigen Früchtchen sogar den ganzen Winter hindurch bei sich und kann so auf kurzweiligen Besuch von flugfähigem Getier rechnen. Doch Spaß beiseite, Ernst komm her. Wer nun weiterliest, wird im Folgenden absolute Profi-Geheimtipps erhalten, wie man die säuerlich-muffig schmeckenden Gesundbeeren überhaupt ernten kann. Die Sanddornernte ist recht mühselig und nicht so einfach wie die Pflaumenernte – einmal gegen den Stamm treten und die Früchte der Natur fallen einem vor die Füße. Nein, nein, so einfach geht das nicht. Bevor wir zu drei Möglichkeiten der Ernte kommen, steht am Anfang ein Hinweis zum Outfit. Man sollte ein Ganzkörperkondom tragen (Ölzeug oder langes Regencape), Handschuhe gegen die Dornen, Brille als Schutz vor Saftspritzern. Eimer und gegebenenfalls eine Rosenschere gehören mit zur Ernteausrüstung.

Das Ernteprozedere kann nun darin bestehen, den Sanddorn direkt vom Strauch herunterzumelken. Man klemmt den mitgebrachten Eimer zwischen Strauch und Körper direkt unter den betreffenden Zweig und quetscht die Beeren aus. Achtung! Saft spritzt gerne in alle Richtungen, also auch ins Gesicht oder auf einen daneben stehenden Neugierigen oder Klugscheißer. Im Eimer landen während des Melkens auch kleine Blättchen oder Dornenstückchen, weshalb der frisch gemolkene Saft zu Hause gleich mehrmals durchgesiebt werden muss. Um eine üppige Ausbeute zu erhalten, muss man schon einige Sträucher an ihren am bequemsten zugänglichen Stellen gemolken haben. Ja – so ist es! Vor die Belohnung haben die Götter den Schweiß gesetzt. Unter der Regenpellerine oder gar im Ölzeuganzug wird einem nämlich auch noch richtig schwitzig zumute.

Eine andere Methode, die Beeren des Sanddorns zu ernten, besteht darin, die Zweige samt Beeren abzuschneiden und komplett so einzufrieren. Dann die Zweige über einer Schüssel abklopfen oder vorsichtig auf den Tisch schlagen und die gefrorenen Beeren kullern einfach ab. Kurz abspülen, Verunreinigungen heraussammeln, quetschen, fertig.

Die dritte Methode, Sanddorn zu ernten, kann darin bestehen, unter dem Busch eine Plane auszulegen und mit einem Knüppel oder Ähnlichem auf den Busch zu klopfen. Wenn man Glück hat, hat man den richtigen Erntezeitpunkt für diese Methode erwischt und die reifen Beeren fallen von den Zweigen ab.

Ist man nicht gerade Sanddornplantagenbesitzer oder professioneller Sanddornbeerenpflücker, sollte man sich mit dem Sanddornmelken eigentlich nur aus Spaß an der Freude und wegen der eigenen Gesundheit beschäftigen. Man kann sich nämlich wirklich recht schmerzhaft an den dicht stehenden langen Dornen verletzen. Am Ende jedoch steht die konkrete Aussicht auf einen fruchtigen Gesundsaft, den man auch warm trinken kann oder vermischt mit Hochprozentigem. Und immerhin: Sanddorn melken kann nun wirklich nicht jeder! Sanddornprodukte gibt es quasi überall an der Ostsee, auch in unterschiedlichen Preisklassen, jedoch insgesamt nicht ganz billig. Auch werden Produkte von Plantagen aus dem Brandenburgischen hinzugekauft, da der Küstensanddorn wohl nicht ausreicht. Sanddorngetränke bietet jedes Restaurant, Café und jede Tagesbar an, kalt oder heiß, naturell oder mit Schuss. Auf alle Fälle gesund. Und der ganz eigene Geruch des Sanddorns soll uns nicht stören. Wir wissen ja, wirklich gute Medizin muss nicht auch noch wirklich gut schmecken oder riechen – im Gegenteil, sie ist meistens bitter oder säuerlich.

KAPITEL X

USEDOM – DAS BADE- UND ERHOLUNGSPARADIES IM LANDKREIS OST-VORPOMMERN

VON KAISERBÄDERN UND BERNSTEINBÄDERN – DAS FLORENZ AN UNSERER ÖSTLICHEN OSTSEEKÜSTE

GRUND NR. 91

WEIL DIE »NEUE POMMERSCHE KÜCHE« AUS HERINGSDORF KOMMT UND DAS GÄNSEBLÜMCHEN IHR SYMBOL IST

Heringsdorf ist das älteste Seebad auf der Insel Usedom und eines der drei Kaiserbäder neben Ahlbeck und Bansin. Neben den drei Kaiserbädern gibt es auch noch die Bernsteinbäder genannten Orte Zempin, Koserow, Loddin und Ückeritz. Einen mehr als 40 Kilometer langen, schönen, seidigen Sandstrand kann Usedom sein Eigen nennen. Zehn Kilometer ununterbrochene Strandpromenade zwischen Ahlbeck und Bansin lassen einen verträumt oberhalb des Strandes entlangziehen. Forstmeister Bernhard von Bülow ließ 1818 einst ein Fischerdorf dort bauen. Ein Witz der Geschichte, dass sein Nachfahre Vicco von Bülow alias Loriot Heringsdorf und die Seebrücke Ahlbeck mit seinem Film *Papa ante portas* wieder in Erinnerung brachte. Skurril auch die Geschichte der Namensgebung, die auf den späteren König Friedrich Wilhelm IV. zurückgeht. Er wurde anlässlich seines Besuches um einen Vorschlag gebeten. Friedrich schaute sich um, sah Heringstonnen und es roch nach Fisch und er stammelte was von »Heringsdorf«. Die Untertanen waren entzückt ob der genialen Idee.

1879 erst wurde Heringsdorf Seebad. Die Bankiersfamilie Delbrück, die für ihr Bäder-Vorhaben extra eine Aktiengesellschaft gründete, trieb die Entwicklung des Seebades professionell voran. Inzwischen ist man so weit, dass schlechtes Wetter in Heringsdorf keine Rolle mehr spielt. Die Ostseetherme in der Nähe des Bahnhofs bietet in sechs Becken Badespaß und ein intensives Zusatzprogramm von Kosmetik bis Fitnessstudio. Für speziell Interessierte findet jährlich im September die an Informationen reich gespickte Woche »Kneipp kontra Krebs« statt. Vorträge, praktische Anleitungen für eigene Gesundheitspflegemaßnahmen und Ausflügen in die nähere und weitere Umgebung sind nur drei Beispiele aus der gebotenen Vielfalt (www.inselusedomurlaub.de). Die Spielbank lockt an der Promenade die Zocker, aber auch Kunstpavillons, die Villa Irmgard, die sich Maxim Gorki widmet, oder die Sternwarte, die von Manfred von Ardenne unterstützt wurde, lohnen den Besuch und sorgen für Kurzweil. In der Sternwarte sitzt man nach 22 Uhr und beobachtet bei wolkenfreiem Himmel die Gestirne. Nebenan ist das Zirkuszelt »Chapeau Rouge« gut gefüllt und in der Konzertmuschel erklingt bei einem ruhig stimmenden Sonnenuntergang die Musik noch mal so schön. Die Heringsdorfer Seebrücke kann übrigens mit XXL-Maßen punkten, sie ist 500 Meter lang …

In jeder der Bädervillen existierte früher ein eigenes Kochbuch. Damals speiste man sehr individuell und kannte keine allgemeingültigen Trendspeisen. Jörg Gleissner, seit über 40 Jahren Koch, ist inzwischen zum Kochphilosophen mutiert. Nach der Wende stieg er in die Archive und las in alten Kochbüchern nach, was damals so aufgetischt wurde. Eine Entdeckungsreise, die ihn heute zu dem In-Koch in Heringsdorf macht, der seine Culinaria Pommerania serviert. Gleissner kocht nicht nur, er erzählt auch charmant über seine Speisen, wenn diese serviert werden. Da erfährt man dann, dass gebratener Beinwell nach Seezunge schmeckt, große Kletten noch zarter sind als Artischockenherzen und Früchte des Speierlings weich und aromatisch sind. Aber zuallererst, dass das Gänseblümchen als symbolhaftes Markenzeichen für die »Neue Pommersche Küche« steht. Es steht für Unvergänglichkeit. Zu den Besonderheiten der Culinaria Pommerania zählen Apfelfleisch mit Wrukennudeln. Und den Zander serviert man mit Löwenzahngemüse und gefülltem Wildgemüse. Die Gründonnerstagssuppe setzt sich aus den ersten Kräutern des Frühlings zusammen und trägt angeblich besondere Kräfte in sich. So auch die Kraft der ewigen Treue. Brennnessel, Löwenzahn, Vogelmiere, Giersch, Kresse, Gänseblümchenblüten, Spitzwegerich und Bärlauch kommen in den Topf. Eine Mehlschwitze aus Dinkelmehl mit gerösteten Zwiebeln in zerlassener Butter ist die Grundlage. Dann folgen Verfeinerungen. Probieren kann man dort auch die lang vergessenen Honigkrebse, dort gibt es sie – inzwischen ein Geheimtipp! Gleissner hat Heimatgeschichtliches und Esskultur auf innovative Art aufbereitet. Heute bietet er auch ganz besondere Rundgänge an. Da erfährt man, in welchem Fachwerkhaus beispielsweise der Zahnarzt von Wilhelm II. und später Hitlers Rechtsanwalt wohnten und welche Jagdhütte Stasi-Chef Mielke liebte und wie man zu DDR-Zeiten Ölsardinen gegen Handwerksleistungen tauschte. In seinem Restaurant »Stellwerk« serviert er Schwarze Nüsse und Fischpralinen und erklärt, warum es im 16. Jahrhundert rechtmäßig war, sich scheiden zu lassen, »weil sie das Essen versalzt« hatte.

GRUND NR. 92

WEIL IN AHLBECK FISCHER KRÜGER FÜR SEINE »FISCHHÜTTE« NOCH SELBER FISCHEN GEHT

Ahlbecks Wahrzeichen ist die Seebrücke, die 1898 eingeweiht wurde und 300 Meter in die Ostsee hineinführt. Wer sich auch gerne mal an alte Zeiten erinnern möchte, kann das auf dem Ahlbecker Seebrückenplatz. Dort liest man die Zeit von der alten Jugendstiluhr ab, die 1911 ein begeisterter Kurgast dem Ort stiftete. Von dort aus lässt es sich auch wunderbar promenieren, denn wir sind ja in einem der drei Kaiserbäder. In Ahlbeck wurde der Badebetrieb 1852 eröffnet, der im Gegensatz zum noblen Heringsdorf anfangs eher schlicht gehalten und auf Familien und Arbeiter ausgerichtet war. Dank Kaiser Wilhelm II., der oft Gast an der See war und das Kaiser-Wilhelm-Heim bauen ließ, konnten ab 1913 auch Bedürftige in den Genuss des Ostseeklimas kommen. Schon um 1900 herum hatte Ahlbeck mehr Feriengäste als der noble Nachbarort Heringsdorf.

Wer sich satt gesehen hat an Villen, die stilistisch die Vielfalt, Verspieltheit und auch das Klassische in der Bäderarchitektur widerspiegeln, wer Zinnen, Türmchen, Balustraden und Hauswanddekor genossen und ein Bad im Meer genommen hat, kann sodann gleich weiter auf Entdeckungsreise gehen. In jedem Falle lohnt es sich, in die kleineren Künstlerateliers zu schauen. Volker Köpp betreibt ein solches in der Talstraße. Er ist gebürtiger Usedomer und fand dort alles, was ein Maler braucht – stürmische See, malerische Küste und flimmernde Sandstrände und auf der meerabgewandten Seite das eher ruhige, beschauliche Binnenland. Im Atelier, das modern, aber doch voller Atmosphäre ist, lassen sich seine Porträts, Landschaftsbilder, Stillleben und Akte betrachten.

Ein anderer Usedomer zählt zu den überzeugtesten Fischern der Insel, von denen es nur noch fünf geben soll. Uwe Krüger betreibt das Restaurant »Uwes Fischhütte« in Ahlbeck. Dafür fährt er jeden Tag auf See und fängt für seine Gäste den frischen Fisch. In Uwes Fischhütte werden dann die Gäste in gemütlicher Katen-Atmosphäre mit den gebratenen und geräucherten Spezialitäten versorgt. Klar, dass sich dort auch ein kleines Schwätzchen halten lässt. Und da wird geplaudert, was die Planken halten, denn seit 1830 wird dort schon in sechster Generation gefischt und aufgetischt.

Kleiner Tipp noch: Wer das ganze Gelände um Ahlbeck mal von einem schönen Aussichtspunkt aus sehen möchte, der sollte sich auf den Zirowberg begeben. Er liegt nahe dem Bahnhof Ahlbeck Richtung Korswandt und gestattet mit seinen 60 Metern Höhe einen imposanten Blick auf die Pommersche Bucht. Der Hauptdarsteller Ahlbecks ist und bleibt jedoch der 70 Meter breite, allerfeinste Badestrand zu Füßen der ausrollenden Ostseewellen. Magnetisch zieht er alle im Ort Verweilenden stetig an, jeden Tag und jeden Abend immer wieder aufs Neue – egal bei welchem Wetter. Die Promenade entlangspazierend, zur Linken das Meer und zur Rechten die umwerfende Villenkulisse, kann man nichts anderes denken als: Mein Gott, ist das schön!

GRUND NR. 93

WEIL ES IN BANSIN DEN BESTEN KUCHEN IM WALD GIBT UND MAN MIT DER »CARMEN CALYPSO« SEIN BLAUES WUNDER ERLEBEN KANN

In Bansin an der Strandpromenade einem Konzert lauschen, alte Badewagen inspizieren und dann in der Bergstraße und der Seestraße historische Gebäude anschauen. In Bansin blickt man auf eine kurze Ortsgeschichte zurück, misst man sie an Usedomer Maßstäben. 1897 wurde der Ort Seebad. Damals ein Neubaugebiet mit zehn Gebäuden am Strand. Der Name stammt von einem Dorf, das knapp eineinhalb Kilometer entfernt am Gothensee lag. Dann gab es 1901 Knatsch und das Dorf und das Seebad gingen getrennte Wege. Erst 2005 im Zuge der Eingemeindung kamen alle wieder offiziell zusammen – so wurde uns erzählt.

Ein Geheimtipp für Radfahrer und Fußgänger ist das Café Forsthaus Fangel. Im Wald gelegen, führt keine fest angelegte Straße dorthin, was alles noch unheimlicher macht. Und so pilgern die Kuchenfans in Strömen zum Waldhäuschen im Hinterland von Bansin, wo Kuchen noch handgemacht vom Blech kommt, ohne Schnickschnack und Einheitsform. Wenn allerdings das Gebäck alle ist, dann ist es definitiv alle. Nachgebacken wird nicht, erst am nächsten Tag gibt es neuen »Stoff« für die Backwahn-Anhänger.

Eddy Stoll ist einer der Fischer, die kein Blatt vor den Mund nehmen. Aber er kritisiert nicht nur die Fangquoten, sondern tut auch was fürs Geschäft. Mit einem in England gebauten Katamaran fährt er die Touristen an die schönsten Plätze vor Usedom. Auf seine »Carmen Calypso« schwört er, die Polynesier bereisten mit dieser Schiffsart die ganze Welt. Das Mischwasser aus Swine und Peene macht aus der Ostsee auch dort an dieser Stelle Brackwasser, sodass Stoll vor Usedom gleichzeitig Süß- und Salzwasserfische angeln kann. Als Leckerli für seine Gäste. Der ehemalige Fischer muss nicht mehr vom Fischfang leben, sein Hotel und Restaurant an der Strandpromenade sind gut besucht. Mit der Carmen Calypso geht es mit den Gästen dann noch raus zur Oderbank, wo das Wasser so türkis wie in der Karibik schimmert – sagt er. Bis zu acht Meter tief schaut man dort in die Ostsee, pro Fahrt können zwölf Touristen ihr blaues Wunder erleben. Eddy Stoll trifft man in der Pension »Dünenschloss«. Nach dem blauen Wunder sei abschließend noch etwas anderes Exotisches erwähnt – nämlich das Tropenhaus, in dem man exotische Pflanzen und Tiere antreffen kann, die auf Usedom ihr Frischluft-Zuhause gefunden haben.

GRUND NR. 94

WEIL IN KOSEROW DER MALER OTTO NIEMEYER-HOLSTEIN DIE BEDEUTENDSTEN BILDER DER OSTSEE SCHUF

Koserow liegt ebenso wie Lüttenort an der schmalsten Stelle Usedoms. Lüttenort ist ein international bekanntes Refugium für Maler aus aller Welt. Unmittelbar neben Koserow gelegen, bestechen der Skulpturenpark und die gesamte Anlage durch eine ganz eigene Architektur. Otto Niemeyer-Holstein wird als bedeutendster Maler der Ostsee gepriesen. Und ihn mag Koserow und Umgebung angeregt haben, den Pinsel besonders inspiriert zu schwingen. Heute folgen ihm jedes Jahr Besucher und Talente, um in Führungen, Workshops und Ausstellungen seinem Genius nachzuspüren. Aha! Um die Motive des Genies zu entdecken, muss man nicht lange suchend unterwegs sein. Wer auf Foto-Tour geht, wird schnell fündig. Jedem Koserow-Besucher sei die 1993 restaurierte Seebrücke zum Besuch empfohlen, aber auch die nicht ganz so spektakulären Salzhütten. 15 davon existieren noch. Sie wurden Ende des 19. Jahrhunderts als Lager für den Heringsfang gebaut. Und wer zufällig heiraten möchte und nur einen kleinen Geldbeutel sein Eigen nennt, der kann dort guten Gewissens die kleinste Hochzeitsgesellschaft einladen. Nämlich in eine der Salzhütten, die heute nicht nur als Museum, sondern auch als Standesamt dient. Acht Personen zu beköstigen ist für sparsame Menschen wohl gerade noch erschwinglich. Hochzeitspaare, Künstler und Urlauber auf den Spuren des großen Niemeyer-Holstein können sich dann abends noch einen satten Sonnenuntergang auf dem Streckelsberg abholen, der an der Küste zwischen Kölpinsee und Koserow liegt. 58 Meter hoch, herrlicher Blick von der Steilküste aufs Meer und ein unvergleichlicher Farbzauber durch die schnell wechselnden Lichtspiele auf dem Wasser. Man schaut bis Mönchgut und sieht sogar die Kreidefelsen ganz in der Ferne. 170 Jahre haben die nahe gelegenen Buchen in der Krone, die im Herbst einen deutschen Indian Summer zaubern, den man, ohne extra Flüge buchen zu müssen, einfach auf Usedom genießen kann. Im Frühjahr breitet der Buchenwald sein Blätterdach über einem blauen Teppich aus Leberblümchen aus. Aufmerksame Besucher entdecken auch mal das rote Waldvöglein, eine Orchideenart. Oder gar den Schatz des Piraten Klaus Störtebeker, den er dort am Streckelsberg vergraben haben soll.

Mit einer Kirche aus dem 13. Jahrhundert kann auch Koserow eine der ältesten Kirchen an der Ostseeküste vorweisen. Im alten Ortskern gelegen, dient sie aber nicht nur der Andacht, sondern wird im Sommer zum Mittelpunkt für Theateraufführungen und für die Konzertreihe »Klassik am Meer«. Man achte auf die frühgotischen Fensteröffnungen und den dreistufigen Spitzbogen des alten Eingangs in der Nordseite. Das ist noch Original-Mauerwerk aus dem 13. Jahrhundert. Angeblich lagen Koserow und der Streckelsberg der sagenhaften, im Meer versunkenen Stadt Vineta gegenüber. Jeweils am Ostermorgen kann man am Strand und im Nachbarort Zinnowitz die Glocken der versunkenen Stadt hören. Heutzutage ist das der Auftakt für die Vineta-Tage. Zum Mythos Vineta gibt es von uns eine Extra-Liebeserklärung, die sich im Kapitel IV als Grund Nr. 39 befindet.

GRUND NR. 95

WEIL DIE VILLEN DER KAISERBÄDER JEDE MENGE PROMIGESCHICHTEN ERZÄHLEN KÖNNEN

Die verwitwete Konsulgattin Elisabeth Staudt empfing in ihrer Villa Kaiser Wilhelm II. zum Teetrinken und glaubt man den Gerüchten, war das nur die offizielle Floskel für ganz andere Genüsse. Die Villen entlang der gesamten Heringsdorfer Strandpromenade beherbergen historische Promi-Geschichten. Walzerkönig Johann Strauß komponierte in der »Villa Anna« im ¾-Takt beschwingte Melodien, während die Schaffenskraft des russischen Dichters Maxim Gorki bereits im Argen lag, weshalb er sich in der »Villa Irmgard« von seinem Lungenleiden erholte. Kurt Tucholsky, streitbare Edel-Feder und Pazifisten-Ikone der Weimarer Republik, ärgerte sich über die allzu rigiden Sitten. Feste Essenszeiten waren dem Großstadtmenschen ein Gräuel. Im »Weißen Schloss« nahm man keine Rücksicht auf den prominenten Gast. In der »Villa Fontane« saß unterdessen der Dichter höchstselbst und feilte an seiner *Effi Briest*. Nebenbei fielen ihm ein paar Sätze ein, die den Heilungseffekt der Insel in höchsten Tönen lobten. »Man hat Ruhe und frische Luft und diese beiden Dinge wirken wie Wunder und erfüllen Nerven, Blut, Lungen mit einer stillen Wonne.«

Philipp Otto Runge, neben Caspar David Friedrich der bedeutendste Maler der Frühromantik, hinterließ dort seine bunten Pinselspuren. Sein Geburtshaus steht in Wolgast – über ihn bitte gleich in der nächsten Liebeserklärung weiterlesen. Ein Künstler brachte es sogar zu einem kompletten Radweg. Das Werk des deutsch-amerikanischen Malers Lyonel Feininger lässt sich anhand von Bronzetafeln entlang der Wege nachvollziehen. 56 Kilometer und 40 Stationen für 80 Bilder, die heute weltweit in den Galerien hängen, sind abzuradeln. Ein anderer Maler war Rolf Werner. Er kam 1953 nach Usedom, war mit Niemeyer-Holstein befreundet und kreierte einen eigenen Stil. Allerdings leistete er sich den Luxus, seine Bilder nicht zu verkaufen. Jawohl. Diesen Luxus leistete er sich, arbeitete doch seine Frau als Zahnärztin und sorgte für den Lebensunterhalt. Nach seinem Tod machte die Witwe Führungen durch das Atelier mit den Bildern ihres Mannes – anzuschauen in der Bansiner Seestraße 60.

GRUND NR. 96

WEIL DAS MÄRCHEN »DE FISCHER UN SIEN FRU« VON DEM IN WOLGAST GEBORENEN PHILIPP OTTO RUNGE GESCHRIEBEN WURDE UND NICHT VON DEN GEBRÜDERN GRIMM

Die am Peenestrom gelegene ehemalige Hansestadt Wolgast ist das schmale westliche Eingangstor nach Usedom. Ein Jahrhundert lang, von 1523 bis 1625, war dort die Residenz der Herzöge von Pommern-Wolgast. Vom prachtvollen Schloss ist heute leider nichts mehr erhalten. In Wolgast eine Besichtigung wert ist neben dem Museumshafen und der Altstadt die 1370 als dreischiffige Backsteinbasilika erbaute St.-Petri-Kirche.

Wolgast ist Geburtsstadt von Philipp Otto Runge (1777–1810). Eines der bekanntesten Märchen der Waterkant stammt aus seiner Feder – *De Fischer un sien Fru*. Er schrieb es in mehreren Versionen auf. Die erste, in vorpommerscher Mundart, reichte er an die Gebrüder Grimm, verbunden mit dem Wunsch an sie, eine Märchensammlung aufzubauen. Diese fanden die Idee wohl gut und nahmen die erste Fassung auf. Und als die Sammlung *Kinder- und Hausmärchen* ein Bestseller wurde, übernahmen sie später die vierte Fassung Runges vom Märchen über die habgierige Ehefrau des Fischers, die die Dankbarkeit des Butts ausnutzte, dem der Fischer die Freiheit wiedergegeben hatte. All dem kann man im Geburtshaus des Autors, dem sogenannten Rungehaus, in Wolgast in der Kronwiekstraße 45, nachspüren. In Warthe, einem Ortsteil von Rankwitz am Achterwasser, führt ein Weg vom Fischerstrand in eine Bucht mit einer knorrigen Eiche. Dort findet man einen hölzernen Bottich, Reusenstäbe und ein Fischerboot, die symbolisch an das Märchen erinnern sollen. Im Rungehaus kann man an mehreren Computern virtuell in die von Philipp Otto Runge entwickelte Farbenkugel eintauchen und somit in das gesamte Farbenspektrum der durch die Grundfarben Gelb, Rot und Blau entstehenden Farbvariationen. Philipp Otto Runge entwickelte nämlich die erste dreidimensionale Darstellung des Farbensystems. Hierüber korrespondierte er mit J.W. von Goethe, der 1810, im Todesjahr Runges, seine eigene Farbenlehre veröffentlichte.

Mit der Erschaffung seines Grafikzyklus der »Zeiten« gilt Runge als der Begründer der romantischen Kunst in Deutschland. Warum er nicht nur als bedeutendster Maler der Romantik in Norddeutschland gilt, sondern als Multitalent, lässt sich in Wolgast leicht nachvollziehen. Runge war ein hochkreativer und fein inspirierter junger Künstler und Forscher. Er war quasi ein Neu-Denker. Er schrieb, dichtete, malte, forschte, entwickelte und war Inspirator nicht nur für die Märchensammlung der Gebrüder Grimm. In der Architektur gilt er als einer der geistigen Wegbereiter und Vordenker der erst später sich entwickelnden Baustile Jugendstil und Bauhaus. Philipp Otto Runge entwarf im Übrigen auch die ersten spiegelartig zueinander stehenden Spielkartenmotive auf dem »Französischen Blatt«. Der seit seiner Kindheit oft kränkelnde Philipp Otto Runge verstarb 1810 in Hamburg sehr jung mit nur 33 Jahren an Tuberkulose. Nur einen Tag nach seinem Tod brachte seine Frau das vierte Kind, den Sohn Philipp Otto, zur Welt. Hamburg war der Lebensort der Runges, wo auch sein älterer Bruder lebte und ihn förderte. Runges Witwe überlebte ihren Mann um mehr als 70 Jahre und starb 1881 im hohen Alter von 96 Jahren.

In Wolgast hat man das Haus der Familie Runge und dessen Inneneinrichtung anhand von Überlieferungen und zeitgemäßen

Quellen originalgetreu restauriert und rekonstruiert. Immerhin lebten elf Kinder in dem Haus, Philipp Otto war das neunte von den elfen. Da von der originalen Inneneinrichtung nichts mehr erhalten war, stellte man Esszimmer, Wohnraum und Küche, Schlafräume und Kontor des Vaters den Originalen nachempfunden nach. Die barocken Türen, ein Wandregal und die Öllandplatten in der Diele waren im Original erhalten und wurden restauriert. Alle Räume wurden in den Originalwandfarben gestrichen. Beim Besuch des Rungehauses fühlt man sich tatsächlich in das Jahr 1777, das Geburtsjahr Runges, zurückversetzt. Und das sei auch noch erwähnt: Günter Grass machte Runge in seinem Roman *Der Butt* zum neuzeitlichen Helden.

GRUND NR. 97

WEIL ES IN ÜCKERITZ AUF USEDOM EINE FLEDERMAUSBURG GIBT

Ückeritz bietet im Juli einen absolut einmaligen Fledermaus-Event – im Forstamt Neu Pudagla. Unzählige Fledermäuse unterschiedlicher Arten, zum Beispiel der Abendsegler, Zwergfledermäuse und Rathausfledermäuse, sind bei anbrechender Dunkelheit unterwegs zur Nahrungssuche, auf Beuteflug. Die Tiere werden dort auch fachkundig betreut. Mit dem zuständigen Förster kann man ein Schwätzchen halten, in dem man alles Wissenswerte aus erster Hand erfährt. Dazu werden tagsüber auch Kaffee und Kuchen gereicht. Zur Fledermausnacht macht man mittels verschiedener Geräte die Schallwellen der Fledermäuse hörbar. Touristen lernen eine andere Welt kennen, die Tiere sind ja so gut wie blind und jagen nach Gehör. »Batman müsste eigentlich ziemlich sehbehindert sein«, fiel mir dazu ein. Aber Renate war ganz sicher: »Wäre das so, würde die Comedy-Variante mit Adam Sandler besetzt worden sein und er würde andauernd gegen irgendeine Hochhauswand fliegen.« Auch wieder sehr wahrscheinlich, aber Film ist Film und die Natur hat andere Überraschungen parat. Im Waldkabinett, der alten Forstscheune des Forstamtes, wird eine Pilz- und Fossiliensammlung ausgestellt. Mehr als 40 Baumarten haben auf Usedom ihre Heimat und von allen gibt es Blüten, Blätter und Früchte zu besichtigen. Wer keine Führung buchen will, kann sich auf dem Waldlehrpfad selbst bilden und der Fledermausburg oder dem Insektenhotel einen Besuch abstatten. Außerdem liegen dort jede Menge Steine herum, die man näher betrachten sollte. Die ollen Steine stammen wahrscheinlich alle aus der Steinzeit … Vom Gesteinsgarten aus sind wir direkt zum Klettergarten aufgebrochen. 50 Kletterelemente lassen einen mitten in der Natur mal so richtig loslegen, rumhängen, abhängen, rumbaumeln. Für Kinder und Erwachsene ein schönes Baumelparadies …

Am Achterwasser ist Kiten und Surfen angesagt. Auch dort ist es ideal für Familien mit Kindern. Das Wasser ist nicht tief und der Wellengang ist eher mäßig. Es lässt sich gut lernen. Noch ein Tipp: Wer mal richtig Platt hören will – dort treffen sich bei den Heimatvereinen immer wieder mal kleine Runden, in denen munter drauflosgeschnackt wird. Also einfach mal dazugesellen und ein paar Ohren Klönschnack mitnehmen. Ich sitze dann meistens rum und lausche dem Idiom als solchem, ja, ich bin sogar der Meinung, manchmal ist es gar nicht nötig, den Inhalt zu verstehen, es klingt einfach abenteuerlich oder zumindest ziemlich interessant. Und was anderes erzählen die an der Ostsee doch auch nicht als anderswo, aber es klingt irgendwie ulkiger und vor allem gelassener. Ein wichtiger Überlebensgrund, an die Ostsee umzuziehen. Wir werden also baldigst unsere Siebensachen zusammenpacken und in Renates alte Heimat ziehen. Dann haben wir den Klönschnack jeden Tag und das beruhigt die Nerven.

GRUND NR. 98

WEIL IM ACHTERLAND DER GOLM MAHNT, DER ORT KAMMINKE ROMANTIK PUR IST UND DER RITTER VON MELLENTHIN MEHR ALS EINE LEGENDE IST

Zwischen Achterwasser und Stettiner Haff gibt es das reizvolle Usedomer Achterland zu entdecken, das quasi das Hinterland der drei Kaiserbäder darstellt. Eine abwechslungsreiche Landschaft mit ruhigen, kleinen Ortschaften und idyllischen Seen prägt den Charakter des Achterlandes. Der Golm ist mit knapp 70 Metern die höchste regionale Erhebung und gestattet einen freien Blick über die Gegend bis nach Swinemünde. Auf dem Golm befindet sich einer der größten Kriegsopferfriedhöfe in Deutschland. In der Erde des 1943 angelegten Gräberfeldes fanden anfangs gefallene Soldaten und zwei Jahre später insgesamt 23.000 Menschen ihre letzte Ruhe. Sie kamen bei dem amerikanischen Bombenangriff auf die mit Flüchtlingen überfüllte Stadt Swinemünde in den Mittagsstunden des 12. März 1945 ums Leben. Die Getöteten waren auf der Flucht aus Hinterpommern, West- und Ostpreußen, es waren Frauen und Kinder, Einwohner der Stadt und andere Zivilisten. Die Gedenkstätte ist nahe der Orte Kamminke und Garz zu finden. Der mit alten Buchen bewaldete Golm sowie die angrenzende Umgebung wurden 1967 unter Naturschutz gestellt.

Kamminke ist eines der ältesten Fischerdörfer auf Usedom. Es liegt im südöstlichen Bereich Usedoms am Nordufer des Stettiner Haffs. Dieses wird auch Oderhaff oder Pommersches Haff genannt und ist nach dem Kurischen Haff bei Klaipėda (früher Memel) das zweitgrößte Haff der Ostsee – eigentlich eine Lagune. Das Kurische Haff bei Königsberg (heute Kaliningrad) ist die drittgrößte Ostseelagune. Östlicherseits bei Kamminke verläuft der offene Grenzbereich nach Polen. Das ruhige Örtchen nennt einen kleinen, verträumten Hafen sein Eigen und sogar eine kleine Mole. Einen schönen Strandbereich hat es auch, ja – und frischen Räucherfisch gibt es in Kamminke praktisch an jeder Ecke des 3000-Seelen-Ortes. Hauptsächlich natürlich im Hafen. Dort sollte man neben dem leckeren Räucherfisch auch einen Sonnenuntergang genießen, alles wirkt so märchenhaft, weil es Natur pur ist und einfach nur schön …

Einen Besuch lohnen noch die Jakobus-Kirche in Zirchow mit Wandmalereien aus dem Mittelalter und das Windschöpfwerk Kachlin zwischen Zirchow und Heringsdorf. Ein Technik-Denkmal aus dem Jahr 1920. Es ist zwölf Meter hoch und das aus 27 Windleitblättern bestehende Windrad hat einen Durchmesser von acht Metern. Dort wurde einst das Wasser aus dem Gothensee in die Ostsee befördert. Die Entwässerung des Gothensees erfolgt über den Sackkanal, der direkt in die Ostsee mündet.

Ja, was gibt es noch in der Ecke – von Rankwitz nach Liepe erstreckt sich eine schöne Alleenstraße und in Neppermin steht eine der größten Stechpalmen Europas, und schließlich sei Schloss Pudagla empfohlen, wo die verruchten Mönche wohnten, die ihre Lese- und Schreibkenntnisse dazu nutzten, sich in Besitz von Liegenschaften zu bringen. Aber sie taten auch viel Gutes, bis die Reformation dem Treiben ein Ende bereitete. Hierzu passt die Sage vom Ritter mit der goldenen Kette, die man bis heute erzählt und die ein romantischer Klassiker ist. Für den, den es interessiert, hier in Kürze die kolportierte Story:

Sie trug sich wohl um das Jahr 1360 zu und handelt vom Ritter Neukirchen, der immer eine goldenen Kette trug, weshalb man ihn den Ritter mit der goldenen Kette nannte, als der er auch in die ost-vorpommersche Sagenwelt eingegangen ist. Dieser Ritter verliebte sich unsterblich in eine Nonne des Klosters Pudagla. Um zu ihr zu gelangen, grub er einen unterirdischen Gang von seiner Burg bis zu ihrer Klosterzelle. Sieben Wochen dauerte es, dann konnte er sie mit sich nehmen und heiraten. Ein Bauer verriet das

Liebespaar und der Bruder der Braut rückte mit Söldnern an und belagerte die Burg ein Jahr lang. Der Herzog von Stettin hörte von der Geschichte und der Standhaftigkeit des Ritters. Kurzerhand beendete er die Belagerung und gab dem Paar seinen Segen. Und so lebten sie glücklich bis ans Ende ihrer Tage und wurden in der Kirche von Mellenthin begraben.

Eine Frage stellte sich mir beim Lesen der Geschichte: Lebte damals im Kloster wirklich eine Nonne unter den Mönchen? Früher war alles anders, als es uns heute erzählt wird. Und den Frauen haben die Mönche auch nicht unbedingt entsagt. Und Sagen sind keine historischen Dokumentationen. Natürlich kam ich nicht umhin, die Frage von Renate zu beantworten, wie ich selber die Geschichte denn nun einschätze. Ich musste nicht lange überlegen, für mich war die Story klar. »Na ja, wahrscheinlich gruben erst mal nicht der Ritter selbst, sondern seine Knappen den Tunnel und der Ritter eilte dann leichten Schrittes zu seiner Nonne, schnappte sie sich und ließ sie von seinen Knappen durch den Tunnel auf seine Burg tragen. Von der Belagerung wurde er zwar überrascht, fühlte sich aber nicht sonderlich gestört, da er ausgiebig die Flitterwochen feierte. Dummerweise schuldete er dem Bruder wahrscheinlich auch noch Geld, was er ihm jedoch nicht zahlen wollte. Den Herzog machte er zu seinem Geschäftspartner – so ungefähr wird das Ganze wohl wirklich …« – »Stopp! Unsinn, ganz großer Unsinn, typisch Mann«, beendete Renate mein Sinnieren, da sie sich die schöne Romanze nicht einfach so kaputtreden lassen wollte. Und ich lass mir doch von Legenden nichts vormachen, dachte ich und gab Ruh. Frauen sehen die Welt eben anders.

GRUND NR. 99

WEIL ZINNOWITZ DIE VINETA-FESTSPIELE FEIERT, PEENEMÜNDE DIE ERSTE LANGSTRECKENRAKETE DER WELT HATTE UND TRASSENHEIDE DEN GRÖSSTEN SCHMETTERLINGSPARK EUROPAS

In Karlshagen befand sich neben Prerow und derInsel Poel einst eines der bekanntesten DDR-Kinderferienlager an der Ostsee. Viele Kinder von damals verbinden heute noch unbeschwerte Sommerferien mit diesem Ort. Und schaut man sich heute dort um, dann könnte man meinen, dass es schon immer so gewesen sein muss – so bunt, so phantasievoll und so Sommerferien-unbeschwert. Dem war aber nicht so. Karlshagen und das nahe gelegenen Peenemünde sowie Trassenheide sind unmittelbare Nachbarn und Zeugen weltbekannter Militärgeschichte. Dort begann 1936 die Ära eines Militärstandortes, der bis zu seiner Auflösung 1993 das Leben in der Region maßgeblich dominierte. In Peenemünde kann man heute noch die Raketentechnik des Dritten Reiches, die V1 und V2, besichtigen, die die ersten Langstreckenraketen weltweit ware und von denen heute so oft die Rede ist. Ebenfalls zu besichtigen ist das U-Boot U 461 im Maritim-Museum im Hafen. Die meisten Besucher fasziniert im Historisch-Technischen Museum die »Phänomenta«, in der man Alltagsphänomene der Physik erkunden kann. Im Peenemünder Spielzeugmuseum sollte man sich dann nach all dem militärischen Spannungsmaterial wieder auf das Entspannende, Spielerische und den Urlaub einstimmen.

Für entspannte Ferien ist Trassenheide als Seebad natürlich bestens geeignet, da dort neben den maritimen Attraktivitäten auch Europas größtes Schmetterlingshaus mit 5000 Quadratmetern steht. Neben Schmetterlingspark und Tropenhalle mit circa 2000 frei herumschwirrenden Schmetterlingen gibt es noch ein Insektenkino und Insektenmuseum. Man kommt aus dem Staunen nicht heraus. Was Flugtechnik und Transformationskünste anbetrifft, können sich Flugobjekte-Entwickler gut Inspiration holen. Das große Gelände beherbergt in seiner Freiflughalle einen echten Dschungel, der inzwischen seit vielen Jahren vor sich hin wuchert. Täglich ist in der »Puppenstube« großer Schmetterlingsschlupf angesagt. In der Puppenstube hängen die Verpuppten wie auf einer Wäscheleine alle nebeneinander, bis – ja, bis sie hinausschlupfen und gleich in die Freiflughalle abflattern. Man muss es einfach mal gesehen haben, wie sich der Weg von der Raupe über den Kokon und dann zum fertigen bunten Flattertierchen vollzieht. Dort kann man es und man bekommt einen ziemlich guten Eindruck vom tropischen Klima, das sich schon durch die Pflanzen auch farblich sehr einprägsam nachvollziehen lässt.

Zwischen Juli und August strömen die Spektakelinteressierten zu den Vineta-Festpielen nach Zinnowitz. Auf der Freilichtbühne werden immer neue farbenprächtige und effektvolle Aufführungen und Varianten der Vineta-Sage dargeboten. Unser Tipp: Erst das Spektakel ansehen und am nächsten Tag eine Führung hinter die Kulissen buchen. Der Vineta-Mythos war uns eine eigene Liebeserklärung wert, bitte an entsprechender Stelle im Kapitel IV weiterlesen. Ab 1851 übrigens durfte sich Zinnowitz Seebad nennen. Dort erholte sich die bekannte Schriftstellerin Hedwig Courths-Mahler vom anstrengenden Alltag und ließ sich zu neuen Herz-Schmerz-Geschichten inspirieren.

GRUND NR. 100

WEIL IN LODDIN DER NÖRDLICHSTE UND KLEINSTE WEINBERG STEHT UND EINEN PROMINENTENSTATUS HAT

Vom Teufelsberg schaut der Besucher aus 40 Meter Höhe hinunter auf den Ostseestrand. Oder er begibt sich auf eine Hochufer-Wanderung entlang der Steilküste am Achterwasser. Auf dem Loddiner Höft sieht man von der erhöhten Landschaft aus das Achterwasser und die Halbinseln Lieper Winkel und Gnitz. Unser Ausflug am Achterwasser führt uns zum Restaurant »Waterblick«. Der Geheimtipp am Kölpinsee! 99 Rebstöcke werden von Gastwirt Peter Noack nebenbei bewirtschaftet. Ab dem 100. Rebstock müsste er ein Winzergewerbe anmelden. Das will er nicht, also wird sein Wein, für den ihn die Winzer offiziell jedoch in ihre Gemeinschaft aufgenommen haben, nicht verkauft. Die Trauben ergeben je nach Ernte exzellente Cabernet-Sauvignon- und Chardonnay-Sorten, von denen es natürlich viel zu wenig gibt.

2000 Sonnenstunden im Jahr und eine steife Brise gegen die Staunässe bilden die wichtigste Grundlage für den zwischen Muschelresten gereiften Wein »Loddiner Abendrot«, den Kenner so beschreiben: »Duftet nach roten Beeren, und etwas Kirschkern, am Gaumen Himbeer- und Kirschfruchtgeschmack und nachhaltig etwas Nougat im Abgang.« So viel zu Ostsee-Weinen. Wenn man Glück hat, lässt Peter Noack einen mal an einem Gläschen nippen. Er begrüßte bereits Altkanzler Kohl und die Klitschkos, nicht zuletzt deshalb, weil er neben der pommerschen Küche auch Spezialitäten zaubert, von denen man in seinem Delikatessen-Laden auch reichlich eintüten kann. So sollte man sich mit diversen Sorten hauseigenem Aquavit eindecken, der dort aus Sanddorn und einer Vielzahl anderer Zutaten gebrannt wird.

Hechte und Edelfische im Kölpinsee begeistern Angler, die Ruhe Suchenden finden ein Idyll und die Wasservögel tummeln sich inmitten der Orchideenwiesen. In Stubbenfelde findet Camping direkt in der Steilküste unter Buchen statt. Vom Deich bis zum Loddiner Höft finden Familien mit Kindern einen sauberen, breiten und weißen Sandstrand und zuverlässiges Niedrigwasser vor, über das der Wirt und Winzer Peter Noack augenzwinkernd sagt: »Wenn Möwen hier trinken wollen, dann müssen sie sich hinknien.«

KAPITEL XI

SEEKISTE 2 – ALLES, WAS EINEN ECHTEN SEEBÄREN SONST NOCH INTERESSIERT

VON STOLZEN SEGLERN AUF DEM MEER, KRANICHFLÜGEN IN DER LUFT UND PINGUINEN AUF DEM DACH

GRUND NR. 101

WEIL DIE ROSTOCKER HANSE SAIL EINFACH GIGANTISCH IST

Während der Hanse Sail ist in Rostock alles anders. Die Straßenbahnen fahren die ganze Nacht hindurch. Züge fahren teilweise mit Dampflok und die Hotels sind restlos ausgebucht. Wir hatten uns rechtzeitig ein Quartier westlich von Warnemünde besorgt und zwar – Achtung Geheimtipp – in Börgerende. Dort sitzt man praktisch in der ersten Reihe und kann vom Strand aus die ganze Pracht der Schiffspaparade bestens beobachten. Jedes Jahr im August findet seit 1991 – damals noch unter dem Namen Hanseatische Hafentage – Mecklenburg-Vorpommerns spektakulärste Open-Air-Veranstaltung statt.

Auf den Molen und Anlegern drängeln sich die begeisterten Zuschauer und schauen den Paraden der etwa 200 Traditionssegler und anderer bunt bewimpelter Schiffe und Kutter zu. Mit Smartphone oder Filmkamera lassen sich wunderbare Bilder von Dampfschiffen, Briggs, Schonern und anderen Wasserfahrzeugen machen. Eines schöner als das andere, fahren sie zum Passagierkai und zum Stadthafen. Wir haben die Open-Ship-Aktionen genutzt. Man geht an Bord und freut sich bei Shantys und Small Talk an den picobello gepflegten Details und blitzblank gewienerten Messingteilen der Schiffe. Der besondere Clou ist natürlich ein sogenannter Mitsegeltörn, bei dem man selbst Segel setzen lernt. Man lernt an Bord, wann die Seilwinde bewegt werden muss, welches Segel wie zum Einsatz kommt und kann um sich herum in Gischtspritzernähe andere Segler beobachten.

Denn rund um Rostock und Warnemünde herrscht dichtes Gedränge auf dem Wasser. Da ankern Luxusliner, die von Bord eines kleinen Seglers einfach gigantisch wirken, und es kreuzen majestätische Schiffe wie der jetzt russische Windjammer »Krusenstern«, eine Viermast-Stahlbark mit Heimathafen Kaliningrad, oder der Dreimast-Großsegler »Alexander von Humboldt II«, an denen sich das Auge einfach nicht sattsehen kann. Bewirtung an Bord ist inbegriffen. Häppchen und Sekt. Meine Frau Renate zählt vermutlich zu einer der ausgefallensten Expertensorten – sie ist eine der wenigen Rollmopsexpertinnen, die Deutschland zu bieten hat. Während der Hanse Sail jedenfalls stellte sie eine Event-adäquate Qualität dieser mopsrolligen Heringsdelikatesse fest. Einen Nebeneffekt hat der mehrtägige Rollmops-Verzehr auch noch. Wir konnten mit den herausgepulten Holzstäbchen nämlich unser Zahnstocherarsenal aufrüsten.

Dann gibt es noch die Drachenbootrennen, Helmtaucher und Wasserski-Shows und an Land findet auch ein Event nach dem anderen statt. Klangvolles von Heimatliedern bis Rock auf etlichen Bühnen, Ausstellungen, Märkte, Nacht der Kirchen und Seefahrergottesdienst, Wahl von Miss und Mister Hanse Sail und wer Lust hat, kann auch noch bei der Marine vorbeischauen. Wir waren nach den vier Tagen jedenfalls nicht mehr in der Lage, nachts mal nicht von Seglern zu träumen.

Wem es an Land zu beengt ist bei dem hochsommerlichen Massenauflauf, der kann natürlich auch einen Rundflug machen. Ein Segelfliegertreffen läuft parallel zur Hanse Sail. Und wer sich fragt, warum alles so beengt zugeht und die Menschen ölsardinenmäßig dicht an dicht sich durch die Stadt oder am Warnowstrom entlangschieben, dem sei hier noch verraten, dass etwa eine Million Besucher während der Hanse Sail in Rostock gezählt werden. Die Marketingexperten haben ausgerechnet, dass dieses Megaevent als Werbung für Rostock etwa zehn Millionen Euro wert sein soll – Donnerlüttchen sage ich da nur!

GRUND NR. 102

WEIL DIE KIELER WOCHE EIN EVENT MIT SUPERLATIVEN IST

Wer jemals selbst Segel gesetzt hat oder sich einfach mal von majestätischen Schiffen begeistern lassen will, der sollte sich unbedingt die letzte komplette Juni-Woche frei nehmen, um nach Kiel zu pilgern. Die Kieler Woche ist einmalig. An der größten Segelregatta der Welt beteiligen sich bis zu 6000 Segler aus über 50 Nationen auf den Regattabahnen der Innen- und Außenförde. Mehr als drei Millionen Besucher strömen zu diesem Event in die Landeshauptstadt Schleswig-Holsteins. Natürlich ist das ein Riesenauflauf, aber der Trubel lohnt sich. Zumal neben den Wettkämpfen rund 2000 Kulturveranstaltungen das Volk bei Laune halten. Dort erleben die Besucher von Kleinkunst bis Oper eine Kulturparade, die als größte in Nordeuropa gilt. Die Top-Segler kann auch das Publikum hautnah auf den zehn Regattabahnen erleben: Das offizielle Kieler-Woche-Schiff, die »MS Hamburg«, darf als einziges Begleitboot direkt ans Geschehen heranfahren. Es ist ganz spritzig, wenn man an Bord von fachsimpelnden Kommentatoren die Aktionen auf dem Wasser erläutert bekommt.

Der Ursprung der Kieler Woche liegt im Jahr 1882, als einige Hamburger mit 20 Yachten eine Freundschaftsregatta veranstalteten. Danach stiegen die Kieler ein und so wurde aus dem jährlichen Ereignis eine Tradition, die im Jahr 1894 ihren heutigen Namen erhielt. Damals zeigte man noch gern seine Kriegsschiffe vor und suchte so die Sympathien des Volkes. Die kaiserliche Marine sah einen willkommenen Anlass, ihre Stärke zu demonstrieren, und dominierte seitdem die Kieler Woche. Erst in den 1920er-Jahren verzeichnete das Ereignis wieder eine breite internationale Beteiligung. Nach dem Zweiten Weltkrieg warteten die Engländer mit einer Kuriosität auf. Sie riefen 1945 die »Kiel Week« ins Leben, ließen aber keine Deutschen teilnehmen. 1947 veranstalteten die verärgerten Kieler daraufhin eine zweite Kieler Woche namens »Septemberwoche«. Ein Jahr darauf wurden zwei Kieler Wochen veranstaltet, eine Regatta und eine Kulturwoche. Erst 1949 legte man beide Veranstaltungen zusammen und etablierte das bis heute jährliche Ereignis als Regatta- und Kulturereignis. Die Großsegler-parade wurde 1972 anlässlich der Olympischen Spiele eingeführt. Kiel ist auch der Heimathafen des Segelschulschiffs »Gorch Fock« (II), das zur Kieler Woche die Windjammer-Parade anführt. Die »Gorch Fock« (II), das 1958 gebaute, aktuelle Segelschulschiff der deutschen Marine, und die »Gorch Fock« (I), der im Heimathafen Stralsund liegende, 1933 gebaute Großsegler, – ja, es gibt wirklich zwei davon – sind uns zwei Extra-Schlenker wert, die nach der Rum-Regatta kundgetan werden.

GRUND NR. 103

WEIL BEI DER RUM-REGATTA DER ZWEITE PLATZ SIEGER IST

»Deine Heimat ist das Meer, deine Freunde sind die Sterne …«, so heißt es in dem bekannten Seemannslied von Werner Scharfenberger und Fini Busch. Und in jedem Hafen hat er eine Braut, der Seemann … – und wenn es auch nur sein Schiff ist. Seit 1980 findet immer um Himmelfahrt herum auf der Flensburger Innenförde die Rum-Regatta der historischen Gaffelsegler statt. Bei der Rum-Regatta, dem größten Gaffelseglertreffen in Nordeuropa, geht es weniger darum, als Erster ins Ziel einzulaufen, als um eine gewisse Lebenshaltung. Na das ist mal was völlig anderes. So lautet das Regatta-Motto »Lieber heil und Zweiter als kaputt und breiter.« Alle, die Sieger werden wollen, dürfen nicht Erster sein. Entsprechend locker geht es bei Begrüßung und Einstimmung los. Und es endet nach der »unernsten familiären Geschwaderfahrt«, wie der veranstaltende Verein »Flensburger Museumshafen« es nennt, mit einer

Preis-Vergeudung – nicht Verleihung, wohlgemerkt! Wertvoll ist der zweite Preis, also der Siegerpreis, eine Drei-Liter-Buddel Rum vom Rum-Traditionshaus Johannsen. Für den Ersten gibt es etwas Symbolisches, das nicht weiter doll von Wert ist, und überhaupt verleiht man nach eigenem Bekunden die »schändlichsten Preise unter der nördlichen Sonne«. Entschädigt wird so mancher mit den Sonderpreisen, zum Beispiel für ein ausgezeichnet restauriertes Schiff, wenn der betreffende Segler ganz nahe am historischen Original restauriert wurde oder wenn jemand ein kulturhistorisch bedeutendes Schiff sein Eigen nennt und es fachmännisch originalgetreu wieder aufgebaut hat und es pflegt wie eine heimliche Geliebte. Ein Sonderpreis wird auch verliehen, wenn eine Crew den Kernzweck des Rennens in vorbildlicher Weise erfüllt hat – nämlich eine seemannschaftliche Gesamtleistung gezeigt hat, wozu vorbildliche Schiffsführung und seemännisches Verhalten zählen, gegenseitiger Respekt, Achtung von Mann und Maus an Deck …

Zum großen Frühjahrs-Familien-Happening der Gaffelgemeinde kommen inzwischen um die 30.000 Zuschauer, die sich gern durch die Show der mehr als 100 Segler an die ruhmreiche Rum-Tradition der Stadt Flensburg erinnern lassen – in der es Gott sei Dank aber auch Bier gibt! Also auf zum Hafenfest und zur Regatta mit den segelnden historischen Berufsfahrzeugen, wie es offiziell für die Gaffelsegler heißt. Dort hat wirklich alles den Anschein eines großes Familientreffens mit viel Gaudi und Blödeleien, mit Musike und Unterhaltungen jeder Art. Verpflegung bestens – Fischbrötchen, Würstchen und Flensbuger Plop-Bier. Und die meisten scheinen sich irgendwie zu kennen. Wir waren schwer beeindruckt von der unaufgeregten, easy Atmosphäre. Wie hätte die auch anders sein können, da doch auch die Regatta nichts wahnsinnig Rasantes ist – denn dort will hauptsächlich das Bremsen gekonnt sein. »Witzig kommentiert, kann man das dann schon wieder gut ab«, meinte unser Tischnachbar und ließ ein Flensburger ploppen. Ein Schwätzchen mit den Vereinsmitgliedern öffnet einem dann noch Tore zur weiten Welt der Seefahrerei und bis vor die Herzen einer verschworenen Seefahrergemeinde mit ganz viel Humor …

Und hier gleich noch ein überlebenswichtiger Tipp für ahnungslose Mitsegler und Landratten. Es gibt jede Menge ungeschriebene Regeln auf See. So etwas wie Demokratie gibt es an Bord schon mal gar nicht, das Kommando hat der Kapitän, egal wie groß oder wie klein der Kahn ist, egal wie viele Leute an Bord sind und egal auch wer die Mehrheit hat. Diskutiert wird nicht, das käme einer Meuterei gleich. Ist man bereit, sich auf die Besonderheiten während eines Törns einzulassen, so wird man jedoch belohnt mit dem schönsten Gefühl von Freisein, Dahinsegeln ohne Staus und Ampelkreuzungen und immer auch ein bisschen mit dem Ergebenheitsgefühl, ganz in der Hand Gottes zu sein. »Auf hoher See und vor Gericht sind wir alle in der Hand Gottes«, so heißt es ja bekanntlich. Und da ist was dran. Früher war es übrigens gern gesehen, wenn der Seemann des Schwimmens unkundig war …

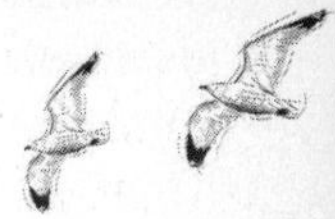

GRUND NR. 104

WEIL ES DIE LEGENDÄRE GORCH FOCK GLEICH ZWEIMAL IN DER OSTSEE GIBT (I)

Das ist jetzt wirklich kein Seemannsgarn, Kinnings, das ist so wahr, wie es auch zwei Brücken über den Strelasund gibt. Der Großsegler »Gorch Fock« (I) oder auch »Gorch Fock« (1933) – wie er heute genannt wird, um Verwechslungen vorzubeugen – wurde für die deutsche Reichsmarine als Segelschulschiff in der Hamburger Werft »Blohm & Voss« gebaut. Nach nur 100 Tagen Bauzeit, am 3. Mai 1933, lief die Bark mit Stahlrumpf und Stahlmasten vom Stapel und wurde am 27. Juni 1933 in Dienst gestellt. Benannt wurde sie nach dem Hamburger Schifffahrts-Lyriker Johann Wilhelm Kinau, der unter dem Pseudonym Gorch Fock schrieb. Stralsund wurde der Heimathafen für den Großsegler, der während der kommenden Kriegsjahre in den Häfen von Swinemünde und Kiel als Wohnschiff diente. Die zweite »Gorch Fock«, das derzeitige Segelschulschiff der Marine, wurde 1958 gebaut und liegt im Heimathafen Kiel. Beide Schiffe sind Schwesternschiffe, hierzu bitte die nachfolgende Geschichte in Grund Nr. 105 lesen.

Doch nun weiter mit dem Gorch-Fock-Krimi und dem 1933 gebauten Original »Gorch Fock«. 1944 wurde die infolge diverser Kriegseinwirkungen angegangene Bark im Schlepptau von Kiel vor die Südküste Rügens verbracht, wo sie ein halbes Jahr ankerte, bevor sie im Stralsunder Hafen vor Anker ging. Im März 1945 wurde die Bark zum Schutz vor den anrückenden Russen wieder Richtung Südrügen bugsiert, wo sie vor der Halbinsel Drigge ankerte. Im April rückte die Rote Armee vor und beschoss den weithin sichtbaren Großsegler. Zeitgleich soll beschlossen wurden sein, die »Gorch Fock« selbst zu versenken, um sie nicht den heranrückenden Russen in die Hände zu liefern. Dieses ist die eine Version, die kolportiert wird. Das halb abgetakelte Schiff sank, wobei seine aufrecht stehenden Stahlmasten noch sichtbar aus dem Wasser herausschauten. Einer anderen Version zufolge soll der Großsegler im Rügischen Bodden vor der Südküste Rügens auf eine Mine aufgelaufen und daraufhin gesunken sein. 1947 musste die »Gorch Fock« geborgen werden, da sie nun als Reparationsobjekt an die Sowjetunion übergeben werden sollte. Die Bergung erfolgte – entgegen der damaligen Schiffshebetradition – mit den immer noch aufrecht stehenden Stahlmasten.

Im Juni 1947 konnte das Schiff unter größten Schwierigkeiten gehoben werden. Wieder in den Stralsunder Stadthafen verbracht, wurde es dort von Schlamm, Vermodertem und Unrat gereinigt. Die Gesamtkosten für Schiffshebung und Reinigung sollen bei 800.000 Reichsmark gelegen haben. Sodann wurde die »Gorch Fock« in den Werften Rostock und Wismar instand gesetzt und

1949 auf Anordnung in »Towarisch« umgetauft. Man kann sich gut vorstellen, dass bei den anwesenden Werftarbeitern in dem Moment wohl kein Auge trocken blieb und die Kehlen sich zusammenschnürten. Es war ja nicht nur ein Schiff, es war die mit ihm verbundene Symbolik, die bis in die heutige Zeit hinein wirkt.

Ab 1951 diente die wieder flottgemachte Bark als Segelschulschiff der sowjetischen Handelsmarine, nach der Auflösung des Sowjetreiches 1991 ging das Schiff an die Handelsmarine der Ukraine, die es wegen Geldmangels jedoch baldigst nicht mehr unterhalten konnte. 1992 und 93 führte der international agierende Hamburger Verein »Tall-Ship Friends Deutschland e.V.« (gegründet 1988) mit dem Schiff »Towarisch« Windjammerfahrten unter ukrainischer Flagge durch, um auf diesem Wege künftig Sanierungsgelder und Spenden zu generieren. Doch es half nichts, ab 1995 lag die Bark in England fest, vereinbarte Reparaturzusagen konnten aufgrund des sich aktuell herausstellenden Reparaturumfanges nicht eingehalten werden und die Mittel der Ukraine waren erschöpft. 1999 wurde der Segler dank der erneuten Initiative der Tall Ship nach Wilhelmshaven verbracht, wo er vier Jahre lang lag und einen guten Eindruck machte. 2003 konnte die ehemalige »Gorch Fock«, die immer noch »Towarisch« hieß, vom ukrainischen Bildungsministerium von dem extra gegründeten Eignerverein »Tall-Ship Friends e.V.« erworben werden. Ungewöhnlich hierbei ist, dass es sich um ehemaliges Reparationsgut handelt. Das Schiff wurde auf ein Dockschiff verladen und von Wilhelmshaven in den Heimathafen Stralsund überführt. Die dortige Werft stellte zuallererst die Schwimmsicherheit wieder her. Der Verein veranlasste in den folgenden Jahren sukzessive Reparaturen und Restaurierungen. Im November 2003 – also vor zehn Jahren – wurde das Schiff erneut auf seinen Namen »Gorch Fock« getauft und ist ordnungsgemäß mit der No. 3675 im deutschen Schifffahrtsregister mit Heimathafen Stralsund eingetragen. Derzeit liegt die alte, 1933 gebaute »Gorch Fock« unübersehbar im Stralsunder Hafen, fest vertäut am

Liegeplatz Ballastkiste. Die Stralsunder und ihre Gäste lieben den betagten und unverwüstlichen weißen Großsegler.

Nach und nach wird die Bark restauriert, immer ein Stückchen, trotzdem ist sie immer noch nicht fertig gestellt und es werden weitere Gelder benötigt. Man kann das Segelschulschiff der ersten Stunde jedoch besichtigen oder für Feiern und Veranstaltungen die Räumlichkeiten an Bord anmieten, auch für Trauungen und Hochzeitsgesellschaften. Auf diese Weise unterstützt man die Arbeit des Eignervereins und der Förderer, deren Ziel es ist, die »Gorch Fock« wieder segeln zu sehen. So wie die gesamte Geschichte der »Gorch Fock« (I) von recht augenfälliger Symbolik ist, so tragen auch die zögerlich vonstatten gehende und scheinbar auch blockierte Wiederherstellung des Traditionsseglers symbolischen Charakter. Es scheint irgendwie der Wurm drin zu sein. Halbsätze und Andeutungen, die man im Hafen aufschnappen kann, lassen die Vermutung entstehen, dass von anderer Stelle nicht gewollt ist, dass die Schiffsschwestern mit demselben Namen die Meere besegeln. Eine Fahrtgenehmigung unter deutscher Flagge ist laut Germanischem Lloyd und Seeberufsgenossenschaft erteilbar, die Klassenaufnahme ist beantragt, so kann man auf der Internetseite des Eignervereins lesen. Einer Wiederinfahrtsetzung der »Gorch Fock« (I) stünde also nichts im Wege – außer vielleicht ein noch unbekannter Faktor, der den notwendigen Geldfluss behindert? Vielleicht sollte die gute, alte »Gorch Fock« (I) nach ihrer hoffentlich baldigen, erneuten Inbetriebnahme als Segelschulschiff ausschließlich mit weiblicher Mannschaft fahren und nur weibliche Kadetten ausbilden? Dann würden so üble Vorkommnisse, wie sie sich seit Jahren auf der »Gorch Fock« (II/Kiel) ereignen konnten, ein für alle Male Geschichte sein.

Eines Tages wird die alte »Gorch Fock« vollständig flottgemacht und aufgetakelt sein. Seetüchtig, mit 300 Tonnen Eisenbarren-Ballast im Bauch. Kippsicher. Festlich, über die Toppen geflaggt, mit bunten Wimpelketten geschmückt und von Salutschüssen begleitet, wird sie mit 23 vom Wind geblähten Segeln und zwölf Knoten Geschwindigkeit (22 Stundenkilometer) wieder auf den Wellen der weiten Weltmeere tanzen. Und ich werde dabei sein, wenn sie aus ihrem Heimathafen ausläuft. Ich werde winkend am Hansakai stehen und heulen. Wegen der Symbolik. Dieses Highlight in meiner Heimatstadt Stralsund werde ich ganz bestimmt noch erleben! Oder? Museumsschiff als Alternative, wie der legendäre Kap-Hoornier »Passat« in Travemünde? We will see – einloggen oder ausloggen. Logbuch, das der Kapitän dann schreibt, oder Schock-schwere-Not-Buch, das ich dann schreibe …

GRUND NR. 105

WEIL ES DIE LEGENDÄRE GORCH FOCK GLEICH ZWEIMAL IN DER OSTSEE GIBT (II)

Der Heimathafen des 1958 gebauten, derzeitigen Segelschulschiffes »Gorch Fock« (II) ist Kiel, wo es an der Tirpitzmole im Marinestützpunkt liegt, wenn es nicht gerade unterwegs ist. Der schnittige Großsegler dient der deutschen Marine als Vorzeige-Segelschulschiff und es gilt als eine besondere Ehre, an Bord der Bark als Führungsnachwuchs der deutschen Marine Ausbildung und Feinschliff zu erhalten. Seit 1997 darf auch weiblicher Führungsnachwuchs an Bord ausgebildet werden. Vermittelt werden neben den technischen Fähigkeiten die Bedeutung einer kameradschaftlichen Seemannschaft, Respekt und Teamgeist und die Kunst der Schiffsführung. Manch ein Eitler dünkte sich dabei wohl recht elitär. Obwohl die »Gorch Fock« (II) als Botschafter Deutschlands auf den Meeren der Welt gilt, an Schiffsparaden und Großseglertreffen erfolgreich teilnimmt, traditionell die Windjammerparade während der Kieler Woche anführt und beim Hamburger Hafengeburtstag mit einläuft, produzierte der deutsche Dreimaster in den vergangenen Jahren hauptsächlich Negativschlagzeilen und dem Durchschnittsbürger schwante einiges. Übrigens, ihre Gallionsfigur ist ein stilisierter Albatros, der dem Schiff inzwischen schon fünf Mal verloren ging, was in der Seefahrt als kein besonders gutes Omen angesehen wird. Die Geschehnisse an Bord über Jahre hinweg zeigen, dass die Ahnungen nicht von ungefähr kamen. Wir möchten die Vorkommnisse an Bord und die Rolle des Kapitäns an dieser Stelle nicht weiter thematisieren, geht es doch in unserem Buch um das, was wir lieben, und das ist das Schiff – die »Gorch Fock« – und die Tradition dieses weltbekannten Namens und bewunderten Großseglers.

Die »Gorch Fock« (II), auch »Gorch Fock« (1958) genannt, stach erstmals 1958 in See und wurde ebenfalls bei »Blohm & Voss« gebaut. Die Bauweise für diese Art Großsegler als Bark mit Stahlrumpf und Stahlmasten hatte sich bewährt, weshalb bereits 20 Jahre zuvor zwischen 1933 und 1938 vier Schwesternschiffe der gleichen Bauart vom Stapel bei Blohm & Voss gelaufen waren. Es handelt sich um die Schiffe »Eagle« – derzeitiges Schulschiff der Küstenwache der USA –, »Sagres II« – derzeitiges Schulschiff der portugisischen Marine – und »Mircea« – Schiff der rumänischen Marine/Handelsmarine. Letzteres ist das einzige Schiff, das bautechnisch identisch mit der »Gorch Fock« (I/1933) ist, die wiederum das älteste der insgesamt fünf Schwesternschiffe ist. Nicht nur auf dem Meere segelnd kann das Kieler Segelschulschiff bewundert werden, sondern auch im Hafen liegend bei Open-Ship-Veranstaltungen. Nach zweimaligen aufwendigen Sanierungsmaßnahmen in zweistelliger Millionenhöhe in den vergangenen fünf Jahren und nach geistiger Neuausrichtung auf dem Schiff heißt es seit Mai 2013 nun wieder »Leinen los!« und »Reise – Reise!«. Wir wünschen dem Segler immer eine Handbreit Wasser unterm Kiel, dass er seinen Albatros bloß nie mehr verlieren möge und dass ihm die neue Ladung Blei im Bauch zum Guten dienen möge.

GRUND NR. 106

WEIL GITARRENGOTT JIMI HENDRIX SEIN LETZTES KONZERT AUF FEHMARN GAB

Wenige Legenden taugen für die Ewigkeit. Die von Jimi Hendrix wird wohl lange überdauern. Umso erfreulicher für die Insel Fehmarn, wo der Gitarrengott sein letztes Konzert gab, bevor er wenige Tage später in London unerwartet starb. Noch heute pilgern Hendrix-Fans zum Gedenkstein, der auf der Insel aufgestellt wurde.

Es war im Jahr 1970, als vom 4. bis 6. September das »Love & Peace Festival« insgesamt 25.000 Musikfans nach Fehmarn zog. Die Bühne stand auf dem Gelände des Bauern Störtenbecker nahe dem Leuchtturm Flügge. Die gesamte Insel war in dieses Konzert freiwillig oder unfreiwillig involviert. Am ersten Tag war der Rückstau der Autos so lang, dass selbst Musikgruppen, die auftreten sollten, ihren Auftritt verpassten. Aus 32 Boxen tönte der Sound der damaligen Zeit von Canned Heat, Mungo Jerry, Sly and the Family Stone, Frumpy, Ginger Baker, Alexis Korner und anderen. Das Festival geriet zu einer chaotischen Veranstaltung, die witterungsbedingt und vor allem aus organisatorischen Gründen von einer Stunde zur anderen immer unberechenbarer wurde. Jimi Hendrix war die Rettung, denn auf ihn warteten alle. Schließlich traf er am Sonntag ein und begann um zwölf Uhr bei stürmischem Wetter sein Konzert auf der Ostseeinsel Fehmarn. Niemand vermutete damals, dass es das letzte Konzert des weltweit gefeierten jungen Gitarrengottes gewesen sein sollte. Zwölf Tage später starb er in London. Im Frühsommer 1997 wurde unweit vom ehemaligen Festivalgelände entfernt der »Jimi Hendrix Gedenkstein« aufgestellt. Er trägt die Inschrift »Jimi Hendrix, Fehmarn, Love & Peace Festival, 4.–6. Sept. 1970«. Vervollständigt wird die Steinmetzarbeit des Künstlers Andreas Lewerenz durch eine hineingemeißelte Fender-Gitarre. Der Findling ist zweieinhalb Meter hoch und sechseinhalb Tonnen schwer, kann von Sammlern also nicht so einfach mitgenommen werden. Den Gedenkstein findet man, wenn man auf dem Deich entlang Richtung Püttsee geht, etwa 200 Meter von der damaligen Bühne entfernt. An dieser Kultstätte findet heute noch alljährlich das »Jimi Hendrix Revival Festival« statt.

GRUND NR. 107

WEIL ES IN BAD DOBERAN DIE ZAPPANALE, DIE GALOPPRENNBAHN UND DAS MÜNSTER GIBT

Am Alexandrinenplatz in Bad Doberan steht ein Denkmal, zu dem jährlich unzählige Fans pilgern. Es erinnert an Frank Zappa (1940–1993). Er gilt als eines der Musikgenies, die die Rockmusik wesentlich beeinflusst haben und der einen ganz außergewöhnlichen Sound kreierte. Auch in der DDR hinterließ der Musiker eine große Fangemeinde, die jedoch ungleich schwerer an seine Schallplatten kam, da er natürlich den SED-Genossen suspekt war und als »dekadenter Provokateur« eingestuft wurde. Was ernsthafte Fans seiner Musik nicht davon abhielt, ihn zu verehren. Wussten sie nun doch auch noch von offizieller Stelle, dass sie richtig lagen. Wolfhard Kutz war so ein Fan, er sammelte in den 1970ern Zappa-Platten und schmuggelte sie aus Ungarn und Polen in die DDR. Dafür wurde er permanent observiert, bestraft und man sammelte Aktenordner voller Berichte über ihn. Nachdem die DDR abgewirtschaftet hatte, veranstaltete Kutz 1990 die erste Zappanale in Bad Doberan, ein Traktoranhänger diente damals als Bühne. Inzwischen ist daraus eine renommierte Rock-Veranstaltung geworden, die auf der ältesten Pferderennbahn Europas stattfindet.

Kleiner Exkurs hierzu: 1804 fanden dort die ersten Rennen in freiem Felde statt und das erste Galopprennen mit richtigen Vollblutpferden wurde 1822 zu Ehren der Erbgroßherzogin Alexandrine organisiert. Mit der Inbetriebnahme (1886) der Doberan-Heiligendammer Eisenbahn, der heutigen »Molli«-Bäderbahn, wurde die Doberaner Rennbahn Anfangs- bzw. Endhaltestelle der kleinen Schmalspur-Dampfbahn mit den bequemen Salonwagen. So war der Personentransfer zwischen der etwas abseits der Küste gelegenen Rennbahn Doberan und den mondänen Etablissements im Ostseebad Heiligendamm bestens geregelt. Nach vielerlei Umbauten, dem Krieg und landwirtschaftlicher Nutzung während der DDR-Zeit gründete sich 1991 der »Doberaner Rennverein e.V. von 1822« neu und seit 1993 – damals anlässlich der 200-Jahre-Heiligendamm-Feier – finden jährlich wieder die Galopprennen mit Vollblütern statt.

Und an dieser historischen Stätte donnern also jeweils am ersten Augustwochenende die komplexen Sounds des Frank Zappa aus den Verstärkerboxen. Zur Einweihung des Zappa-Denkmals waren aus den USA eine ganze Reihe der führenden Musiker um Zappas »Mothers of Invention« und anderen Formationen angereist. Heutzutage erinnert sich so mancher Rockmusik-Fan an seine Jugend, wenn Alice Cooper oder Colosseum dort als Gastgruppen aufspielen. Für junge Musiker ist die Zappanale ein Sprungbrett geworden, inzwischen halten Professoren Vorträge über »Hegel bei Zappa« und Theaterstücke und Rock-Opern werden aufgeführt. In Bad Doberan hat Wolfhard Kutz aus seinem Traum das einzige weltweite Frank-Zappa-Festival gemacht. Und noch eins spricht für die Hartnäckigkeit des Doberaners. Als Frank Zappas Witwe sich plötzlich per Anwalt meldete und Rechte einklagen und Verbote erteilen wollte, blieben Wolfhard Kutz und sein Team standhaft. Sie erhielten recht vor Gericht in allen Instanzen bis zum Bundesgerichtshof und durften weiter den Namen Zappas und damit zusammenhängende Bildmarken für ihr Festival benutzen. Spätestens jetzt wusste man in der ganzen Welt, wo der Meister seine treuesten Fans hat – an der Ostsee, in Bad Doberan. Eigentlich könnte Wolfhard Kutz schon sein eigenes Zappa-Museum eröffnen, so viel ist inzwischen an Material zusammengekommen … Übrigens, das circa 800 Jahre alte Doberaner Münster ist ein weiteres kulturelles Highlight vor Ort. Der beeindruckende Sakralbau ist Grablege der einstigen mecklenburgischen Fürsten und eine der Glocken stammt aus dem Jahr 1301!

GRUND NR. 108

WEIL ES JEDES JAHR ANFANG MAI DEN WELTFISCHBRÖTCHENTAG GIBT

Aal, Matjes, Makrele, Bismarckhering – zum Weltfischbrötchentag Anfang Mai laden gleich eine ganze Reihe Orte in Schleswig-Holstein ein, denn dort erfand man dieses kulinarische Ereignis. In Laboe kann man beim »Open Fish« mal einen Kutter von innen erforschen. Im Restaurant »Yachthafen« pickt der Kunde den Fisch aufs Brötchen selbst heraus. In Heikendorf geht es aufs historische »Feuerschiff« zu leckeren Lachsvariationen, während in Schönberg zum Gesang des Shanty-Chors »Ole Schippn Laboe« Fischbrötchen gereicht werden, ebenso wie in Heiligenhafen. In Hohwacht bietet man ein »Fischbrötchenhopping« mit »Weltfischbrötchenpass« an, in Eckernförde kann man die Original Kieler Sprotten testen und in Strande werden Bücklinge, Matjesbrötchen und Rollmöpse gereicht. Wer der Gesellschaft zur Rettung Schiffbrüchiger helfen will, der sollte in Neustadt in »Klüvers Brauhaus« sein Fischbrötchen erstehen. Der Erlös geht direkt an die Gesellschaft. Dort wartet auch die älteste Fischerinnung Deutschlands mit ihren Netzen auf, die man bei der Gelegenheit knüpfen lernen kann. Im Ostseebad Kellenhusen, das zum sogenannten OstseeFerienLand, der ersten Urlaubsnation, gehört, singt zum Fischbrötchen der »kleinste Shanty-Chor der Welt« und der heißt Addi Kahl und erzählt jede Menge plattdeutsche Döntjes. In Grömitz bastelt man am längsten Fischbrötchen und auf der Sonneninsel Fehmarn können die Urlauber ihre Fischspezialitäten auf die Hand am »Lotsenhus« abholen. Das sind nur ein paar Tipps. Von Glücksburg bis Lübeck, von Schleswig bis Plön verzehren die Gäste an diesem Tag ihre fischbelegten Brötchen. Zugegeben, es ähneln sich die Events schon sehr, was auch am Fisch liegen mag, allerdings überraschen die lokalen Veranstalter immer wieder mit kleinen originellen Einfällen. Der dollste Einfall ist aber der, dass der Weltfischbrötchentag in diesem Jahr erstmals weiter in die Küstenwelt hinausgetragen und auf der Insel Rügen und in Stralsund begangen wurde. Offensichtlich ein tragfähiges Konzept … Und Anfang Mai, da schwärmen auch genug frische Heringe durch die Ostsee. Man muss dann nur noch die vielen Brötchen einfangen …

GRUND NR. 109

WEIL DIE PINGUINE AUF DEM DACH DES OZEANEUMS IN STRALSUND STARS SIND

Das Ozeaneum im Stralsunder Hafen wartet mit vielen Attraktionen auf, aber eine zieht besonders viele Besucher in ihren Bann. Die Humboldt-Pinguine Apollonia, genannt Polly, Alexandra, Cieco, Aurora, Marion und ihre männlichen Pinguin-Partner Happy Feet, Roscoe, Kalle, Bowie und Olli sind die Stars auf dem Dach des Ozeaneums. Zu ihrem Zuhause gehören der beheizbare Brutfelsen mit Höhlen und das 110.000-Liter-Salzwasserbecken. Nach Schätzungen von Experten sollen nur noch maximal 12.000 Paare dieser Tiere existieren. Es leben mehr von ihnen in Zoos als in freier Wildbahn. Die Tiere sind an unser Klima gut angepasst. Peru und Chile mit ihren kühlen und nährstoffreichen Küstengewässern sind das ursprüngliche Zuhause der Humboldt-Pinguine. Der Besucher kann in Stralsund die Tiere auch unter Wasser beobachten. Über eine lange Sichtfront im Schaubecken können ihre Schwimmbewegungen und Wendemanöver gut beobachtet werden. Die schlauen Stralsunder Humboldt-Pinguine haben sogar schlaue Paten, wie zum Beispiel die Bundeskanzlerin Dr. Angela Merkel, Bestsellerautor Frank Schätzing und Polarforscher Arved Fuchs. Der erste Nachwuchs ist auch schon geschlüpft und in die Gruppe aufgenommen. Anne May ist eine der Tierpflegerinnen, die sich im Ozeaneum um die Humboldt-Pinguine kümmern. Täglich gegen 11.30 Uhr werden die kleinen Racker gefüttert. Mich haben sie gleich dazu angeregt, zusammen mit dem Zeichner Trumix, ein Pinguin-Comic in die maritime Welt zu setzen.

Der gesamte Komplex der einzigartigen, umfangreichen Meereswelten-Ausstellungen in der Region um Stralsund herum besteht aus dem »Ozeaneum« auf der Stralsunder Hafeninsel, dem »Natureum« am begehbaren Leuchtturm Darßer Ort (Prerow/Darß), dem »Nautineum« auf der zwischen Stralsund und Rügen liegenden Insel Dänholm und dem bekannten »Meeresmuseum« im Katharinenkloster in der Stralsunder Altstadt. Jede Einrichtung hat so viel an Attraktionen zu bieten, dass man sich allein für deren Besuche mindestens zwei bis drei Tage Zeit nehmen sollte.

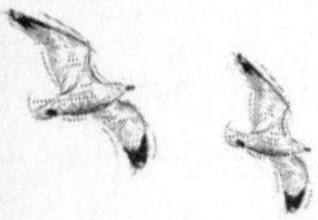

GRUND NR. 110

WEIL DIE VÖGEL DES GLÜCKS – DIE KRANICHE – GERN IM WASSERBETT DER VORPOMMERSCHEN BODDENLANDSCHAFT SCHLAFEN

Von Mitte September bis Anfang November beeindrucken die Flugformationen der Kraniche am Himmel über der Vorpommerschen Boddenlandschaft. Die Kraniche rasten tagsüber in den angrenzenden Gebieten wie Darß/Zingst oder auf Rügen und machen sich über die Reste auf den abgeernteten Feldern her. Die Reise in den Süden will mit ausreichenden Kraftreserven angetreten sein. Getreide, Kartoffeln, Feldpflanzen und Mais stehen auf der Speisekarte, aber auch Kleingetier wie Frösche, Schnecken und größere Insekten.

Touristen können auf der Halbinsel Fischland-Darß-Zingst die Kraniche von den aufgestellten Beobachtungstürmen aus gut beobachten. Zwischen 50.000 und 70.000 sollen in der Rügen-Bock-Region jährlich einfliegen und rasten. Besonders beeindruckend ist das Schauspiel des Einfluges der Kraniche zu ihren Schlafplätzen in den seichten Boddengewässern während der Abenddämmerung. Die meisten Kraniche sind zwischen Ribnitz-Damgarten und Stralsund zu sehen. Wer von Zingst aus starten will, kann das im Nationalpark Vorpommersche Boddenlandschaft tun. Sechs Stunden sind für so eine Beobachtungs-Tour »Erlebnis Kranich« einzuplanen. Ende Oktober ist dann Schluss. Einen Tag vorher buchen, dann geht es los mit Kutschfahrt und zu Fuß zur Hohen Düne Pramort. Man kann aber auch mit dem Schiff »MS Gellen« eine geführte Kranichbeobachtung zu den Schlafplätzen in den seichten Gewässern machen. Neben Pramort und Zingst ist noch Groß-Mohrdorf nordwestlich von Stralsund als Kranich-Hotspot zu erwähnen.

Wer den morgendlichen Abflug der Kraniche zu ihren Futterstellen auf den Feldern der Umgebung erleben will, muss morgens vor sechs Uhr zur Stelle sein. Übrigens, die Kraniche stehen deshalb nachts in ihrem Wasserbett, um sich so während des Schlafes vor nächtlichen Fressfeinden zu schützen.

Der Kranich ist nicht nur einer der größte Zugvögel, er ist auch ein talentierter und verspielter Tänzer – wofür er weltweit bekannt ist. Selbst sein würdevolles Schreiten erinnert zumeist an ein Tänzeln oder verspieltes Stelzen. Spielerisch wirft er während eines Tänzchens kleine Steinchen und Stöckchen in die Luft, verbeugt sich wie auf der Bühne oder marschiert sogar im Paradeschritt. Jawolll! Und ein Geheimnis hat er auch noch. Der Kranich hat auf seinem Kopf einen roten Fleck. Ansonsten ist er eigentlich nur silbrig-grau gefiedert. Man kann den stolzen Kranichen auch eine heitere Seite andichten. Von RingelMatz stammt folgendes frisch Gereimtes:

KRANICHE

Der Kranich gilt als Vogel des Glücks,
deshalb mordet man ihn nicht hinterrücks.
Und das ist in der Tierwelt nicht immer so,
manch Fröschlein wäre gern auch so froh …
Doch schnapp – der Kranich muss viel futtern,
kann unterwegs nicht einkehren bei Muttern.
Der Flug ist lang vom Darß bis in den Süden,
es soll kein Magenknurren die Stimmung trüben.

GRUND NR. 111

WEIL ES KAUM ETWAS SCHÖNERES GIBT ALS GLÜCKSMOMENTE AN DER OSTSEE

Wenn die Gischt schäumt, die Wellen tosen und die Sommersonne das Gefühl einer nicht enden wollenden Zeit vermittelt, dann ist real geworden, wovon Millionen träumen – Glück. Glück ist als Thema in den vergangenen Jahren allgemein sehr populär geworden, Glück an der Ostsee scheint auch ein Riesenthema zu sein. Wir haben unsere eigenen Empfindungen mit denen vieler Gäste und Einheimischer, die wir befragt haben, abgeglichen. Mithilfe einer Umfrage unter circa 1300 Glückssuchern konnten wir die wesentlichen Kriterien für einen Glückstag herausfiltern. Frühmorgens den Sonnenaufgang noch leicht verschlafen genießen, eventuell ein Morgenbad in der noch ruhigen See nehmen, ein paar Bahnen zwischen den Buhnen hin und her schwimmen und dabei das salzige Meerwasser schmecken.

So könnte der ideale Tag für viele Glückssuchende beginnen. Sportliche Urlauber empfehlen, »am Strand entlang zu joggen, den weichen Sand unter sich und die Möwen über sich wahrzunehmen«. Bekanntlich schüttet der Körper beim Laufen Glückshormone aus. Für viele ist das »gemütliche Frühstück« der wichtigste Einstieg in den Tag. Bei Sonne und Sommerwind die Zeitung am Strand oder auf dem Balkon lesen, selbstverständlich mit Blick auf die See, dazu frisch gebrühter Kaffee und ofenwarme Brötchen – das verschafft wirkliche Glücksmomente. Nach dem Frühstück eröffnen sich mehrere Möglichkeiten, entweder einen Strandtag einlegen, dabei »ein schönes Buch im Strandkorb lesen«, »Beachvolleyball spielen« oder »Badespaß« suchen. Dicht gefolgt in der Hitliste von »leckeren Fisch oder Eis am Strand essen« und »vor sich hindösen«.

Absolute Entspannung zelebrieren, erzeugt die größten Glücksmomente. Bei weniger freundlichem Wetter wollen die meisten Ausflüge machen, »Schiffsfahrten und Museumsbesuche«, »endlose Strandwanderungen und Fischspezialitäten entdecken«. Aber auch die Passiven finden Glücksmomente, zum Beispiel beim »einfach mal am Strand sitzen und vor sich hinglotzen«. Traumhaft entspannend. Man kann beobachten, wie das Seegras angespült wird, man sieht den Möwen beim Fischfang zu und man folgt mit ruhigem Blick den Seglern am Horizont. Obwohl Segeltouren immer beliebter werden, hält sich doch die Glücksgefühl-Tradition »nachmittags Kuchen essen gehen« beharrlich auf den vorderen Plätzen. Gemütlicher Kaffeeklatsch mit Sahnehaube bei steifer Brise. Vor allem »danach noch mal ordentlich am Strand wandern, denn fürs Abendbrot muss Platz sein«, scheint eine allgemeine Lebens- und Glücksweisheit geworden zu sein.

Aber anders geht es auch. Tai Chi oder Yoga am Strand, Power-Walking oder Wellness-Anwendungen rücken in der Rangliste stetig nach oben und stellen für viele die Erfüllung dar. Aber unabhängig davon, wo man sich den ganzen Tag über herumgetrieben hat – letztlich finden sich abends alle wieder am Strand oder auf der Promenade ein. Gerne auch in einem schönen Lokal mit extra maritimer Atmosphäre und Meerblick. »Am Strand feiern«, »ganz in Ruhe den Tag ausklingen lassen« oder »eine Veranstaltung besuchen« sind die Highlights des Abends. Der Abend-Topfavorit ist der Dauerbrenner »den Sonnenuntergang als Höhepunkt des Tages anschauen«. Und ganz oben auf der Liste rangiert »sich den ganzen Tag gut mit seinem Partner verstehen«. Das möchten eigentlich alle, ganz besonders wohl aber in den Ferien an der Ostsee. Harmonie in höchstmöglicher Vollendung, unbeschwert sein und sorgenfrei – einzigartige Urlaubsqualitäten, die hier erlebt werden können.

Warum dieser hohe Effekt an Entspannung und Zufriedenheit, körperlichem und seelischem Wohlsein speziell am Meer so empfunden wird, kann wissenschaftlich begründet werden. Es ist die Ausgewogenheit der positiven und negativen Sauerstoffionen, die so erfrischend und vitalisierend wirkt. Die Seeluft macht's! Also, auf an die Ostsee, Glücksmomente haschen und Gesundheit naschen …

EPILOG

Die persönlichen Eindrücke, Erfahrungen, Insidertipps und zufälligen Begegnungen der Maritim-Bummler Renate Petra und Jörg Mehrwald haben sich in *111 Gründe, die Ostsee zu lieben* mit altbekannten Tatsachen, historischen Details und nüchternen Fakten vermischt. Bekanntes wurde neu angeschaut und so kam Neues ans Licht. Dieses Buch ist kein Nachschlagewerk im Sinne eines auf Vollständigkeit ausgerichteten Reiseführers. Der Leser findet viele Informationen über die Ostseeküstenregion und ihre Besonderheiten in Form kurzweiliger Texte und Geschichten. Neben den bekannten Highlights und Hotspots, auf die wir uns nicht beschränken wollten, da sie ja überall zu finden sind in den Reiseführern – also anders ausgedrückt, weil das Bekannte ja bekannt ist –, sind wir froh, auch weniger bekannte Geheimtipps erhalten und selbst gefunden zu haben. Während des Anrichtens unseres 111-Gänge-Menüs »Ostseeliebe« erreichten uns Anregungen und Tipps von ostseebegeisterten Freunden und Bekannten, denen wir an dieser Stelle herzlich danken. Einige posteten uns spontan ihre eigene Liebeserklärung an die Ostsee, riefen uns an und gaben eigene kleine Ostseegeschichten zum Besten. Sie alle schwören auf das Magische und die Wiederbelebungskräfte des Bernsteinmeeres. Sechs ganz unterschiedliche Statements und Kurzgeschichten haben wir in das Kapitel VII »Liebeserklärungen« mit aufgenommen.

Danke sagen wir auch den von uns kontaktierten auskunftsfreudigen Teams der Touristik-Büros, der Insel-Informationen, der Tourist-Service-Center und wie sie alle heißen entlang der ganzen Ostseeküste. Von detaillierten Einzelauskünften über witzige Anekdötchen bis zur Rundumversorgung gaben sie uns ihr gesamtes Wissen preis! Und zum Schluss noch eine Guck-Empfehlung: Der neue Film *Die Ostsee von oben* – eine ganz dolle Liebeserklärung aus der Vogelperspektive – von Silke Schranz und Christian Wüstenberg.

DIE AUTOREN

Renate Petra Mehrwald, an der Ostsee geboren und 20 Meter Luftlinie zum Strand aufgewachsen, ist Historikerin und Dokumentarin und kann auf Publikationen über Ostseetypisches wie Bernstein und Rügener Heilkreide verweisen.

Jörg Mehrwald verfasste mehr als ein Dutzend Romane und war für Presse, Rundfunk und TV tätig. Er ist Drehbuch- und Bühnenautor und war Gag-Autor für Rudi Carrells *7 Tage, 7 Köpfe*. Außerdem produziert er Comedy sowie Independent- und Classic-Art-Filmdokus (unter anderem mit Matthias Matussek), und er ist Direktor des jährlich stattfindenden Sommer-Zeltkinos auf Hiddensee.

Renate Petra Mehrwald & Jörg Mehrwald
111 GRÜNDE, DIE OSTSEE ZU LIEBEN
Eine Liebeserklärung an die Küste des Bernsteins, Störtebekers und der Strandkörbe

ISBN 978-3-89602-975-1

1. Auflage Juli 2013

Lektorat: Madeleine Lampe
Coverfotos: alle Getty Images (www.thinkstockphotos.de)
© Rico Kädder | von oben n. unten: © jopelka; © Rico Kädder; © Sergey Borisov; © Joerg Franzen; © Zoonar RF; © Liane Matrisch; © Rico Kädder

Schwarzkopf & Schwarzkopf Verlag GmbH
Kastanienallee 32, 10435 Berlin
Telefon: 030 – 44 33 63 00
Fax: 030 – 44 33 63 044

INTERNET | E-MAIL
www.schwarzkopf-schwarzkopf.de
info@schwarzkopf-schwarzkopf.de